# Ines Scheurmann

# Aquarienfische züchten

Einrichten von Zuchtbecken
Zuchtanleitung für Buntbarsche, Salmler,
Welse und andere beliebte Fische

Mit Farbfotos bekannter Tierfotografen
und Zeichnungen von Fritz W. Köhler

## GU
### Gräfe und Unzer

Die Farbfotos auf dem Buchumschlag zeigen:
Umschlag-Vorderseite: Makropoden-Pärchen unter dem Schaumnest.
Umschlagseite 2: Diskusfisch (Gattung *Symphysodon*) wird von seinen Jungen beweidet.
Umschlagseite 3: Maulbrütendes Cichliden-Weibchen (*Pseudotropheus zebra* »Bright Blue«) mit Jungen im Maul.
Umschlag-Rückseite: Maulbrütender Cichlide (*Geophagus surinamensis*) mit Jungen.

**Die Fotografen:**
Elias: S. 9, 55, 74, 101, 119; Hieronimus/Geobios: S. 84; Kahl: U 1; Kämmereit: U 3; Meulengracht-Madsen/Biofoto: U 2, S. 20, 56; Schmidt/Geobios: S. 10, 73, 102 u., 120; Seegers: S. 37, 38; Sommer: S. 19; Werner/Geobios: S. 83, U 4; Zurlo: S. 102 o.

**Ines Scheurmann**
geboren 1950, Diplombiologin (Spezialgebiet: das Verhalten von Fischen), hat langjährige praktische Erfahrungen in der Pflege und Zucht von Aquarienfischen. Sie ist Autorin des GU Ratgebers »Wasserpflanzen im Aquarium« und des GU Ratgebers »Aquarium«.

CIP-Titelaufnahme der Deutschen Bibliothek

Scheurmann, Ines:
Aquarienfische züchten: Einrichten von Zuchtbekken, Zuchtanleitungen für Buntbarsche, Salmler, Welse und andere beliebte Fische / Ines Scheurmann. – 2. Aufl. – München: Gräfe u. Unzer, 1991
  (GU-Aquarien-Ratgeber)
  ISBN 3-7742-5063-4

2. Auflage 1991
© 1989 Gräfe und Unzer GmbH, München
Alle Rechte vorbehalten. Nachdruck, auch auszugsweise, sowie Verbreitung durch Film, Funk und Fernsehen, durch fotomechanische Wiedergabe, Tonträger und Datenverarbeitungssysteme jeder Art nur mit schriftlicher Genehmigung des Verlages.
Redaktionsleitung: Hans Scherz
Redaktion: Renate Weinberger
Lektorat: Gisela Keil
Herstellung: Helmut Giersberg
Umschlaggestaltung: Heinz Kraxenberger
Satz und Druck des Textteils: Druckerei Wagner GmbH
Reproduktion der Farbbilder und des Umschlags: Graphische Anstalt E. Wartelsteiner
Bindung: R. Oldenbourg

ISBN 3-7742-5063-4

**Hinweis und Warnung**
In diesem Buch sind elektrische Geräte für die Aquarienpflege beschrieben. Beachten Sie unbedingt die Hinweise auf Seite 13, da andernfalls schwerwiegende Unfälle passieren können.
Prüfen Sie vor der Anschaffung eines großen Aquariums die Belastbarkeit des Fußbodens in Ihrer Wohnung an dem vorgesehenen Stand (→ Seite 13).
Wasserschäden durch Glasbruch, Überlaufen oder Leckwerden des Beckens können nicht immer vermieden werden. Schließen Sie daher unbedingt eine Versicherung ab. Sie können sich bei Ihrer Haftpflichtversicherung versichern – manchmal sogar ohne Aufpreis (fragen Sie Ihren Versicherungsagenten). Als Mitglied eines Aquarienvereins sind Sie automatisch gegen die genannten Unfälle versichert.
Achten Sie streng darauf, daß Kinder oder auch Erwachsene Aquarienpflanzen nicht essen. Es können erhebliche gesundheitliche Störungen eintreten.
Fischmedikamente, Desinfektionsmittel und andere Chemikalien sind vor Kindern zu sichern.

# Inhalt

# Inhalt

# Ein Wort zuvor

Nicht umsonst sagt man, die erfolgreiche Aquarienfisch-Zucht sei das »Meisterstück« des Aquarianers. Und so mancher Aquarianer möchte diese Meisterschaft erringen. Der Weg dahin ist gar nicht so schwer, wenn man zwei grundlegende Dinge weiß. Einmal sollte jeder Aquarianer, der züchten will, Erfahrung in der artgemäßen Haltung von Fischen haben – das ist gewissermaßen sein »Gesellenstück«. Zum anderen muß er wissen, daß sich viele Fische im Aquarium nur dann fortpflanzen, wenn man ihnen spezielle, ihrer Art und Herkunft gemäße Lebensbedingungen bietet. Der Hobbyzüchter muß also mehr über seine Fische wissen als ein »normaler« Aquarianer. Um dieses Spezialwissen des Züchters, das aus dem Gesellen den Meister macht, geht es in diesem GU Aquarien-Ratgeber.

In präzisen, ausführlichen Zuchtanleitungen gibt die Autorin Ines Scheurmann praktische Hinweise für die Zucht von Buntbarschen, Salmlern, Welsen und anderen beliebten Fischen – leicht nachvollziehbar, auch für den Anfänger in der Aquarienfisch-Zucht. Die Zuchtanleitungen enthalten individuelle Angaben zu Auswahl des Zuchtpaares, Einrichten von Zuchtbecken, Fortpflanzungsverhalten, Behandlung des Geleges, Aufzucht der Jungen und Wichtiges über die Wasserqualität, die oft über Erfolg und Mißerfolg entscheidet.

Neben den individuellen Zuchtanleitungen, in die eigene langjährige Zuchterfahrungen der Autorin und die Erfahrungen vieler anderer Experten eingeflossen sind, vermittelt dieser GU Aquarien-Ratgeber auch grundlegendes Wissen zur Fischzucht, das vor allem dem Anfänger hilft, Fehler von Anfang an zu vermeiden. Dazu gehören Informationen über die Wasserqualität in Haltungs- und Zuchtbecken. Sie können Fische zwar jahrelang unter einigermaßen akzeptablen Wasserverhältnissen über die Runden bringen – nicht aber zum Ablaichen bewegen. Ein eigenes Kapitel über das Wasser hilft Ihnen, diesen heiklen Punkt zu bewältigen.

Auch bei der Fütterung der Zuchttiere ist es ratsam, einen besonderen Weg einzuschlagen. Manche Fische lassen sich erst dann in Brutstimmung bringen, wenn sie längere Zeit mit Lebendfutter gefüttert werden. Worauf es im einzelnen bei der Fütterung ankommt, erfahren Sie in dem ausführlichen Ernährungs-Kapitel.

Eine große Rolle für die erfolgreiche Zucht spielen die artspezifischen Verhaltensweisen der Fische. Der Züchter muß sie kennen, damit er seinen Fischen jene artgemäßen Lebensbedingungen schaffen kann, die sie zum Fortpflanzen brauchen. Dazu ein Beispiel: Manche Fische geraten nur in Fortpflanzungsstimmung, wenn es gelingt, ihre gewohnte heimische Regenzeit zu imitieren. Die Autorin verrät Ihnen dazu eine Fülle erprobter Tips. Sie beschreibt auch viele andere Verhaltensweisen und erklärt genau, was Sie daraus für die züchterische Praxis schließen können. Die ganze faszinierende Verhaltenspalette der Fische wird dabei sichtbar: Da gibt es Fische, die vor dem Ablaichen Steine blank putzen, andere, die Schaumnester bauen, manche, die eine länger dauernde Partnerschaft eingehen, und andere, die sich lediglich zum Ablaichen zusammentun. Sie finden Fische, die ihren Eiern zur besseren Entwicklung Wasser zufächeln, die ihre Jungen sorgsam aus der Eihülle lutschen, aber auch solche, die sich überhaupt nicht um Eier und Jungfische kümmern, ja sie sogar auffressen.

Viele dieser spannenden Verhaltensweisen sind in diesem Buch in brillanten, ungewöhnlich lebendigen Fotos und informativen Zeichnungen dargestellt.

Mit seinen fundierten Ratschlägen und präzisen Zuchtanleitungen ist dieser GU Aquarien-Ratgeber ein verläßlicher Begleiter auf dem Weg zum erfolgreichen Hobbyzüchter und eine Fundgrube für jeden Aquarianer, der mehr aus seinem Hobby machen möchte.

Viel Freude und Erfolg beim Aquarienfischezüchten wünschen Ihnen die Autorin und die GU Naturbuch-Redaktion.

Autorin und Verlag danken allen, die an diesem Buch mitgearbeitet haben, insbesondere den Fotografen, die typische Fortpflanzungsverhaltensweisen in brillanten Farbfotos festgehalten haben, und dem Zeichner Fritz W. Köhler für die gleiche Leistung auf zeichnerischem Wege.

# Rund ums Fischezüchten

Die Fischzucht ist bei weitem die interessanteste, aber auch die schwierigste Aufgabe, die sich ein Aquarianer stellen kann. Denn nur, wenn Sie die Lebensbedingungen einer Fischart in der freien Natur mit Beobachtungsgabe und Fingerspitzengefühl auf die Verhältnisse im Aquarium übertragen, können sich die Fische ähnlich wie im Freiland verhalten und sogar ablaichen. Wenn es dann gelingt, auch noch die Jungen aufzuziehen, genießen Sie das größte Erfolgserlebnis, das man als Aquarianer überhaupt haben kann.

## Vom Aquarianer zum Amateurzüchter

Aquarianer, die sich über den ersten Zufallserfolg bei der Zucht von Lebendgebärenden Zahnkarpfen, Regenbogenfischen oder einer anderen anspruchslosen Fischart freuen, sind natürlich noch keine versierten Züchter. Begeisterungsfähigkeit, Neugier, Liebe zur Natur und Interesse an fremden Lebensformen sind neben unendlicher Geduld, Gewissenhaftigkeit und Ausdauer Grundvoraussetzungen, um auch anspruchsvollere Fischarten (wie Barben und Salmler) erfolgreich zu züchten.
• Freude an neuem Wissen. Ganz gleich, ob Sie sich nun mit den Grundlagen der Vererbungslehre, dem neuesten Stand der Aquarientechnik, den wichtigsten chemischen Vorgängen im Wasser oder mit den besonderen Bedürfnissen einer bestimmten Fischart beschäftigen – je gründlicher Sie sich in die Materie einarbeiten, desto leichter verstehen Sie komplizierte Zusammenhänge, und desto eher lassen sich Zuchtprobleme lösen.
• Zeit fürs Beobachten und Pflegen. Nehmen Sie sich soviel Zeit wie nur möglich, um Ihre Fische zu beobachten, denn aus dem Beobachten erwächst das Einfühlungsvermögen, und aus der Kombination von Einfühlungsvermögen und Wissen das notwendige Fingerspitzengefühl, das für die Zucht vieler Fischarten wichtig ist.
• Kenntnisse in Aquarientechnik und -chemie.
• Platz für mehrere Becken. Sie brauchen neben dem Gesellschaftsbecken, in dem die meisten Aquarianer alle Fische halten, mindestens ein weiteres Zucht- und Aufzuchtbecken, meist aber mehrere.

**Hier können Sie sich informieren:**
• Die Fachliteratur wird wohl die erste Anlaufstelle bei speziellen Problemen sein (→ Bücher, Seite 144).
• Außerdem gibt es in jeder größeren Stadt und auch auf dem Land Aquarienvereine, bei denen sich der Neuling Rat und Hilfe von erfahrenen Aquarianern holen kann.
• Wer sich ganz intensiv für Verhalten, Pflege und Zucht von speziellen Fischen interessiert, kann einer der nationalen oder internationalen Gesellschaften beitreten, zu denen sich die Pfleger dieser Fischgruppen zusammengeschlossen haben. Es gibt eine Cichliden-Gesellschaft, eine Gesellschaft für Lebendgebärende Zahnkarpfen, eine Killifisch-Gemeinschaft und viele andere (→ Adressen, Seite 144).

### Was den Amateurzüchter vom Berufszüchter unterscheidet

Wer sich vorstellt, daß mit dem Züchten von Aquarienfischen ganz schnell viel Geld zu verdienen ist, sollte am besten gar nicht anfangen. Sorgfältig aufgezogene Fische verursachen, wie alle Haustiere, eher rote als schwarze Zahlen auf dem Konto. Der Lohn für Mühe, Arbeit und Kosten bei der Aquarienzucht liegt in der Spannung, dem Spaß und den Tüfteleien auf dem Weg zum Erfolg, der Freude über die gelungene Zucht und dem Gefühl, ein Mosaiksteinchen zur Erhaltung einer Tierart beigetragen zu haben.
Amateurzüchter halten und vermehren ihre Fische anders als Berufszüchter. Professionelle Züchter müssen so viele Jungtiere wie möglich aufziehen, damit sie vom Verkauf leben können. Sie halten deswegen große Mengen von Fischen meist unter sehr unnatürlichen Bedingungen in Aquarien ohne Einrichtung, die nur das entsprechende Zuchtwasser und eventuell Laichsubstrat enthalten. Bei der Aufzucht, Fütterung und Pflege der Jungfische werden rationelle Verfahren angewandt, die für den Hobbyzüchter aus Platz- und Kostengründen nicht in Frage kommen.
Für den Amateur steht nicht die Anzahl der Jungen im Vordergrund, sondern die Beobachtung der Fische und die Freude an ihrem Verhalten beim Ablaichen und der Jungenaufzucht. Er wird versuchen, nicht nur die Wasserverhältnisse, son-

dern auch die hervorstechendsten Merkmale der Umgebung, in der die Tiere in der freien Natur leben, wenigstens annäherungsweise ins Aquarium zu übertragen, damit die Fische ihr natürliches Verhalten zeigen können. Kahle Aquarien wird er nur da zulassen, wo es aus hygienischen Gründen für die Nachzucht empfindlicher Fischarten unumgänglich ist, und er wird die Zuchtfische so bald wie möglich wieder in eingerichtete Aquarien zurücksetzen.

## Zierfischzucht und Artenschutz

Noch immer sind sich nicht alle Aquarianer der Tatsache bewußt, daß außer den »alten Hasen« unter den Aquarienfischen fast alle Arten ständig aus ihren Heimatländern zu uns importiert werden. Anders als zum Beispiel die Vogelliebhaber haben Aquarianer bisher kaum Anstrengungen unternommen, seltene und bedrohte Zierfischarten durch Nachzuchten im Aquarium zu erhalten.

Höhlenbrüter besonderer Art. Im Tanganjika-See gibt es viele Buntbarsche, die sich darauf spezialisiert haben, in leeren Schneckenhäusern abzulaichen und dort die Brut zu versorgen. Bei *Lamprologus boulengeri* betreibt das Weibchen allein Brutpflege, das wesentlich größere Männchen verteidigt das Revier.

Als die deutsche Naturschutzbehörde 1987 den Import einiger Korallenfischarten völlig untersagte, entbrannten heftige Diskussionen über den Sinn und Unsinn dieser Verordnungen. Die Gruppe der Aquarianer stand mit schlechten Karten da, weil sie kaum eigene Schutzaktivitäten nachweisen konnte. Als Quintessenz dieser Diskussion seien daher einige Regeln für den verantwortungsvollen Aquarianer aufgezählt, die eigentlich selbstverständlich sein sollten:

• Falls Sie eine seltene Zierfischart erwerben möchten, sollten Sie das nur tun, wenn Sie auch Ihre Kenntnisse dazu einsetzen, diese Fischart nachzuziehen.
• Informieren Sie sich anhand wissenschaftlicher Literatur genau über die Lebensweise dieser Art. In den Aquarienvereinen finden Sie sicher Vereinsfreunde, die sich mit der Beschaffung wissenschaftlicher Literatur auskennen, falls Sie selbst keine Erfahrung haben.
• Um eine Art auf Dauer im Aquarium zu erhalten, ist der Austausch von Informationen und auch Fischen zwischen Liebhabern, die an der gleichen Art interessiert sind, unumgänglich. Vermeiden Sie also durch intensiven Kontakt mit anderen Züchtern Verluste, und halten Sie durch den Austausch von Tieren Inzuchterscheinungen zurück. Bei Beginn einer Zucht ist dehalb ein ausreichend großer Zuchtstamm wichtig.
• Vermeiden Sie Kreuzungen zwischen Populationen (→ Seite 8) der gleichen Art aus verschiedenen Herkunftsgebieten.

## Was sind Arten, Unterarten und Populationen?

**Arten** entstehen im Lauf der Evolution durch Anpassung der Lebewesen an ihre Umwelt, sie sind also keine unveränderlichen Einheiten. Da die belebte und unbelebte Umwelt, also das Groß- und Kleinklima, die Wasserzusammensetzung, das Nahrungsangebot, die Bedrohung durch Feinde und so weiter, sich im Lauf der Erdgeschichte langsam aber stetig ändern, müssen sich die Lebewesen von Generation zu Generation an kleine Umweltveränderungen anpassen. Alle Umweltfaktoren wirken aber auf die Ausprägung jedes

Merkmals eines Lebewesens ein, so daß Veränderungen der Umwelt auch Veränderungen des Verhaltens und Veränderungen des Knochen- und Organbaues nach sich ziehen. Die Einzeltiere jeder Art kreuzen sich nicht mit denen anderer Arten, nur bei der Fortpflanzung mit Artgenossen bringen sie fruchtbare Nachkommen hervor.

**Unterarten** sind kleinere Untereinheiten einer Art. Zur Aufspaltung in Unterarten kommt es häufig bei Tierarten, die über weite Gebiete mit sehr unterschiedlichen Lebensräumen verbreitet sind, zum Beispiel bei Karpfenfischen aus Europa und Nordasien. Da die Bewohner des gleichen Biotops von den gleichen Umweltbedingungen geformt werden, ähneln sie einander, unterscheiden sich aber in Aussehen und Verhalten oft stark von Artgenossen aus anderen Lebensräumen.

**Populationen** sind Fortpflanzungsgemeinschaften innerhalb einer Art oder Unterart. Sie umfassen jeweils die Bewohner eines abgegrenzten Lebensraumes, die tatsächlich miteinander in Kontakt kommen und Nachkommen hervorbringen. An den Felsufern des Tanganjika-Sees leben zum Beispiel verschiedene Populationen des Brabantbuntbarsches (*Tropheus moorii*).

Populationen, die in weit voneinander entfernten Gebieten leben, können unter Umständen wegen unterschiedlicher Umweltbedingungen unterschiedliche Verhaltensmuster entwickeln. Sogar das Balz- und Ablaichverhalten kann sich innerhalb einer Art ändern, so daß die Fische sich nur noch mit Artgenossen ihrer eigenen Population »verständigen« können. An Gestalt und Färbung ist meist nicht erkennbar, ob zwei Fische verschiedenen Populationen angehören oder nicht. Sie können sich in Knochenbau, ihren Zähnen und ihren Flossen- und Schuppenformen völlig gleichen und lediglich unterschiedliche Verhaltensmuster entwickelt haben. Werden Fische aus verschiedenen Populationen beim Importeur durcheinandergemischt, kann es sein, daß der Aquarianer Tiere mit verschiedenem Brutpflegeverhalten erhält, die beim Ablaichen oder der Jungenaufzucht nicht miteinander zurechtkommen.

## Artkreuzung im Aquarium?

Im Freiland kreuzen sich unterschiedliche Fischarten fast nie, auch nicht die, die eng miteinander verwandt sind. Nur von Karpfenfischen sind aus dem Freiland häufiger Artbastarde bekannt. Fische, die aus einer Artkreuzung hervorgehen, sind fast immer steril (nicht fortpflanzungsfähig). Sie können das Erbgut ihrer Eltern also nicht weiterverbreiten.

Die Natur hat hier einige Kreuzungsbarrieren errichtet:

• Eier ziehen arteigene Spermien (männliche Samenfäden) vor. Auch wenn die Eier mit mehr artfremden als arteigenen Spermien in Kontakt kommen, werden mehr arteigene Spermien zur Befruchtung beitragen.

• Die meisten Fische bevorzugen Größe und Farbmuster von Partnern der eigenen Art und weichen anderen Fischen eher aus.

• Die einzelnen Arten (manchmal auch Unterarten und sogar Populationen) haben ein eigenes Balzverhalten entwickelt. Beide Geschlechter reagieren aber nur optimal auf die Balz der eigenen Art, so daß die »Verständigung« zwischen Geschlechtspartnern unterschiedlicher Arten so sehr erschwert ist, daß sie die fruchtlosen Versuche bald aufgeben und einen passenden Partner ihrer eigenen Art suchen.

**Schaumnestbauende Labyrinthfische.**   ▷
Phasen des Fortpflanzungsverhaltens bei Zwergfadenfischen (*Colisa lalia*).
Links oben: Das in Fortpflanzungsstimmung gekommene Männchen besetzt ein Revier und baut ein Schaumnest.
Rechts oben: Kurz vor dem Ablaichen nähert sich das Weibchen zur Umschlingung.
Links unten: Während des Ablaichens drehen sich Männchen und Weibchen auf die Seite und geben Eier und Spermien ab.
Rechts unten: Die Eier (links im Bild) sinken nach dem Ablaichen nach unten. Das Männchen sammelt sie dann auf und spuckt sie ins Schaumnest.

# *Rund ums Fischezüchten*

Im Aquarium können diese Kreuzungsbarrieren aber unterlaufen werden, wenn kein Geschlechtspartner der eigenen Art zur Verfügung steht. Besonders häufig kreuzen sich einige Arten von Lebendgebärenden Zahnkarpfen (→ Seite 109 und 110) und Killifischen (bei ihnen sehen die Weibchen mancher Arten nahezu gleich aus, → Seite 105) untereinander.

## So vermeiden Sie unerwünschte Kreuzungen

• Halten Sie Arten, die sich untereinander kreuzen, nicht gemeinsam im Gesellschaftsbecken, sondern immer nur eine Art.
• Halten Sie nie Zucht- und Wildformen einer Art gemeinsam. Jungfische von so verschiedenen Elterntieren sind meist schlecht ausgefärbt und zeigen weder die charakteristischen Merkmale der Zucht- noch die der Wildform.
• Erkundigen Sie sich beim Kauf von Killifischen, ob die Weibchen auch ganz sicher zur selben Art gehören wie die Männchen, ob sie (bei Nachzuchten) vom selben Züchter beziehungsweise (bei Importen) vom selben Fundort stammen.
• Wenn Sie im Zoofachhandel oder beim Importeur neu eingeführte, unbekannte Fische entdecken, fragen Sie, woher sie stammen, und verpaaren Sie nach Möglichkeit nur Fische vom selben Fundort.
• Wenn Sie sich mit der Erhaltungszucht einer bedrohten Population befassen, dürfen Sie in diese Zuchtgruppe nicht Artgenossen aus anderen Populationen einbringen, damit das genetische Potential dieser Population nicht mit dem einer anderen vermischt wird.

◁ **Besonders ausgeprägtes Ablaichverhalten.**
Was bei der Balz der maulbrütenden Kampffische *Betta macrophthalma* wie eine liebevolle Umarmung aussieht, ist bei den meisten Fischen in dieser Deutlichkeit nicht zu beobachten. Während der Umschlingung werden Eier und Spermien abgegeben, die Nähe der beiden sorgt dafür, daß möglichst alle Eier von Spermien befruchtet werden.

## Domestikation – eine Folgeerscheinung

Wenn man eine Fischart über Generationen hinweg im Aquarium nachzieht, können sich nicht nur neue Farbmuster, Flossenformen oder Verhaltensweisen herausbilden, es können auch andere, in der Natur lebenswichtige Eigenschaften verlorengehen, weil sie unter Aquarienbedingungen »nicht mehr gefragt« sind.
Ein Beispiel: Die meisten Tropenfische laichen zu Beginn der Regenzeit. Dann treten die Flüsse über die Ufer, und im flachen Wasser der Überschwemmungsgebiete entwickeln sich Unmengen von Bakterien, Einzellern, Algen und anderen Kleinlebewesen, die den Jungfischen als erste Nahrung dienen. Die Signale, die den Fischen den Zeitpunkt zum Ablaichen angeben, sind die Tropengewitter, das Ansteigen des Wasserspiegels, die Abnahme der Wasserhärte, wenn das Flußwasser durch die Unmengen von Regenwasser verdünnt wird, ein verändertes Nahrungsangebot und so weiter. Nur dann, wenn alle diese Faktoren zusammentreffen, laichen diese Fische im Freiland ab. Würden sie sich außerhalb dieser Zeit fortpflanzen, müßten ihre Jungen in ungünstigen Wasserverhältnissen und mit unzureichendem Nahrungsangebot aufwachsen. Die Nachkommenzahl würde sich also reduzieren.
Für den Aquarianer sind Fische, die in bezug auf die Umweltfaktoren anspruchslos sind, von Vorteil. Wenn sie ablaichen, auch ohne daß die Umwelt die nötigen Signale geliefert hat, freut sich der Züchter, daß er »ein so gutes Paar« besitzt, zieht möglichst viele Nachkommen auf und gibt sie an andere Züchter weiter. So können im Aquarium Zuchtstämme entstehen, die im Freiland sofort zum Aussterben verurteilt wären. Fischzucht im Aquarium bedeutet also auch Domestikation, die Aquarienfische werden zu Haustieren. Je mehr Generationen im Aquarium aufwachsen, um so mehr »Haustiereigenschaften« werden sich herausbilden. Aquarien-Guppys sind zum Beispiel viel größer als die wilden, Guppys mit Schleierflossen können oft kaum noch ihre Weibchen begatten, albinotische (weiße) und xanthoristische (goldgelbe) Zuchtformen würden wegen ihrer Auffälligkeit im Freiland sofort gefressen.

# Zuchtbecken und ihre Einrichtung

Wer Fische züchten will, kommt mit einem Aquarium allein nicht aus. Er braucht zumindest ein weiteres Becken, in dem er die Jungen großzieht, damit sie nicht von den übrigen Insassen seines Aquariums gefressen werden. Je nach Fischart braucht der Hobbyzüchter oft noch mehr Aquarien, manchmal sogar recht viele.

## Für die Zucht geeignete Becken

Für die Fischzucht eignen sich – genau wie für die Haltung – die mit Silikonkautschuk geklebten Glasaquarien am besten. Sie lassen sich leicht sauberhalten und, wenn nötig, desinfizieren. Die Beckengröße hängt von den Bedürfnissen der Fische ab, die Sie züchten wollen. Genaue Angaben finden Sie in den Zuchtanleitungen (→ Seite 77 bis 137). Sorgen Sie unbedingt für gut schließende Deckscheiben, denn Fische springen bei der Balz besonders häufig!

### Gesellschaftsaquarium
Vermutlich das »Einsteigeraquarium« für die meisten Zuchtanfänger. Labyrinthfische, Welse, Cichliden und andere können dort ebenfalls ablaichen. Der Nachwuchs wird jedoch meist schnell von anderen Beckeninsassen verzehrt. Gesellschaftsaquarien sind also zur Fischzucht weitgehend ungeeignet.

### Artaquarium
Ein auf die Bedürfnisse einer ganz speziellen Fischart zurechtgeschnittenes Becken. Es schafft den Fischen möglichst natürliche Lebensbedingungen, sie können hier ihr ganzes Verhaltensrepertoire zeigen, und der Aquarianer kann hochinteressante Beobachtungen machen. Für die Zucht geeignet sind Artaquarien für Fische mit einem interessanten Brutpflegeverhalten (wie Cichliden, Harnisch- und Schwielenwelse, Labyrinthfische, die wenigen brutpflegenden Salmler) und Fische mit ungewöhnlichem Ablaichverhalten (wie Schmetterlingsfische). Nach dem Ablaichen überläßt man bei brutpflegenden Arten die Eier den Eltern zur Aufzucht. Die Eier nichtbrutpflegender Fische werden aus dem Artbecken entfernt und in ein Aufzuchtbecken überführt.

### Ablaichbecken
Becken, in die bestimmte Fischarten aus dem Gesellschafts- oder Artbecken einzig und allein zur Fortpflanzung eingesetzt werden. Nach dem Ablaichen bringt man sie wieder in ihr ursprüngliches Haltungsbecken zurück. Meist handelt es sich hierbei um Fische, die sich um ihre Brut nicht kümmern und die Eier einfach im Aquarium verstreuen oder zwischen Pflanzen absetzen. Man läßt sie paarweise oder im kleinen Schwarm in diesem Extrabecken ablaichen. Zu diesen nichtbrutpflegenden Arten gehören unter anderem die beliebtesten Aquarienfische: Salmler, Barben, Bärblinge und andere kleine Karpfenfische. In den Ablaichbecken kann man einfacher auf die speziellen Ansprüche der Fische an die Wasserqualität eingehen.

### Aufzuchtbecken
Becken, die der Aufzucht der Brut dienen. Wenn sich die Eier im Ablaichbecken entwickeln, nachdem man die Eltern herausgefangen hat, ist das Ablaichbecken natürlich auch das Aufzuchtaquarium während der ersten Lebenstage der Jungen. Aufzuchtbecken enthalten entweder das Zuchtwasser oder Wasser, dessen Qualität der des Zuchtwassers entspricht. Aufzuchtbecken für die ersten Lebenstage der Jungen sollten nicht zu groß sein, denn kleine Becken sind leichter sauberzuhalten, und die Futtertiere sind auf engem Raum für die Jungen leicht erreichbar.
Sobald die Jungfische älter sind, kommen sie in größere Becken, denn sie sollen ja so schnell wie möglich heranwachsen, und dazu brauchen sie Platz und sauberes Wasser.

### Zuchtanlagen
Wer regelmäßig Fische züchtet und deswegen viele gleich große Ablaich- und Aufzuchtbecken braucht, wird die kleinen Becken bald in Stellagen und Regalen zusammenfassen. Es gibt viele Typen von stabilen Metallregalen, die man selbst zusammenbauen kann. Die Becken dürfen nicht direkt auf den Metallstreben oder auf den metallenen Regalböden stehen. Eine Unterlage aus Styropor ist hier genauso wichtig wie bei der Aufstellung von Einzelaquarien. Eine solche Zuchtanlage ist bequemer zu bedienen als lauter kleine Einzelbek-

ken, die in der Wohnung verstreut sind. Technische Geräte wie Heizung und Beleuchtung können gleich mehrere Becken auf einmal versorgen.

## Die Aufstellung der Aquarien

Aquarien brauchen eine stabile Unterlage, die sich unter dem Gewicht des gefüllten Beckens nicht biegen darf. Unter das Aquarium kommt eine Styroporplatte, die durch das Gewicht des Aquariums zusammengedrückt wird und dadurch und durch ihre Elastizität die letzten Unebenheiten ausgleicht und den Beckenboden absichert. Vorsicht Gewicht! Vergessen Sie nicht, daß ein Liter Wasser 1 kg wiegt, und daß das Gewicht eines Aquariums seinem Rauminhalt in Litern entspricht.
Den Inhalt eines Aquariums ermitteln Sie nach der Formel:

$$\frac{\text{Länge} \times \text{Breite} \times \text{Höhe}}{1000} = \begin{array}{l}\text{Inhalt in Litern} \\ (= \text{Gewicht in kg})\end{array}$$

Eine Zuchtanlage kann sogar schwerer sein als ein wohlgefüllter Bücherschrank.
Informieren Sie sich also vor der Aufstellung einer großen Aquarienanlage über die Belastbarkeit der Fußböden in Ihrer Wohnung.

**Mein Tip:** Wenn Sie die Möglichkeit haben, weichen Sie doch mit Ihren Aquarien in den Keller aus. Er sollte einen Wasseranschluß besitzen und möglichst einen Abfluß in den Fußboden. Er sollte ferner heizbar und gut zu belüften sein. Ein Wandanstrich mit flüssigem Kunststoff verhindert Putzschäden durch Feuchtigkeit.

## Die technische Einrichtung

Wassertemperatur sowie Wasserqualität beziehungsweise die Reinhaltung des Wassers spielen bei der Zucht und Aufzucht von Fischen eine wichtige Rolle. Die für die jeweilige Fischart entsprechenden Bedingungen werden im Zuchtbecken durch Heizer, Lampen und Filter erreicht. Elektrische Schutz- und Warnsysteme speziell für Aquarienanlagen werden von verschiedenen Her-

stellern angeboten. Erkundigen Sie sich im Fachhandel nach den für Ihre Bedürfnisse optimalen Geräten. Aber trotz der Sicherheitssysteme: Bevor Sie in das Wasser des Zuchtbeckens langen, erst die Stecker aller elektrischen Aquariengeräte aus den Steckdosen ziehen.

**Mein Tip:** Kaufen Sie auch für die Einrichtung des Zuchtbeckens nur VDE-geprüfte Geräte. Im Aquarium betriebene Elektrogeräte müssen den Vermerk tragen, daß sie unter Wasser verwendbar sind.

Sumatrabarben beim Ablaichen. Alle Barben brauchen im Zuchtbecken feingliedrige Pflanzen.

### Die Heizung
Viele Fische brauchen zur Zucht eine Erhöhung der Haltungstemperatur um 1 bis 3 °C.
● Wer im Artbecken züchtet, muß nur den Thermostaten seiner Heizung auf die gewünschte neue Temperatur einstellen.
● Kleine und mittlere Ablaich- und Aufzuchtbecken heizt man mit elektrischen Stabheizern mit eingebautem Thermostaten. Es gibt sie – zur Größe des Beckens passend – in unterschiedlichen Stärken.

• Wer eine ganze Batterie von gleich großen Ablaichbecken gleich temperieren möchte, kann auch Heizer ohne eingebauten Thermostaten nehmen und alle gemeinsam an einen einzigen Thermostaten anschließen.

• Wenn die nötige Zuchttemperatur nicht allzu hoch ist, so können Sie sich auch ein Heizgerät sparen, indem Sie die Raumheizung auf die gewünschte Aquarientemperatur einstellen. Das Aquarienwasser gleicht sich an diese Temperatur an, und es bildet sich weniger Schwitzwasser im Raum und an den Aquarienscheiben. Berufszüchter heizen im allgemeinen immer die Aquarienräume, selten die Becken selbst.

• Zur Kontrolle der Temperatur sollte jedes Becken mit einem Thermometer ausgestattet sein.

• Genaue Angaben zur optimalen Temperatur für die einzelnen Fischarten finden Sie in den Zuchtanleitungen (→ Seite 77 bis 137).

## Die Beleuchtung

Fische pflanzen sich im Aquarium nur dann fort, wenn sie sich rundherum wohl fühlen. Und das heißt unter anderem: Die Tiere brauchen etwa 12 bis 14 Stunden Licht am Tag. Das entspricht der Tageslänge in den Tropen und Subtropen, also den Heimatländern, denen sie entstammen. Diese Tageslänge muß eingehalten werden, denn davon hängt die Produktion der Geschlechtshormone ab, die die Fortpflanzung der Fische steuern.

Zucht im Art- oder Gesellschaftsbecken. Wer seine Fische dort ablaichen läßt, ändert natürlich nichts an der bereits herrschenden Beleuchtung, die Fische wären irritiert.

Kleine Ablaichbecken. Wer nur selten züchtet und dann nur ein oder zwei kleine Ablaichbecken aufstellt, aus denen er die Zuchtfische nach dem Ablaichen sofort wieder ins Haltungsbecken umsetzt, kann ganz ohne Lampe auskommen oder das Becken mit einer Schreibtischlampe beleuchten, in der eine mittelstarke Glühbirne brennt. Achten Sie allerdings darauf, daß das Licht – so wie es die Fische bisher gewöhnt sind – von oben einfällt, und daß zwischen Birne und Wasseroberfläche ein Sicherheitsabstand eingehalten wird, der auch eine zu große Erhitzung des Wassers verhindert.

Größere Aufzuchtaquarien. Sie erhalten ihr Licht am besten aus Leuchtstofflampen. Am besten nehmen Sie dieselben Röhrentypen, die Sie auch im Haltungsbecken dieser Fischart verwenden.

Wenn Fische die Morgensonne lieben. Manche Fische, besonders solche aus stark besonnten Gewässern, wie zum Beispiel der Celebes-Sonnenstrahlfisch (*Telmatherina ladigesi*), die meisten Panzerwelse, Barben und viele Cichliden, laichen gerne, wenn die Morgensonne in das Becken scheint. Stellen Sie also das Zuchtbecken so auf, daß morgens etwas Sonne hineinfällt, unabhängig davon, ob das Aquarium künstlich oder gar nicht beleuchtet wird.

Flösselhechte bei der Balz. Das Männchen (oben) formt beim Ablaichen seine Afterflosse, die größer ist als die des Weibchens, zu einer Art Auffangtasche für die Eier.

Lichtempfindliche Fische. Berufszüchter stellen diese Fische zur Zucht im Dämmerlicht auf, viele dunkeln das Becken sogar noch zusätzlich mit Papier oder dunklem Karton ab. Dem Hobbyzüchter sei das Abdunkeln mit Papier oder Karton ebenfalls empfohlen. Achtung: Wenn die Jungen geschlüpft sind, darf die Verdunkelung erst nach Tagen langsam Stück für Stück entfernt werden.

Besonders lichtempfindlich sind Salmler und Barben aus Urwaldgebieten, zum Beispiel der Rote Neon und der Keilfleckbärbling (→ Seite 78 und Seite 90).

## Filter und Belüftung

Ein Filter sowie eine dauernde Sauerstoffzufuhr sind in Zucht- und Aufzuchtaquarien genauso wichtig wie in Gesellschaftsbecken. Außerdem erzeugen Filter und Belüfter eine permanente Wasserströmung, die für manche Fischarten erst den Impuls zum Ablaichen auslöst.

## Wie funktioniert ein Filter?

Der Filter entfernt mechanisch Schwebstoffe wie Futterreste und Fischkot. Auf dem Filtersubstrat (→ Seite 16) siedeln sich die stickstoffabbauenden Bakterien an. Sie setzen auf biologischem Weg das Ammoniak (in alkalischem Wasser) beziehungsweise das Ammonium (in saurem Wasser), das sich bei der Zersetzung von Futter bildet und in Ausscheidungen der Fische enthalten ist, über das giftige Nitrit zu relativ ungiftigem Nitrat um. Diese »bakterielle Denitrifikation« verbraucht Sauerstoff. Sie müssen also dafür sorgen, daß das Wasser immer genug Sauerstoff enthält (→ Belüftung, Seite 16).

## Der richtige Filter

Für den Zuchterfolg ist es wenig ausschlaggebend, ob Sie Innen- oder Außenfilter benutzen, ob diese Filter mit Kreiselpumpen, Motoren oder Luftpumpen angetrieben werden. Entscheidend ist jedoch, daß Sie sich Geräte anschaffen, deren Wasserdurchfluß Sie regeln können. Filter dürfen in Zucht- und Aufzuchtaquarien oft nur sehr langsam laufen, damit nicht Eier und Spermien beziehungsweise Jungfische eingesaugt werden. Kaufen Sie also Filter, deren Leistung Sie stärker oder schwächer einstellen können. Und hier noch Tips für die unterschiedlichen Beckenarten:

Große Artaquarien, in denen Sie Cichliden, Welse und andere große Fische ihr Leben lang halten und züchten wollen, sind gut bedient mit einem kreiselpumpenbetriebenen Außenfilter oder einem sehr leistungsfähigen Innenfilter.

Kleinere Artbecken, die ebenfalls zu Haltung und Zucht verwendet werden (zum Beispiel für Labyrinthfische), benötigen langsam laufende Filter, die wenig Strömung erzeugen.

Ablaichbecken, in denen die Fische nur wenige Stunden oder Tage verbringen, sind nur 20 bis 60 cm lang und brauchen keine sehr starke Filterung. Die Fische werden dort auch meist nicht gefüttert. Empfehlenswert für diese Becken sind die kleinen, sanften Schaumstoffpatronenfilter, die mit Membranpumpen angetrieben werden, oder regelbare Motorinnenfilter. Die Membranpumpen, die die kleinen Filter antreiben, sind heute nicht mehr so laut wie vor 20 Jahren. Es gibt Membranpumpen verschiedener Größe, die einen oder mehrere kleine Filter mit Ausströmer mit Luft versorgen können. Wer nur wenige Zuchtbecken besitzt, kommt mit einer großen oder ein paar kleineren Membranpumpen aus. Wenn diese Pumpen aber ständig beansprucht werden, müssen die Membranen nach ein paar Monaten ausgewechselt werden. Manche Züchter filtern in Ablaichbecken überhaupt nicht.

Aufzuchtaquarien benötigen sehr leistungsfähige Filter, die schnell und einfach zu säubern sind. Außerdem dürfen sie natürlich keinen sehr kräftigen Sog entwickeln, damit die Jungfische nicht in die Filtermasse hineingezogen werden. Die Filter müssen andererseits leistungsfähig sein, weil durch die kräftige Fütterung und den dichten Fischbesatz besonders viel organisches Material ins Wasser gerät, das sich schnell zersetzt. Ammonium- oder nitratbelastetes Wasser hemmt aber das Wachstum der Jungfische.

Gut geeignet sind Schaumstoffpatronenfilter, denn der Schaumstoff ist so fein, daß Jungfische nicht hineingeraten, und die Patrone läßt sich mit ein paar Handgriffen abbauen, ausspülen und wieder in das Becken einsetzen. Sie können aber auch jeden anderen Innenfilter benutzen, wenn Sie die Leistung drosseln.

Wenn Sie trotzdem befürchten, daß Ihre Jungfische in den Sog des Filters geraten, so können Sie den Ansaugstutzen oder den ganzen Filter mit Perlongaze einhüllen. Diese Gaze sollten Sie aber mindestens einmal am Tag gründlich säubern, das heißt, unter klarem Wasser gut ausspülen.

**Mein Tip:** Halten Sie die Jungfische in den ersten Tagen nach dem Schlüpfen in einem Becken mit langsam laufendem Filter und setzen Sie sie, sobald sie etwas größer und kräftiger geworden sind, in ein größeres Aufzuchtbecken mit einem Motorinnenfilter um. Falls Sie Jungfische in Behältern aufziehen, in denen Filterung nicht möglich ist (zum Beispiel Harnischwelse in Fotoschalen, → Seite 97), muß täglich vorsichtig fast alles Wasser gegen frisches Wasser gleicher Qualität ausgewechselt werden.

*Ancistrus*-Männchen sind fürsorgliche Väter. Sie kümmern sich nicht nur um die Eier, sondern auch um ihre Jungen, bis sie etwa 1 cm lang sind.

## Filtermassen

Die in der Aquaristik üblichen Filtermassen können Sie auch bei der Zucht verwenden. Zwei Filtersubstrate erfüllen ganz besondere Funktionen: Torf säuert das Wasser an und enthärtet es ein wenig. Torffilterung ist eine große Hilfe für die Zucht von Fischen aus dem tropischen Regenwald, wo das Wasser durch Laub, totes Holz und andere Pflanzenteile einen hohen Gehalt an Humussäuren aufweist. Für diese Fische filtert man

drei Tage lang das Wasser des Ablaichbeckens über Torf und setzt sie erst anschließend hinein. Alternative: Torfextrakte, die man einfach in entsprechender Dosierung in das Wasser schüttet. Sie sind zwar einfacher anzuwenden, aber häufig nicht so wirksam wie die Filterung über Torf.

Aktivkohle brauchen Sie, wenn Sie Fischarten züchten, die viele Eier und riesige Mengen von Spermien und Samenflüssigkeit produzieren, zum Beispiel Schrägschwimmer (*Thayeria boehlkei*), Großschuppen-Salmler (*Moenkhausia oligolepis*) oder Diskussalmler (*Poptella orbicularis*). Sobald die Eier befruchtet sind, müssen Sie einige Stunden lang über Aktivkohle überschüssige Spermien aus dem Wasser herausfiltern. Wenn sie absterben und sich zersetzen, verdirbt das Wasser, Bakterien und Pilze können sich prächtig entwickeln und das ganze Gelege vernichten.

Achtung: Nicht schon während des Ablaichens filtern, denn ein Teil der Spermien würde natürlich aufgesogen. Fischeier sind nur ein paar Minuten lang befruchtungsfähig. Nach dem Ablaichen also etwas warten, erst dann den Filter einschalten. Bei besonders großen Gelegen reicht die Aktivkohlefilterung oft nicht aus, hier müssen noch Desinfektionsmittel zugesetzt werden.

**Mein Tip:** Oft können in einem solchen Fall Desinfektionsmittel umgangen werden: Gleichzeitig mit dem Ablaichbecken ein zweites, gleich großes Aquarium säubern, mit dem gleichen Wasser wie das Ablaichbecken füllen und ebenso heizen und filtern. Nach dem Ablaichen fast das ganze Wasser aus dem Ablaichaquarium ablassen (natürlich nur, wenn die Eier auf dem Boden liegen, nicht, wenn sie an den Wänden kleben) und das saubere, erwärmte Wasser aus dem zweiten Becken einfüllen. So entfernt man den größten Teil der Spermien, die letzten Reste filtert dann die Aktivkohle heraus.

## Belüftung im Zuchtbecken

Sauerstoffmangel kann bereits befruchtete Eier zum Absterben bringen. Da langsam laufende Filter in Zucht- und Aufzuchtaquarien oft zu wenig Sauerstoff einsprudeln, sollten Sie in diesen Becken Ausströmersteine verwenden. Sie bestehen aus feinporigem Material und werden mit einem

# Zuchtbecken und ihre Einrichtung

Plastikschlauch an eine Membranpumpe angeschlossen. Die Pumpe drückt Luft durch den Schlauch in den Ausströmer, durch dessen Poren sie dann heraussprudelt. Je feiner die Poren, desto kleiner die Luftblasen. Je kleiner die einzelnen Luftblasen sind, desto größer ist aber die Gesamtoberfläche der Luft, die in das Wasser hineingedrückt wird, und um so mehr Sauerstoff kann das Wasser aufnehmen. Besonders feine Ausströmer sind aus Lindenholz.

### Weshalb die Wasserströmung für die Zucht wichtig ist

Filter und Belüftung erzeugen beide eine mehr oder weniger starke Wasserströmung, die für die Zucht aus mehreren Gründen erforderlich ist. Für viele Fischarten (vor allem Fische aus Flüssen und Strömen und solche Arten, die Laichwanderungen – meist stromaufwärts – unternehmen, wie Schmerlen und große Salmler) ist eine starke Wasserströmung der »Zeitgeber« für das Ablaichen. Wenn Sie solche Fische im Art- oder Gesellschaftsbecken halten, müssen Sie mit einer Kreiselpumpe für Strömung sorgen, zumindest in den letzten beiden Monaten, bevor im Freiland die Regenzeit beginnen würde.

Die Wasserbewegung durchmischt ferner das Aquarienwasser, so daß sich keine Zonen unterschiedlicher Wärme bilden können.

Parasiten und Pilze vertragen strömendes Wasser nur schlecht. Durch Wasserbewegung verhindern Sie also auch Krankheiten.

### Die weitere Einrichtung

In diesem Abschnitt erhalten Sie Hinweise über die nichttechnische Einrichtung von Zuchtbecken, dazu gehören der Bodengrund, Wurzeln und Steine, Pflanzen und Laichhilfen.

### Der Bodengrund

Artaquarien für brutpflegende Fische werden nach den Bedürfnissen ihrer Bewohner eingerichtet. Sie sind bepflanzt und enthalten normalen Bodengrund.

In Ablaichbecken erhalten Arten, deren Laich sehr empfindlich gegen Bakterien und Infusorien ist, keinen Bodengrund, weniger empfindlichen Arten schadet er nicht.

Bei empfindlichen Arten (zum Beispiel Roter Neon, Blutsalmler oder Kaisersalmler) wird der Beckenboden, damit er nicht spiegelt (was viele Fische beim Ablaichen irritiert) von außen mit schwarzer Farbe gestrichen, oder es wird dunkles Papier, dunkler Stoff oder eine dunkel gestrichene Styroporplatte daruntergelegt. Fische, die ihre Eier nach dem Ablaichen fressen, brauchen einen Laichrost (→ Seite 21).

Weniger empfindliche Arten (wie der Laternenträger oder der Trauermantel-Salmler) bekommen ausgekochten oder im Backofen ausgeglühten Sand oder Kies als Bodengrund. Die bodenlaichenden Saisonfische unter den Eierlegenden Zahnkarpfen (→ Seite 103) erhalten auf dem Beckenboden eine relativ hohe Schicht von gut gewässertem Torf, in den sie ihre Eier beim Ablaichen drücken. Die Schichtdicke hängt vom Ablaichverhalten ab (→ Seite 106).

Aufzuchtbecken. Um das Becken leichter reinigen zu können, keinen Bodengrund oder nur eine dünne Sandschicht verwenden.

### Laichsubstrate und andere Hilfsmittel

Artaquarien. Brutpflegende Fische wie Cichliden, manche Welse oder Labyrinthfische suchen sich im Artbecken ihre Ablaichplätze selbst, sie putzen sie und bewachen Eier und Junge. Die Ansprüche, die sie dabei an das Laichsubstrat stellen, sind von Art zu Art recht unterschiedlich. Allerdings nehmen diese Fische häufig auch mit Ersatzstoffen vorlieb.

• Senkrecht oder schräg stehende Steinplatten oder flache Steine dienen den Offenbrütern unter den Cichliden (→ Seite 115) als Ablaichplätze. Sie können durch Dachziegel ersetzt werden.

• Höhlen aus Steinen oder Wurzeln für ihre Eier und Jungen brauchen versteckbrütende Cichliden (→ Seite 116) und viele brutpflegende Welse (→ Seite 93). Es hat sich jedoch gezeigt, daß sie ebenso Plastikröhren, halbierte Kokosnußschalen oder Blumentöpfe als Höhle akzeptieren.

• Pflanzenstengel dienen zum Beispiel Skalaren (→ Seite 121) als Ablaichstätte. Sie können durch grüne Glasstäbe ersetzt werden.

17

- Pflanzenblätter benötigt zum Beispiel der Spritzsalmler (→ Seite 85), um sein Gelege anzuheften. Er akzeptiert jedoch stattdessen auch grüne Glasscheiben oder grüne Styroporstücke.

Ablaichbecken erhalten meist kein Laichsubstrat. Zur Einrichtung gehören jedoch immer Ablaichpflanzen (→ Seite 22) oder ein Laichrost (→ Seite 21). Nur bei der Zucht aggressiver Fischarten (zum Beispiel bei Eierlegenden Zahnkarpfen) sind einige Wurzeln oder Steinplatten als Verstecke für Weibchen nötig.

Aufzuchtbecken benötigen keine Laichsubstrate.

**Mein Tip:** Dachziegel, Blumentöpfe und alles übrige Ziegelmaterial muß vor der Verwendung im Aquarium einen Tag lang in Wasser und Torf eingelagert werden (auf 10 l Wasser 2 Hände voll Torf). Die Humussäuren des Torfes binden das giftige Aluminium, das in frischen Ziegeln enthalten sein kann.

Wer die Möglichkeit hat, sollte seine Artbecken, in denen er züchtet, jedoch so dekorativ einrichten wie nur möglich und die Fische in einer möglichst natürlichen Umgebung züchten.

**Pflanzen im Zuchtaquarium**

Pflanzen gehören nicht nur in Artaquarien, die mit Bodengrund, Steinen, Wurzelholz und so weiter eingerichtet sind, man braucht sie auch in Ablaichaquarien, in denen die Fische nur einige Tage verbringen. In Becken ohne Bodengrund (→ Seite 17) beschwert man sie einfach mit Glasstäben oder Glaskugeln, damit sie nicht an die Oberfläche treiben. In Aufzuchtbecken für frischgeschlüpfte Junge braucht man sie nicht. In Aufzuchtbecken für ältere Jungfische werden sie in kleine Blumentöpfe gepflanzt, auf Bodengrund verzichtet man.

Pflanzen erfüllen im Zuchtaquarium unterschiedliche Funktionen:

- Viele Pflanzen dienen Fischen als Ablaichplätze, an die sie ihre Eier heften (Stück für Stück oder in kleinen Schüben), nachdem sie Blätter oder Stengel vorher geputzt haben.
- Eher zufällige Ablaichstätten sind sie für Schwarmfische, die bei der Balz durch dichte Pflanzenbestände jagen und dabei wahllos die Eier verstreuen, die dank ihrer Klebkraft an den Pflanzenblättern hängenbleiben.

- Pflanzen – besonders solche mit dichter, feiner Beblätterung – besitzen eine große Gesamtoberfläche und können viel Sauerstoff abgeben und viel Kohlendioxid aus dem Wasser aufnehmen.
- Manche Pflanzenarten verbrauchen viel Ammonium oder sogar Nitrat, die den Fischen schaden würden, die Pflanzen aber gut ernähren.
- Alle Pflanzen vernichten Bakterien im Wasser.
- Pflanzen dienen den Weibchen, die bei der Balz manchmal heftig gejagt werden, als Schutz und Versteck.

Und so wählen Sie die richtigen Pflanzen aus:
Die Ablaichpflanzen sollen dem Ablaichverhalten der jeweiligen Fische entsprechen.
Sie sollen zur Qualität und Temperatur des Wassers passen.
Die wichtigsten Ablaichpflanzen finden Sie auf Seite 22 bis 24.

**So reinigen Sie Ablaichpflanzen**

Mit Wasserpflanzen können Schnecken, Schneckenlaich, kleine Nematoden (Fadenwürmer) und Planarien (Plattwürmer) in die Zuchtbecken eingeschleppt werden.

In Artaquarien für brutpflegende Fische werden solche Tiere den Eiern und Jungen bei Tage nicht gefährlich, denn die Eltern fressen sie auf oder entfernen sie vom Gelege, wenn sie es putzen. Bei Nacht können die Schädlinge jedoch auch über die Gelege brutpflegender Arten herfallen.

**Höhlenbrütende Cichliden beim Ablaichen.** ▷
Nicht immer besitzen die Ablaichhöhlen dieser Cichliden so große Eingänge, daß auch das größere Männchen hindurchpaßt. Während das Weibchen (Foto oben) in der Höhle ablaicht, samt das Männchen vor der Höhle ab. Die Spermien gelangen mit dem Wasser zu den Eiern. Beim Purpurprachtbarsch (*Pelvicachromis pulcher*) teilen sich anschließend die Eltern die Aufgaben: Das Weibchen ist für die direkte Brutpflege der Eier zuständig, das Männchen verteidigt das Revier.

# Zuchtbecken und ihre Einrichtung

In Ablaich- und Aufzuchtbecken für nichtbrutpflegende Fische können sie den Laich befallen und in kurzer Zeit das ganze Gelege vernichten. Der Laich vieler Fischarten ist sehr empfindlich gegen Bakterien, Pilze und Infusorien (Einzeller), denn diese Organismen greifen nicht nur die Eier direkt an, sondern schädigen sie auch durch Sauerstoffentzug, wenn sie sich massenhaft vermehren. So wird's gemacht: Pflanzen sorgfältig unter fließendem Wasser waschen, für empfindliche Fischarten in einem Alaunbad desinfizieren. Wer viel Platz hat, kann auch ein fisch- und schneckenfreies Extrabecken zur Aufzucht von Ablaichpflanzen einrichten. Damit keine Pflanzenteile im Zuchtaquarium faulen, alle beschädigten Blätter und Stengelteile beim Waschen sorgfältig abpflücken.

## Ersatz für echte Pflanzen

Wer ganz empfindliche Fische unter nahezu sterilen Bedingungen ablaichen lassen möchte, kann statt Pflanzen ein Laichgespinst aus grüngefärbter Kunstfaser verwenden. Es sieht ungefähr aus wie grüne Fadenalgen. Vielen Fischen ist dieses Gespinst zu hart, sie können sich beim Ablaichen sogar darin verheddern. Besonders die Haftlaicher unter den Eierlegenden Zahnkarpfen lieben diese Laichgespinste gar nicht.

Eine Alternative sind Ablaichwedel. Das sind Faserbüschel, die man um ein Plastikrohr knotet. Das Rohr wird quer über das Becken gelegt, und das Faserbüschel hängt in das Becken hinein wie ein kleiner schlapper Besen. Die Fische drängen sich beim Ablaichen hindurch und setzen ihre Eier daran ab. Lange Torffasern, unter die Deckscheibe geklemmt, wirken ähnlich.

◁ **Skalar während der Eiablage.**
Skalare (*Pterophyllum scalare*) zählen zur Familie der Buntbarsche und laichen an schrägen bis senkrechten Substratflächen ab. Hier sind es die breiten Blätter einer Amazonas-Schwertpflanze (*Echinodorus*).

## Laichrost und Ablaichkasten

Laichrost und Ablaichkasten sind Einrichtungen, um die Eltern am Fressen ihrer eigenen Eier und Jungfische zu hindern.

Laichroste legt man auf den Beckenboden, so daß beim Ablaichen die Eier in den Hohlraum darunter fallen und vor den Nachstellungen der Elterntiere geschützt sind. Hier einige Varianten:

• Der einfachste Laichrost ist eine Schicht von Glasmurmeln, die auf einer dünnen Sandschicht liegen. Die Eier lassen sich allerdings zwischen den Murmeln schlecht absaugen.

• Lose Glasstäbe können Sie am Beckenboden über Kreuz zu einem Gitter legen. Legen Sie je einen Glasstab, dessen Länge der Beckenbreite entspricht, an die Schmalseite des Beckenbodens. Quer darüber, in Abständen von je 2 bis 3 mm, kommen Glasstäbe, die so lang sind wie das Becken innen. Die Eier fallen durch die Lücken auf den Beckenboden und werden leichter als zwischen den Glaskugeln abgesaugt. Die Glasstäbe erhalten Sie im Laborfachhandel. Sie können sie auch mit Silikonkautschuk verkleben.

Alle Laichroste und den Sand, der unter die Glasmurmeln kommt, einige Stunden lang im Backofen ausglühen.

Ablaichkästen besitzen einen eingebauten Rost. Man läßt die Weibchen der Lebendgebärenden Zahnkarpfen darin ihre Jungen gebären. Der Rost verhindert, daß sie ihren Nachwuchs sofort nach der Geburt auffressen. Die eben geborenen Jungen fallen durch den Rost in die untere Abteilung des Kastens und sind damit vor dem Zugriff der Mutter geschützt. Leider sind die Ablaichkästen meist zu klein, und die Weibchen – zumindest die der größeren Arten vom Platy an aufwärts – regen sich in den kleinen Käfigen manchmal so auf, daß sie ihre Jungen zu früh zur Welt bringen. Am besten bauen sich Züchter von Lebendgebärenden Zahnkarpfen größere Ablaichkästen selbst.

**Mein Tip:** Bei Fischen, die ihren Laich auf einmal abgeben, werden die Eltern nach dem Ablaichen herausgefangen, die Eier können bis zum Schlüpfen im Ablaichbecken bleiben. Bei Fischen, die über Tage oder Wochen verteilt ablaichen, saugt man die Eier vorsichtig mit einem Schlauch vom Boden ab und überführt sie ins Aufzuchtbecken.

*Cabomba caroliniana*
**Carolina-Haarnixe**

Stengelpflanze, deren
Blattspreite fein gefiedert
ist. Härteste *Cabomba*-
Art mit den geringsten
Lichtansprüchen.
Wasser: 22–28 °C; 2–12
°KH, pH-Wert 6,5–7,2.
Haltung: Eingepflanzt,
mit Glasstäben verankert
oder freitreibend.
Ablaichpflanze für viele
Barben, Bärblinge und
Salmler, die Freilaicher
sind.

*Ceratophyllum demersum*
**Gemeines Hornkraut**

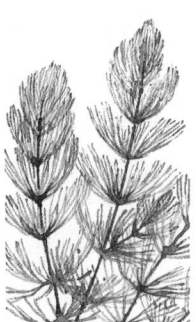

Wurzellose Stengel-
pflanze mit gabelig geteil-
ten Blättern. Robust.
Wasser: 15–30 °C; 5–15
°KH, pH-Wert 6–7,5.
Haltung: Freitreibend
(bildet unter der Wasser-
oberfläche dichte Pol-
ster), oder mit Glasstäben
am Boden verankert.
Ablaichpflanze für alle
Fische. Auch als Versteck
für Weibchen und Jung-
fische.

*Ceratopteris thalictroides*
**Sumatrafarn**

Blattspreiten tief fieder-
schnittig. Große, feinver-
zweigte Wurzelbüsche.
Wasser: 20–30 °C; 2–12
°KH, pH-Wert 6,5–7,5.
Haltung: Eingepflanzt,
mit Glasstäben verankert
oder freitreibend.
Ablaichpflanze für alle
größeren und schaum-
nestbauenden Fische.

*Cryptocoryne affinis*
**Haertels Wasserkelch**

Härteste Cryptocoryne.
Mittelgroß.
Wasser: 22–28 °C; 3–15
°KH, pH-Wert 6–7,5.
Haltung: Eingetopft oder
eingepflanzt.
Ablaichpflanze für Fi-
sche, die auf der Ober-
oder Unterseite breiter
Blätter ablaichen, zum
Beispiel Keilfleckbarben.

*Echinodorus bleheri*
**Amazonas-Schwert-
pflanze**

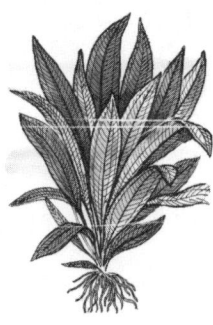

Beispiel für viele *Echinodorus*-Arten. Lichtbe-
dürftiger als Cryptocory-
nen. Groß!
Wasser: 22–28 °C; 2–15
°KH, pH-Wert 6,5–7,5.
Haltung: Eingetopft oder
eingepflanzt.
Ablaichpflanze für Fi-
sche, die auf der Ober-
oder Unterseite breiter
Blätter ablaichen, vor allem für größere Fische
wie Skalare.

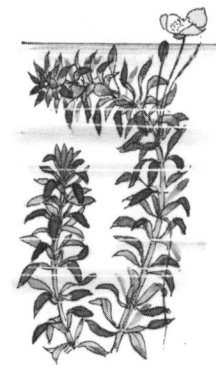

*Egeria densa*
**Argentinische Wasserpest**

Stengelpflanze mit klei-
nen Blättern.
Wasser: 15–25 °C; 8–18
°KH, pH-Wert 6,5–7,5.
Haltung: Freischwim-
mend.
Ablaichpflanze für freilai-
chende Fische in kälterem
Wasser.

# Die wichtigsten Ablaichpflanzen

*Eichhornia crassipes*
**Wasserhyazinthe**

Wird über dem Wasserspiegel bis 35 cm hoch. Wurzelbüsche sind Ablaichsubstrat und Schutz für Jungfische.
Wasser: 22–28 °C; 2–15 °KH, pH-Wert 6–7,8.
Haltung: Schwimmend. Viel Licht, verträgt kein Schwitzwasser.
Ablaichpflanze vor allem für Schaumnester von Labyrinthern und Schwielenwelsen. Auch zum Schattieren.

*Hygrophila difformis*
**Indischer Wasserstern**

Hohe Stengelpflanze, Wurzeln an den Stengelknoten.
Wasser: 22–28 °C; 2–15 °KH, pH-Wert 6,5–7,5.
Haltung: Eingepflanzt oder freitreibend. Viel Licht!
Ablaichpflanze für größere freilaichende Fische

*Limnophila sessiliflora*
**Blütenstielloser Sumpffreund**

Hohe Stengelpflanze, Blätter quirlständig.
Wasser: 22–28 °C; 3–15 °KH, pH-Wert 6–7,5.
Haltung: Eingepflanzt oder freischwimmend. Sehr lichtbedürftig.
Ablaichpflanze für alle freilaichenden Salmler, Bärblinge und Barben.

*Ludwigia palustris x repens (natans)*
**Bastard-Ludwigie**

Anspruchslos. Auch für Kaltwasserbecken.
Wasser: 17–28 °C; 3–15 °KH, pH-Wert 5,8–7,5
Haltung: Eingepflanzt oder freischwimmend.
Ablaichpflanze für Fische, die gern auf kleineren Blattflächen ablaichen, zum Beispiel Schachbrett-Cichliden.

*Myriophyllum aquaticum*
**Brasilianisches Tausendblatt**

Weiche, feingefiederte Blätter.
Wasser: 18–30 °C; 2–15 °KH, pH-Wert 6–7,5.
Haltung: Eingepflanzt oder mit Glasstäben verankert.
Ablaichpflanze für kleine Freilaicher.

*Najas guadelupensis*
*Najas microdon*
**Feinzähniges Nixkraut**

Blätter schmal und dünn.
Wasser: 22–28 °C; 2–12 °KH, pH-Wert 6–7,5.
Haltung: Als freitreibende Polster unter der Wasseroberfläche.
Ablaichpflanze für kleine, zarte Fische und als Schutz für Jungfische von Lebendgebärenden Zahnkarpfen.

# Die wichtigsten Ablaichpflanzen

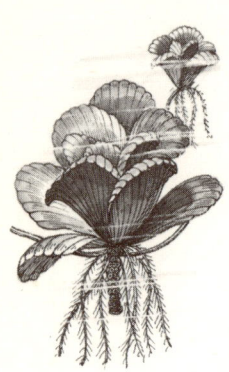

*Pistia stratiotes*
**Muschelblume**

Wird bis zu 30 cm im Durchmesser. Wurzelbüsche (kleiner als bei *Eichhornia crassipes*) sind Ablaichsubstrat und Schutz für Jungfische.
Wasser: 22–26 °C; 5–15 °KH, pH-Wert 6,5–7,5.
Haltung: Schwimmend. Verträgt kein Schwitzwasser.
Ablaichpflanze für Schaumnestbauer und haftlaichende Killifische.

*Potamogeton gayii*
**Tropisches Laichkraut**

Stengelpflanze mit schmalen Blättern.
Wasser: 20–30 °C; 2–12 °KH, pH-Wert 6–7,2.
Haltung: Büschelweise eingepflanzt oder mit Glasstäben verankert.
Ablaichpflanze für kleine Freilaicher.

*Riccia fluitans*
**Teichlebermoos**

Flache, gabelige Verzweigungen, die miteinander verfilzen und dichte Polster bilden.
Wasser: 15–30 °C; 5–15 °KH, pH-Wert 6–8.
Haltung: Schwimmend.
Ablaichpflanze für Labyrinther (als Baumaterial und Verankerung für Schaumnester). Idealer Schutz für Jungfische.

*Sagittaria subulata*
**Flutendes Pfeilkraut**

Pflanze mit bandförmigen Blättern, viele Varietäten mit unterschiedlicher Blattbreite.
Wasser: 20–28 °C; 2–15 °KH, pH-Wert 6–7,8.
Haltung: Eingepflanzt, mit Glasstäben verankert oder schwimmend.
Ablaichpflanze für Nadelwelse.

*Vallisneria spiralis*
**Vallisnerie, Gewöhnliche Wasserschraube**

Bandförmige Blätter, ausläuferbildend.
Wasser: 15–30 °C; 5–12 °KH, pH-Wert 6,5–7,5.
Haltung: Eingepflanzt, mit Glasstäben verankert oder schwimmend.
Ablaichpflanze für viele Haftlaicher (zum Beispiel Salmler.)

*Vesicularia dubyana*
**Javamoos**

Dünnstengeliges Laubmoos. Verzweigt sich reich und bildet dichte Polster.
Wasser: 20–30 °C; 2–15 °KH, ph-Wert 5,8–7,5.
Haltung: Polster am Boden mit Glasstäben verankern. Nicht sehr lichtbedürftig.
Ablaichpflanze für kleine freilaichende Fische, zum Beispiel Bärblinge, viele Salmler und Regenbogenfische.

# Lebensraum Wasser

Bei der Fischzucht ist die Qualität des Wassers ein wesentliches Kriterium für Erfolg oder Mißerfolg. Das Wasser ist nicht nur auslösendes Moment für die Fortpflanzungswilligkeit, sondern sozusagen die »Wiege« der gesamten Fortpflanzung: Hier findet – von einigen Ausnahmen abgesehen – die Befruchtung und die ganze Embryonalentwicklung vom befruchteten Ei über die Larve bis zum Jungfisch statt. Damit die empfindlichen Ei- und Samenzellen im Wasser überleben und die Embryonen ihre komplizierte Entwicklung reibungslos durchlaufen können, müssen Sie den Fischen möglichst genau dasselbe Wasser bieten, in dem sie sich auch in der Natur fortpflanzen, und an das sie angepaßt sind.

Genaue Wasseranalysen sind für die Zucht unerläßlich. Sie wurden in den letzten Jahren immer einfacher durch die Entwicklung der verschiedenen Meßreagenzien, der Testflüssigkeiten, Teststreifen oder -stäbchen und der elektronischen Meßgeräte, die sich schnell und problemlos anwenden lassen.

Und hier die wichtigsten Eigenschaften des Wassers, die gemessen und auf die Bedürfnisse der Fische abgestimmt werden können:
• Die im Wasser gelösten Gase (→ rechts): Sauerstoff ($O_2$) und Kohlendioxid ($CO_2$).
• Die Wasserhärte (→ Seite 27), das heißt, der Mineralgehalt (Salzgehalt) des Wassers und die Art der darin gelösten Salze. Abhängig davon ist der osmotische Druck ( → Seite 28).
• Der pH-Wert, also der Säuregrad des Wassers (→ Seite 33).
• Der Gehalt an organischen Substanzen (→ Seite 35), also an stickstoffhaltigen Stoffwechselprodukten (Eiweiße, Ammoniak, Ammonium, Nitrit, Nitrat), die durch Futterreste, Harn und Kot der Fische, abgestorbene Kleinlebewesen und Schnecken und so weiter in das Wasser gelangen. Organische Substanzen sind auch Huminsäuren, die bei der Zersetzung von Pflanzenresten und der Torfbildung entstehen. Sie säuern das Wasser an und verleihen dem Moorwasser sowie dem tropischen Schwarzwasser die braune Farbe. Der Zoofachhandel führt Extrakte, die mit diesen Stoffen angereichert sind und die Sie dem Aquarienwasser zusetzen können (→ Seite 35).

## Die im Wasser gelösten Gase

Von den im Wasser gelösten Gasen sind Sauerstoff ($O_2$) und Kohlendioxid ($CO_2$) für alle Aquarienbewohner lebenswichtig.

### Sauerstoff

Alle Tiere und Pflanzen atmen Sauerstoff ein und Kohlendioxid aus. Der Sauerstoff gelangt durch die Luft ins Wasser und bei Tag außerdem durch die Photosynthese der Pflanzen. Pflanzen benötigen zwar selbst Sauerstoff für ihre Atmung, aber sie produzieren bei Tag etwa fünfmal so viel Sauerstoff, wie sie verbrauchen. Da die Pflanzen nur im Tageslicht (im Aquarium bei heller Beleuchtung) Sauerstoff abgeben, ergeben sich zwischen Tag und Nacht starke Schwankungen des Sauerstoffgehaltes. Im Aquarium liegt er morgens am niedrigsten, steigert sich tagsüber und nimmt nachts wieder stark ab.

Was Sie noch über Sauerstoff wissen sollten:
• Je stärker die Wasseroberfläche bewegt wird, desto mehr Sauerstoff (aus der Luft) kann im Wasser aufgenommen werden. In der Natur geschieht diese Bewegung durch Wind und Strömung, im Aquarium durch Filterung und Belüftung.
• Sauerstoff löst sich in kaltem Wasser weit besser als in warmem. Fische aus kühlen, schnellfließenden Gewässern sind also wesentlich sauerstoffbedürftiger als solche aus stagnierenden, flachen Tümpeln, die von der Sonne aufgeheizt werden.
• Der Sauerstoff kommt nicht nur Fischen und Pflanzen zugute, sondern auch Bakterien, die die stickstoffhaltigen Ausscheidungsprodukte der Fische (Ammoniak, Ammonium) zu unschädlicheren Substanzen (Nitrat) abbauen.
• Der Sauerstoffgehalt läßt sich mit Testflüssigkeiten oder elektronischem Meßgerät (beides im Zoofachhandel erhältlich) bestimmen. Er darf im normalen Haltungsbecken nicht unter 4 mg pro Liter Wasser absinken.
• Liegt der Sauerstoffgehalt ständig (zumindest am Tage) unter 4 mg/l, so kann das verschiedene Ursachen haben: Daß zu viele Fische und zu wenig Pflanzen im Aquarium sind, daß zuviel gefüttert wird oder daß der Wasserwechsel vernachlässigt wurde und Berge von Mulm im Aquarium und im

Filter herumliegen, so daß der Stickstoffabbau nicht mehr funktioniert.

Sauerstoffmangel – was tun?

Bei akutem Sauerstoffmangel schnappen die Fische an der Wasseroberfläche nach Luft. Allerdings kann dieses Verhalten auch durch eine Ammoniak- oder Nitritvergiftung verursacht werden (→ Ammoniak, Ammonium und Nitrit, Seite 36). Dann sollte ein Teilwasserwechsel (⅕ des Beckeninhalts) durchgeführt werden. Sehr wichtig: Dies muß langsam geschehen.

Salmler sind bei der Zucht anspruchsvoll. Da sie ihre Eier nicht pflegen, muß das Wasser besonders sauber sein. Hier Glühlichtsalmler beim Ablaichen.

So können Sie bei Sauerstoffmangel sicher Abhilfe schaffen:

Einen Teilwasserwechsel durchführen.

Wasserstoffperoxid in das Wasser geben (25 ml einer dreiprozentigen Wasserstoffperoxidlösung auf 100 l Aquarienwasser). Wasserstoffperoxid aber nur einmal zugeben, wenn Sie es mehrmals hintereinander tun, vergiften Sie die Fische.

Zugabe von Sauerstoff-Tabletten (im Zoofachhandel erhältlich), nach Dosierungsangabe auf der Verpackung. Wenn die Fische bereits nach Luft schnappen, hat es keinen Sinn, den Filter oder die Belüftung stärker aufzudrehen. Meist wirbelt die starke Wasserströmung nur den Mulm im Becken stärker durcheinander, der dem Wasser dann noch mehr Sauerstoff entzieht.

Wichtig für die Zucht:

Eier, Spermien und Embryonen sind in sehr viel höherem Maß sauerstoffbedürftig als erwachsene Fische.

● Der Sauerstoffgehalt im Zuchtbecken sollte nie unter 4 mg pro l Wasser absinken.

● Geben Sie in jedes Zuchtaquarium Pflanzen, die gute Sauerstoffproduzenten sind, wie zum Beispiel die Wasserpest.

● In Zuchtaquarien, in denen keine Pflanzen gehalten werden dürfen, kann der Sauerstoffgehalt durch kräftige Filterung, Wasserumwälzung, Ausströmersteine oder täglichen Teilwasserwechsel vor dem Absinken bewahrt werden.

**Kohlendioxid**

Auch Kohlendioxid ($CO_2$) löst sich im Wasser. Es gelangt aus der Luft, aber auch als ausgeatmetes Stoffwechselprodukt von Fischen, Pflanzen und Bakterien hinein. Es entsteht bei allen Atmungsvorgängen von Lebewesen, und es wird freigesetzt, wenn Bakterien im Filter Stickstoffverbindungen (die sich aus Harn und Kot der Fische und bei der Zersetzung von Futterresten bilden) abbauen. Gleichzeitig ist $CO_2$ der wichtigste Pflanzennährstoff. Ohne ihn können die Pflanzen nicht assimilieren und den Sauerstoff bilden, den Fische und Filterbakterien zum Leben beziehungsweise Arbeiten brauchen.

Was Sie noch über Kohlendioxid wissen sollten.

Ein zu hoher Kohlendioxidgehalt kann vor allen Dingen am Morgen in einem sehr stark mit Fischen und Pflanzen besetzten Becken auftreten. Verschmutztes Wasser, zuviel Mulm am Bodengrund und ein stark verschmutzter Filter erhöhen ebenfalls den Kohlendioxidgehalt.

Durch starke Belüftung, die die Wasseroberfläche heftig bewegt, läßt sich $CO_2$ aus dem Wasser austreiben.

Wichtig für die Zucht:

● Wer in bepflanzten Aquarien (gleichgültig ob in Gesellschafts- oder Artbecken) brutpflegende Fische züchten will, sollte nicht allzu viele Fische, aber viele Pflanzen einsetzen. Das Wasser bleibt weitgehend sauber; Eier, Spermien und Embryonen entwickeln sich ohne Probleme.

• Keine oder nur wenige Pflanzen befinden sich in Artaquarien für Pflanzenfresser und in Zuchtbekken, in denen Fische nahezu bakterienfreies Wasser benötigen. Solche Becken müssen gründlich belüftet werden. Eine gute Belüftung benötigen auch Zuchtaquarien, die bei schwachem Licht aufgestellt werden müssen, so daß die Pflanzen nicht assimilieren können (wichtig für die Zucht von Neonfischen beispielsweise).

• In Aufzuchtaquarien für Jungfische, in denen wegen der dichten Besetzung und der kräftigen Fütterung ständig große Mengen von Fischkot und Futterresten anfallen, entsteht besonders viel $CO_2$. In Becken mit frisch geschlüpften Jungen möglichst täglich das Wasser wechseln. Becken für ältere Jungfische nach Möglichkeit gut bepflanzen und wegen der vielen Bewohner kräftig filtern. Ein täglicher Teilwasserwechsel ist auch hier meist nötig.

## Die Wasserhärte

Natürliche Gewässer enthalten mehr oder weniger große Mengen von Mineralsalzen, die sie aus dem Untergrund herauslösen. Salze sind chemische Verbindungen von Metallen (Calcium, Natrium, Kalium, Magnesium, Eisen und so weiter) mit Säuren (Kohlensäure, Schwefelsäure, Salpetersäure und so weiter). Härtebildner im Wasser sind die Salze der Erdalkalimetalle, in der Hauptsache die des Calciums und Magnesiums. Wasser, das also viele Calcium- und Magnesiumsalze enthält, bezeichnet man als hart. Wasser, das wenig davon besitzt, als weich.

In der Aquaristik gibt man die Wasserhärte in Härtegraden an, in Deutschland in deutschen Härtegraden: °dH. Ein Grad dH entspricht 10 mg Calcium- oder Magnesiumkarbonat pro l Wasser.

Die Wasserchemiker verwenden heute für die Gesamthärte (GH) des Wassers (gemessen ebenfalls in deutschen Härtegraden: °dGH) den Begriff »Summe der Erdalkalien« und messen in Mol/m$^3$.

Folgende pauschale Bezeichnungen haben sich eingebürgert:
0 bis 4 °dGH = sehr weiches Wasser.
5 bis 8 °dGH = weiches Wasser.
9 bis 12 °dGH = mittelhartes Wasser.
13 bis 20 °dGH = hartes Wasser.
Von 20 °dGH aufwärts = sehr hartes Wasser.

Die Gesamthärte läßt sich mit den handelsüblichen Tropfindikatoren aus dem Zoo- und Laborfachhandel messen. Den Härtegrad Ihres Leitungswassers erfahren Sie von Ihrem Wasserwerk. Vielerorts werden aber je nach dem Wasserbedarf der Gemeinden Wässer aus verschiedenen Herkunftsgebieten gemischt, so daß das Wasser an unterschiedlichen Tagen ganz verschiedene Härtegrade haben kann. Für die Zucht sollten Sie also das Wasser selbst messen.

Im Aquarium gedeihen Fische, Pflanzen und Filterbakterien am besten bei einer Gesamthärte von etwa 8 bis 16 °dGH. Diese Werte hat auch das normale mitteleuropäische Leitungswasser. Wer sich auf die Haltung von Fischen beschränkt, kommt also mit dem gewöhnlichen Leitungswasser aus.

Wichtig für die Zucht: Zur Zucht muß das Wasser so aufbereitet und eingestellt werden, daß es dem natürlichen Wasser im Verbreitungsgebiet der betreffenden Fischart entspricht.

• Bei einer Gesamthärte zwischen 3 und 6 °dGH lassen sich nahezu alle Fische aus tropischen Waldgebieten vermehren.

• Noch weicheres Wasser braucht man nur für extreme Spezialisten, zum Beispiel Diskusfische oder Rote Neon.

• Bei mittelhartem bis hartem Wasser pflanzen sich die Cichliden aus Ostafrika und Mittelamerika fort, aber auch viele andere, wenig anspruchsvolle Fische.

• Indische Buntbarsche (Gattung *Etroplus*) und der Segelkärpfling (*Poecilia velifera*) brauchen Brackwasser beziehungsweise Seesalzzusatz.

### Karbonathärte und Nichtkarbonathärte

Die Gesamthärte (GH) des Wassers setzt sich zusammen aus der Karbonathärte (KH) und der Nichtkarbonathärte (NKH). Die Karbonathärte besteht aus Karbonaten und Bikarbonaten, das sind Calcium- und Magnesiumsalze der Kohlensäure. Die Karbonathärte läßt sich durch Kochen des Wassers zerstören, denn dabei fallen die Salze aus und sind dann nicht mehr meßbar. Früher bezeichnete man die Karbonathärte deswegen auch als »Temporäre Härte«.

Die nach dem Kochen des Wassers immer noch meßbare »Permanente Härte« ist die Nichtkarbonathärte, die sich hauptsächlich aus Calcium- und Magnesiumsulfat zusammensetzt. Man nannte sie früher deshalb auch »Sulfathärte«.

Die Karbonathärte wirkt sich auf das Wohlbefinden der Fische und Pflanzen stärker aus als die Nichtkarbonathärte. Sie steht in ständiger Wechselwirkung mit dem pH-Wert (→ Seite 33), dem $CO_2$-Gehalt und den Pflanzen. Einige Pflanzenarten, zum Beispiel die Wasserpest und die Vallisnerien, sind in der Lage, aus den Karbonaten und Bikarbonaten Kohlendioxid herauszulösen, wenn sie zu wenig davon im Wasser vorfinden. Das hebt aber den pH-Wert so stark an, daß die Fische zugrunde gehen können. Die Überwachung der Karbonathärte ist deshalb in bepflanzten Aquarien besonders wichtig. Man sollte sie etwa einmal pro Woche messen.

So können Sie die Karbonathärte messen. Im Zoo- oder Laborfachhandel erhalten Sie spezielle Tropfindikatoren zum Messen der Karbonathärte. Logischerweise kann die Karbonathärte nicht höher sein als die Gesamthärte. Trotzdem kommt es bei der Härtemessung mit Tropfindikatoren manchmal vor, daß die Karbonathärte höhere Werte zeigt als die Gesamthärte. Das ist kein Meßfehler und bedeutet auch nicht, daß die Testflüssigkeiten unbrauchbar wären. Es zeigt nur an, daß außer Calcium- und Magnesiumsalzen auch noch andere, zum Beispiel Natrium- und Kaliumsalze, im Wasser gelöst sind.

Wichtig für die Zucht.
• Wasser von hoher Karbonathärte ist für die Zucht von Fischen, die an weiches Wasser angepaßt sind, schlechter als Wasser von hoher Nichtkarbonathärte.
• Liegt die Karbonathärte unter 3 °KH, lassen sich viele Fische (außer den ganz empfindlichen Arten) züchten, auch wenn eine höhere Nichtkarbonathärte die Gesamthärte über 6 °dGH anhebt.

• Zu hartes Wasser läßt sich durch Ionenaustauscher (→ Seite 29) oder Torffilterung (→ Seite 35) weicher machen.
• Zu weiches Wasser kann man durch Zugabe von Härtebildnern (→ Seite 32) aufsalzen.

### Osmotischer Druck, Gesamtsalzgehalt und Leitwert

Für die Fischzucht ist die Gesamthärte, also die Summe aller im Wasser gelösten Salze, zu denen auch Kochsalz und Nitrat gehören, von großer Bedeutung.

Killifisch-Männchen beim Maulkampf. So versuchen Männchen von *Nothobranchius*-Arten Konkurrenten zu verdrängen.

Der osmotische Druck. Alle Körperzellen der Tiere und Pflanzen enthalten neben dem Zellkern das zähflüssige Plasma, das eine bestimmte Salzkonzentration aufweist. Sie ist für den »osmotischen Druck« der Zelle verantwortlich. Die Zellwände sind zwar für das Wasser, nicht aber für die Salze durchlässig. Ist die Salzkonzentration – und damit der osmotische Druck – außerhalb einer Zelle höher als in ihrem Innern, so muß sie Wasser nach außen abgeben, um ihren Innendruck dem Druck der Außenwelt anzupassen. Ist die Salzkonzentration in der Zelle höher als außen, nimmt sie

Wasser auf und gleicht ihren Druck auf diese Weise dem Außendruck an. In einem lebenden Organismus ist der osmotische Druck der einzelnen Zellen untereinander weitgehend gleich. Außerdem haben die Lebewesen Mechanismen entwickelt, mit denen sie unterschiedliche Druckstärken ausgleichen können.

Erwachsene Tropenfische (also einen Zellverbund) kann man ruhig in härterem Wasser (Wasser mit höherem Gesamtsalzgehalt) pflegen, auch wenn sie eigentlich an weiches Wasser angepaßt sind.

Einzelzellen hingegen (wie Eier und Spermien) können nur kleine Abweichungen des osmotischen Druckes ausgleichen. Sie brauchen, um überstehen und sich entwickeln zu können, eine Härte wie in ihren Heimatgewässern.

Beispiel 1: Wenn Fische, die an weiches Wasser angepaßt sind, in zu hartem Wasser beziehungsweise in Wasser von zu hohem Gesamtsalzgehalt ablaichen, ist der osmotische Druck ihrer Eier und Spermien geringer als der des Wassers. Die Zellen geben also Wasser nach außen ab, schrumpfen und sterben.

Beispiel 2: Fische aus harten Gewässern, die in weichem Wasser ablaichen müssen, geben Eier und Spermien ab, deren osmotischer Druck höher ist als der des Aquarienwassers. Die Zellen nehmen Wasser auf und platzen.

Den Gesamtsalzgehalt des Wassers ermittelt man am schnellsten durch die Messung des elektrischen Leitwertes des Wassers. Wasser leitet elektrischen Strom um so besser, je mehr Salze in ihm gelöst sind. Weiches, mineralarmes Wasser hat also einen geringen Leitwert, hartes, mineralreiches einen hohen.

Den Leitwert bestimmt man mit einem elektrischen Leitwertmesser. Er wird in Mikro Siemens pro cm (µS/cm) gemessen. Der Leitwert hängt von der Wassertemperatur ab. Um verschiedene Wässer vergleichen zu können, werden die Messungen auf eine einheitliche Temperatur umgerechnet, moderne Geräte können das von alleine.

Der Leitwert sagt nichts über die Art der im Wasser gelösten Salze aus und auch nichts über das Mischungsverhältnis. Er zeigt nur den Gesamtsalzgehalt des Wassers an.

## Das Enthärten des Wassers

Mittelhartes oder hartes europäisches Leitungswasser, also Wasser mit einer Gesamthärte von 10 bis über 30 °dGH, eignet sich nicht für die Zucht vieler Tropenfische. Es muß in den meisten Fällen enthärtet werden, denn Salmler, kleine Karpfenfische sowie viele Eierlegende Zahnkarpfen und Welse laichen erst bei weniger als 6 °dGH. Lebendgebärende Zahnkarpfen und viele Cichliden vermehren sich ohne weiteres auch in hartem europäischem Leitungswasser.

Wichtig für die Zucht:

• Wer nur selten einmal ein Fischpärchen zur Zucht ansetzt, kann das Wasser eine Weile kochen, so daß die Karbonathärte zerstört wird und nur die Nichtkarbonathärte übrigbleibt.

• Man kann destilliertes Wasser in der Apotheke kaufen und das Zuchtwasser damit versetzen. Bei größerem Wasserverbrauch ist dieses Verfahren allerdings teuer. Billiger ist sogenanntes nicht hochreines, vollentsalztes Wasser, das man auf Anfrage in manchen Apotheken erhält.

• Mittelhartes Wasser läßt sich mit Torf (→ Seite 35) enthärten.

Das bequemste und wirtschaftlichste Verfahren zur Wasserenthärtung bei größeren Wassermengen ist der Ionenaustausch.

### Ionenaustauscher

Mit Ionenaustauschern kann man das Wasser voll oder nur teilweise entsalzen.

Ionen sind elektrisch geladene Teilchen, in die die Salze zerfallen, sobald sie sich im Wasser lösen. Es gibt zwei Typen von Ionen:

Kationen, die aus den Metallanteilen der Salze entstehen und elektrisch positiv geladen sind.

Anionen, die aus den Säureanteilen (-resten) der Salze entstehen und elektrisch negativ geladen sind.

Ionenaustauscher arbeiten nach dem Prinzip, daß sich unterschiedliche elektrische Ladungen anziehen, gleiche elektrische Ladungen einander abstoßen. Ionenaustauscher sind Kunstharze, die im Wasser stark quellen. Es gibt saure und alkalische (basische) Austauscherharze.

Die sauren Austauscher sind negativ geladen und ziehen die positiven Wasserionen an sich.

Die alkalischen (basischen) Austauscherharze sind positiv geladen und binden die negativ geladenen Ionen an sich.

Vollentsalzung. Vollentsalztes Wasser ist chemisch rein und von allen im Wasser gelösten Salzen befreit. Es entspricht destilliertem Wasser aus der Apotheke. Vollentsalzung ist immer nötig, wenn sich die Gesamthärte aus Karbonat- und Nichtkarbonathärte zusammensetzt.

Man gewinnt es, indem man Leitungswasser zuerst durch einen Kationenaustauscher, danach durch einen Anionenaustauscher laufen läßt.

Die Kationenaustauscher sind saure Austauscher. Sie ziehen wegen ihrer negativen elektrischen Ladung alle Kationen an. Das Wasser ist danach frei von Kationen, was übrigbleibt, sind Anionen. Da die Anionen aber Säurereste sind, ist das Wasser jetzt extrem sauer. Man läßt es deshalb nun durch einen Anionenaustauscher laufen.

Anionenaustauscher sind basisch und ziehen wegen ihrer positiven elektrischen Ladung Anionen an sich. Nach dem Anionenaustausch fehlen also auch alle Anionen (Säurereste). Das Wasser ist praktisch frei von Ionen. Der Leitwert ist kaum noch meßbar, meist liegt er unter 0,4 Mikro Siemens (µS/cm).

Teilentsalzung. Enthält Ihr Leitungswasser viele Bikarbonate und Karbonate, aber wenig andere Salze, genügt eine Teilentsalzung, um das Wasser zu enthärten. Man verwendet dann einen stark sauren Kationenaustauscher, der alle Kationen aus dem Wasser entfernt. Die Menge der Anionen bleibt unverändert. Das Wasser, das diesen Kationenaustauscher durchlaufen hat, ist sauer (Kohlensäure), hat also einen niedrigen pH-Wert. Die Kohlensäure zerfällt aber sehr schnell wieder in Wasser und Kohlendioxid. Das Kohlendioxid kann man um so schneller austreiben, je stärker man das Wasser, das aus dem Kationenaustauscher austritt, umwälzt und belüftet.

Achtung: Eine Teilentsalzung funktioniert nur dann, wenn nahezu die ganze Wasserhärte auf die Karbonathärte zurückgeht. Wer Wasser mit hoher Nichtkarbonathärte durch einen Kationenaustauscher laufen läßt, erhält extrem saures Wasser, in dem keine Fische gehalten werden können.

Austauschergeräte. Für welche Austauschergröße und für welches Fabrikat Sie sich entscheiden, hängt von den Ausgangswerten Ihres Rohwassers und von Ihrem Wasserbedarf ab. Informieren Sie sich genau beim spezialisierten Zoofachhandel.

Wer selten züchtet und nur kleine Aquarien besitzt, kommt mit einer kleinen Austauscherpatrone aus, die zum Regenerieren an das Herstellerwerk geschickt wird.

Großverbraucher, die das ganze Jahr über züchten und viele oder große Aquarien besitzen, benötigen eine große Austauscheranlage, die mehrere 1000 l Wasser liefern kann, bevor sie erschöpft ist, und die sich dann vollautomatisch regeneriert. Informieren Sie sich in Ihrem Zoofachgeschäft und in den Anzeigen der aquaristischen Zeitschriften.

Geburt eines Hochlandkärpflings. Die lebend geborenen Jungen sind bereits voll entwickelt. Sie haben die schwierige Larvenzeit im schützenden Bauch der Mutter überbrückt.

Der richtige Umgang mit den Geräten. Ionenaustauscher benutzt man ja nicht Tag für Tag, sondern nur in größeren Zeitabständen, entweder, wenn man Zuchtwasser ansetzt oder beim regelmäßigen Teilwasserwechsel in allen Aquarien.

# Lebensraum Wasser

Hier einige Tips zum richtigen Umgang:
- Ionenaustauscher nach dem ersten Betrieb niemals trocken aufbewahren!
- Die ersten Liter Wasser, die nach einer Periode des Stillstandes durch den Austauscher laufen, nicht für die Aquarien verwenden, sie enthalten üppige Bakterien- und Pilzkulturen, die sich auf dem nassen Austauscher-Harz gebildet haben.
- Bei kleinen Austauscherpatronen sollten Sie die ersten 5 bis 10 l absondern. Sie können sie zum Beispiel zum Gießen Ihrer Zimmer- und Balkonpflanzen verwenden.
- Besitzer von größeren Anlagen sollten die ersten 30 bis 50 l auffangen.
- Wer dies nicht möchte, kann durch Filterung über Aktivkohle oder einen Diatomeen-Filter diese Bakterien und Pilze aus dem Wasser entfernen.
- Beim Regenerieren des Austauschers mit Säure beziehungsweise Lauge werden die Pilz- und Bakterienrasen vernichtet, entwickeln sich aber dann wieder von neuem.

Das Regenerieren des Austauschers. Wie lange Sie den Austauscher benutzen können, hängt von seiner Größe und von der Härte beziehungsweise dem Gesamtsalzgehalt des Rohwassers ab. Ionenaustauscher zeigen im allgemeinen an, wann sie erschöpft sind, entweder durch den Farbumschlag eines Indikators, der dem Harz beigemischt wurde, durch die Anzeige des elektrischen Leitwertes oder durch einen anderen Mechanismus. Erschöpfte Austauscher müssen unbedingt regeneriert werden.

Würden Sie mit einem verbrauchten Austauscher weiterarbeiten, würde das Wasser unverändert die Harze passieren und mit dem gleichen Leitwert wie das Leitungswasser herauskommen. Kationenaustauscher regeneriert man mit Salzsäure. Anionenaustauscher werden mit Natronlauge regeneriert.

Säuren, Laugen und das Wasser zum anschließenden Spülen ergeben ein recht aggressives Gemisch. Säuren und ihr Spülwasser müssen durch Natronlauge, Laugen und ihr Spülwasser durch Salzsäure neutralisiert werden. Neutralisieren heißt: So viel Säure oder Lauge zugeben, bis ein pH-Wert von 7 erreicht ist.

Geräte mit Austauscherpatronen sind einfacher zu handhaben. Man schickt die Austauscherpatrone an das Herstellerwerk zurück, sobald sie erschöpft ist. Dort wird sie regeneriert, der Aquarianer bekommt eine andere zugeschickt.
Vollautomatisch arbeitende Anlagen regenerieren sich selbst, wenn das entsalzte Wasser einen bestimmten Leitwert überschreitet.

## Torf
Torf läßt sich zur Enthärtung von mittelhartem Wasser verwenden. Er hat jedoch nur eine leichte Ionenaustauschwirkung. Torf wirkt sich besonders günstig auf die Laichwilligkeit tropischer Fische aus:
Er säuert gleichzeitig das Wasser an.
Er enthält Hormone.
Er verhindert, daß sich Pilze und Bakterien im Becken ausbreiten.
So wird mit Torf enthärtet:
- Sowohl die im Zoo- wie im Gartenfachhandel angebotenen Torfe sind von unterschiedlicher Qualität. Testen Sie deshalb jeden Torf, bevor Sie ihn zum Ansetzen Ihres Zuchtwassers benutzen. Verwenden Sie nie gedüngten Torf. Sicherheitshalber kann man jeden Torf auf Düngemittel testen (→ Seite 35).
- Der handelsübliche Düngetorf ist trotz seines Namens immer ungedüngt, also gut verwendbar.
- Das Wasser wird enthärtet, indem man es etwa 3 Tage lang über Torf (ungefähr 0,5 l bis 1 l Torf auf 100 l Aquarienwasser) filtert. Erst danach die Zuchtfische einsetzen!

## Umkehr-Osmose (Revers-Osmose)
Die bisher genannten Methoden zur Wasserenthärtung haben einen Nachteil, der bis vor wenigen Jahren nicht erkannt wurde, weil er bis dahin nicht ins Gewicht fiel. Ionenaustauscher und Torf entfernen zwar unerwünschte Salze aus dem Aquarienwasser, aber viele organische Verbindungen, die nicht in Ionen zerfallen, passieren den Austauscher völlig unverändert. Gerade solche chemischen Verbindungen tauchen aber in letzter Zeit immer häufiger im Wasser auf. Es handelt sich um Pflanzenschutzmittel, allen voran das hochgiftige Atrazin. Die Verseuchung des Wassers durch Pe-

stizide wird mit Sicherheit in den nächsten Jahren immer mehr Probleme aufwerfen.

Geräte für die Umkehr-Osmose (Revers-Osmose) werden an den Wasserhahn angeschlossen. Das Rohwasser wird mit dem normalen Wasserleitungsdruck von 3 bis 5 bar gegen eine halbdurchlässige Membrane gedrückt, die nur das Wasser passieren läßt, aber die darin enthaltenen Substanzen, also alle Kationen und Anionen, die Pestizide, aber auch Bakterien, Pilze und sogar Viren, zurückhält. Die Membrane wirkt wie die Wand einer lebenden Zelle, die ja auch nur für Wasser, aber nicht für die im Plasma gelösten Salze passierbar ist (→ Osmotischer Druck, Seite 28).

Das Wasser, das die Membrane passiert hat, ist praktisch vollentsalzt. Die organischen Moleküle, zum Beispiel die Pestizide, Bakterien und Viren, sind im Restwasser zurückgeblieben. Obwohl man mit jedem Liter brauchbaren reinen Wassers 4 bis 5 l unbrauchbares Restwasser erhält, ist die Umkehr-Osmose zur Zeit die preiswerteste Methode zur Wasseraufbereitung. Es ist kein Regenerieren nötig wie beim Ionenaustauscher, und daher fallen keine Kosten für Säuren und Laugen (zum Neutralisieren) an.

Das Problem: Der hohe Restwasseranteil. Eine kleine Anlage für Aquarianer produziert etwa 100 l vollentsalztes, keim- und pestizidfreies Wasser pro Tag. Aber dazu fallen auch 400 bis 500 l Restwasser an, die ungenutzt in den Ausguß fließen. Dies ist ökologisch sehr bedenklich. Dazu kommt, daß Umkehr-Osmose-Anlagen eigentlich ununterbrochen laufen sollten, weil so die Membrane am längsten hält. Man sollte also eine weitere Verwendung des Restwassers einplanen. Die Anlagen können höchstens 3 Wochen abgeschaltet werden, bei längerem Stillstand trocknet die Membrane ein und wird unbrauchbar. In stillstehenden Anlagen vermehren sich zudem Bakterien und Pilze, so daß die Membrane durch Rückspülen gesäubert werden muß, bevor man sie wieder in Betrieb nimmt. Häufiges Abschalten verkürzt die Lebensdauer der Membrane beträchtlich.

Zusatzgeräte. Damit die Membrane der Umkehr-Osmose-Anlage nicht verstopft oder eventuell sogar zerstört wird, müssen zwei Filter vorgeschaltet werden. Gegen Schmutz, Rost, Sand und andere Schwebestoffe, die im Leitungswasser enthalten

sein können, wird ein Feinfilter installiert. Und da Chlor die Membrane zerstören könnte, muß ein Aktivkohlefilter zur Entfernung des Chlors vorgeschaltet werden. Erst nach dieser Filterung tritt das Wasser in die Anlage ein. Ein Vorratsbehälter fängt das Reinwasser auf, das Restwasser wird in einem anderen Behälter ebenfalls aufgefangen und kann zum Blumengießen, für den Gartenteich oder andere Zwecke verwendet werden.

Pflege. Die Anlage wird durch regelmäßiges Rückspülen gepflegt, das Verstopfungen der Membrane beseitigt. Größere Anlagen sind mit Rückspülvorrichtungen ausgestattet. Man muß nur alle 1 bis 2 Monate etwa 15 Minuten lang spülen. Auch Spülungen mit Zitronensäure wie beim Entkalken der Kaffeemaschinen sind möglich.

**Mein Tip:** Wenn Sie in einer Gegend mit äußerst hartem Leitungswasser (über 30 °dGH) leben, kann es sinnvoll sein, noch einen Ionenaustauscher vor die Umkehr-Osmose-Anlage zu installieren. Denn ist die Konzentration an Härtebildnern im Leitungswasser zu hoch, verstopft die Membrane sehr schnell. Vermutlich genügt hier schon der Kationenaustauscher. Die Umkehr-Osmose braucht dann nicht mehr das Wasser zu enthärten, sie wirkt nur noch entkeimend und hält Nitrate und Pestizide zurück.

## Das Aufsalzen des Wassers

Wasser, das mit ganz geringem Leitwert aus dem Ionenaustauscher oder der Umkehr-Osmose-Anlage kommt, ist zur Fischzucht noch nicht geeignet. Es sind so viele Salze entfernt worden, daß die Fische darin nicht mehr leben können. Es muß nun wieder ein klein wenig aufgesalzen werden: Zur Zucht von Diskusfischen und Roten Neon auf etwa 2 °dGH, zur Zucht von unempfindlicheren Arten bis auf etwa 6 °dGH.

So wird's gemacht:
Am einfachsten ist es, das vollentsalzte Wasser mit ein wenig Leitungswasser zu versetzen. Der Pestizid- und Nitratanteil im Leitungswasser ist noch nicht so hoch, daß er in ganz geringen Mengen den Fischen gefährlich werden könnte. Auf diese Weise bleibt auch das Verhältnis der verschiede-

nen Salze im Wasser zueinander erhalten. Ganz kontrolliert aufsalzen kann man sein Leitungswasser mit Chemikalien aus dem Laborfachhandel. Um 100 l Wasser um 1 °dGH aufzuhärten, braucht man 30,1 g Calciumsulfat (Gips), also 30 mg für 1 l. Verwenden Sie nicht Gips für Bauzwecke, sondern nur $CaSO_4 \times 2H_2O$ aus dem Laborfachhandel.

Ablaichen fordert den ganzen Fisch! Einen Bruchteil einer Sekunde nach dem Ablaichen sieht man diesem Phantomsalmler-Männchen die Anstrengung förmlich an.

Wer gleichzeitig die Karbonathärte erhöhen möchte, gibt gefälltes Calciumkarbonat ($CaCO_3$) in das Wasser. Es löst sich schnell, weil es feingekörnt ist. Um in 100 l Wasser die Gesamt- und Karbonathärte um je 1 °dGH zu erhöhen, braucht man 1,8 g Calciumkarbonat.
Soll nur die Karbonathärte allein erhöht werden, müssen Sie das Wasser mit Natriumhydrogenkarbonat (Na $HCO_3$) versetzen. Um 100 l um 1 °dGH aufzuhärten, benötigen Sie 3 g Natriumhydrogenkarbonat.
Manche Hersteller von Umkehr-Osmose-Geräten bieten fertige Salzmischungen an, die das Wasser nach der Umkehr-Osmose wieder aufsalzen. Hier

brauchen Sie sich nur an die Rezepte der Hersteller zu halten.
Für Cichliden aus dem Tanganjika- und Malawi-See, die an etwas höhere Salzkonzentrationen gewöhnt sind, gibt es inzwischen fertige Salzmischungen im Zoofachhandel. Die Aufbereitung des Wassers für diese Fische wird vermutlich nur dann nötig sein, wenn sie in Gegenden mit äußerst weichem Leitungswasser gehalten werden sollen, denn sie kommen ja ohne weiteres in hartem und mittelhartem Leitungswasser zur Fortpflanzung.

## Der Säuregrad

Nicht nur die Wasserhärte ist für die Aquarienbewohner wichtig, sondern auch der Säuregrad. Er wird durch den pH-Wert ausgedrückt, der das Mengenverhältnis der im Wasser gelösten Säuren zu den Laugen angibt.
In jedem natürlichen Wasser befinden sich sauer und alkalisch reagierende Substanzen. Enthält es mehr Säuren als Laugen, ist es sauer; enthält es mehr Laugen als Säuren, ist es alkalisch. Befinden sich Säuren und Laugen im Gleichgewicht, ist das Wasser chemisch neutral. Die pH-Skala reicht von 0 bis 14.
• Neutrales Wasser hat den pH-Wert von 7.
• Wasser mit einem pH-Wert unter 7 ist sauer, es wird um so saurer, je weiter der pH-Wert sinkt.
• Wasser mit einem pH-Wert über 7 ist alkalisch, es wird um so alkalischer, je weiter der pH-Wert steigt.

**Mein Tip:** Chemisch reines Wasser (zum Beispiel destilliertes Wasser) ist ebenfalls neutral und hat einen pH-Wert von 7, solange es nicht mit Luft in Berührung kommt. Geschieht dies, verbindet sich das Kohlendioxid der Luft mit dem Wasser, es bildet sich Kohlensäure, die den pH-Wert auf etwa 5,3 absinken läßt.
Auch Wasser, das frisch aus dem Ionenaustauscher kommt, hat einen niedrigen pH-Wert. Durch Belüften können Sie das $CO_2$ austreiben und den pH-Wert anheben.

**Grundwissen für den Aquarianer**
Starke pH-Schwankungen schädigen die Fische. Die meisten Tropenfische verlangen pH-Werte zwischen 5,8 und 7. Nur die Cichliden der ostafrikanischen Seen brauchen pH-Werte zwischen 7,5 und 8,5. Der für die meisten Fische verträgliche Bereich von 1,2 pH-Einheiten erscheint kleiner, als er in Wirklichkeit ist. Denn jede Änderung um 1 pH-Einheit zeigt die zehnfache Zu- oder Abnahme des Säuregrades an.

• Bei Werten unter 5,5 und über 9 treten bei den Fischen Säure- oder Laugenschäden auf, die sich durch starke Rötung beziehungsweise Verschleimung der Haut und Kiemenverätzungen bemerkbar machen. Die Fische schießen im Becken umher und scheuern sich am Boden und an Steinen. Sie können sogar sterben, wenn Sie das Wasser nicht in Ordnung bringen.

• Der pH-Wert muß also ständig kontrolliert werden: Im eingerichteten Becken, beim Zuchtwasser (sowohl wenn es in das Zuchtbecken gegeben wird, als auch einige Tage später, beim Umsetzen der Zuchtfische) und beim regelmäßigen Teilwasserwechsel (für Haltungs- und Aufzuchtbecken).

• Die pH-Kontrolle beim Teilwasserwechsel ist dann besonders wichtig, wenn das Aquarienwasser stark mit Stickstoffabbauprodukten (durch Fütterung, Kot und Harn) belastet ist. Beim Einfüllen von alkalischem Leitungswasser steigt der pH-Wert vom sauren in den alkalischen Bereich an, wobei sich das harmlose Ammonium in das giftige Ammoniak umwandelt.

• PH-Sprünge können unter Umständen auch durch Pflanzen (zum Beispiel Wasserpest, Vallisnerien) hervorgerufen werden, wenn zuwenig Kohlendioxid im Wasser gelöst ist. Der pH-Wert kann um 1, teilweise sogar um 2 Einheiten ansteigen, was bedeutet, daß das Wasser 10mal oder sogar 100mal alkalischer wird, als die Fische es gewohnt sind. In stark bepflanzten Becken sollten Sie also mit $CO_2$ düngen, damit solche pH-Sprünge in den für Fische tödlichen Bereich verhindert werden.

• Den pH-Wert können Sie mit Indikatorflüssigkeiten oder einem elektrischen Meßgerät (beides im Fachhandel erhältlich) kontrollieren.

So senken Sie den pH-Wert: Für Fische aus Urwaldgewässern ist die Filterung über Torf häufig die beste Lösung. Filtern Sie das Wasser 3 Tage lang, bevor Sie die Fische einsetzen. Sie können das Wasser auch mit Extrakten (→ Humussäuren und Torf, Seite 35) ansäuern. Eine pH-Wert-Senkung durch $CO_2$-Düngung ist möglich, erfordert aber viel Erfahrung. Das Absenken des pH-Wertes ist für die Zucht der meisten Fischarten (zum Beispiel Salmler, Diskusfische) nötig.

Langflossenharnischwels-Pärchen beim Ablaichen. Das Männchen (rechts) übernimmt die Brutpflege allein.

So heben Sie den pH-Wert an: Durch Anheben der Karbonathärte (→ Seite 33). Es wird im Aquarium nur sehr selten nötig sein. Als Pflegefehler kommt das Abrutschen des Wertes in extrem saure Bereiche nur dann vor, wenn zum Beispiel ein defektes $CO_2$-Düngegerät und zuviel Kohlendioxid in das Wasser pumpt oder beim unvorsichtigen Ansäuern von sehr weichem Wasser.

**Mein Tip:** Karbonathärte, pH-Wert und Kohlendioxid stehen in einem bepflanzten Aquarium in ständiger Wechselwirkung. Sie sollten also alle 3 regelmäßig kontrollieren.

# *Lebensraum Wasser*

## Humussäuren und Torf

Die natürlichen Gewässer werden nicht nur durch die anorganische Kohlensäure, sondern auch durch organische Humussäuren angesäuert, die sich aus abgestorbenen Blättern, totem Holz und anderen Pflanzenresten bildet. Humussäuren bereiten die Nährstoffe für die Wasserpflanzen auf: Wenn Mineralien und Spurenelemente an Humussäuren gebunden sind, können die Pflanzen sie besser aufnehmen.

Viele Tropengewässer, vor allem die in den Urwaldgebieten, enthalten weit mehr Humussäuren als Kohlensäure. Den höchsten Gehalt an Humussäuren findet man in den Schwarzwasserflüssen des Amazonasgebietes, deren pH-Wert unter 4 liegen kann, und in einigen westafrikanischen Flüssen. Fische und Pflanzen aus Urwaldgewässern sind also an huminsaures Wasser angepaßt. Sie brauchen daher auch im Aquarium einen Zusatz von Humussäuren.

Vor- und Nachteile der Humussäuren. Diese organischen Säuren enthalten Gerbstoffe, die die Haut der Fische festigen, so daß sich parasitische Lebewesen nicht so leicht ansiedeln. Andererseits können die Gerbstoffe jedoch in Zuchtaquarien die Eihüllen so hart gerben, daß die Fischlarven sie beim Schlüpfen nicht aufsprengen können und darin zugrunde gehen. Für die Zucht ist Humussäure also vorsichtig zu dosieren.

## Ansäuern mit Humussäuren

Sie haben mehrere Möglichkeiten, Humussäuren in das Wasser einzubringen.

Filterung über Torf. Verwenden Sie nur Torf aus dem Zoofachgeschäft, auf jeden Fall immer ungedüngten. Die Torffilterung ist die für die Fische bekömmlichste Methode des Ansäuerns. Sie sollten den Torf jedoch vorher testen:

• So testen Sie die Brauchbarkeit von Torf: Ein wenig Torf über Nacht in destilliertem Wasser einweichen. Am nächsten Tag die Probe mit einem Ausströmerstein etwa 15 Minuten lang belüften, um das Kohlendioxid auszutreiben. Anschließend den pH-Wert messen. Das Wasser sollte einen Wert von 4,5 bis 5,5 aufweisen. Liegt der pH-Wert höher, ist der Torf unbrauchbar.

• So testen Sie, ob der Torf gedüngt oder ungedüngt ist: Die gleiche Probe auch auf Nitrat, Nitrit und Ammonium prüfen. Testflüssigkeiten sind im Fachhandel erhältlich. Können Sie diese Stoffe im Wasser nachweisen, dürfen Sie den Torf nicht verwenden.

Haben Sie guten, nicht gedüngten Torf, so können Sie ihn zur Filterung einsetzen (→ Seite 16).

Ansäuern mit Torfextrakten. Geben Sie nach Dosierungsangaben des Herstellers auf der Verpackung die entsprechende Menge Torfextrakt ins Aquarienwasser.

Ansäuern mit Eichenrinde oder Fichtenzapfen. Bei dieser Methode werden Eichenrinden oder Fichtenzapfen in destilliertem Wasser gekocht. Sie erhalten dann eine Stammlösung. Testen Sie aus, welche Menge davon auf welche Weise den pH-Wert im Wasser verändert. Haben Sie einmal die richtigen Werte ermittelt, können Sie unbesorgt verfahren. Da aber der Gerbstoffgehalt von Rinden und Zapfen je nach Standort der Bäume und auch von Jahr zu Jahr Unterschiede aufweist, muß jede frisch angesetzte Stammlösung von neuem getestet werden. Wenn Sie die Wirksamkeit der Lösung nicht ermitteln, kann zuviel Gerbsäure den pH-Wert zu sehr senken.

**Mein Tip:** Säuern Sie nicht mit Schwefel- oder Salpetersäure an. Die Zugabe von starken anorganischen Säuren kann den pH-Wert sehr schnell in für Fische tödliche Bereiche absinken lassen, besonders in weichem Wasser.

## Die Stickstoffverbindungen

Stickstoff ist ein Bestandteil der Proteine (Eiweißverbindungen), aus denen sich der Körper von Lebewesen zum größten Teil aufbaut. In sauberen natürlichen Gewässern finden sich kaum Stickstoffverbindungen. Im Aquarium aber, das im Vergleich zu einer gleich großen Wassermenge in der Natur immer übervölkert ist, befinden sich viele Zerfallsprodukte von Proteinen, also Stickstoffverbindungen, die durch Futterreste, zerfallendes Pflanzenmaterial, abgestorbene Bakterien, tote Schnecken und Fische, deren Kot und Urin entstehen. Sehr leicht können diese Stoffe eine gefährliche Konzentration erreichen. Stickstoffverbindungen lassen sich mit Indikatorflüssigkeiten beziehungsweise Teststäbchen (beides im Fachhandel erhältlich) messen und kontrollieren.

## Ammoniak und Ammonium
Ammoniak ist ein starkes Gift, Ammonium dagegen ist fast ungiftig. Welche von beiden Substanzen sich im Wasser bildet, hängt vom pH-Wert ab. In saurem Wasser entsteht Ammonium, in alkalischem Ammoniak.
Im normalerweise leicht sauren Aquarienwasser sind die Fische also nicht durch Ammoniakvergiftung gefährdet. In alkalischem Wasser verwandelt sich das harmlose Ammonium aber sofort in giftiges Ammoniak.
Tips für die Aquarienpraxis:
• Kontrollieren Sie häufig den pH-Wert.
• Sollten Sie Ihr Aquarium – aus welchen Gründen auch immer – seit Monaten vernachlässigt haben, so daß sich die Fische zwischen Bergen von Mulm tummeln, sind sie nicht durch eine Ammoniakvergiftung gefährdet, solange der pH-Wert im sauren Bereich bleibt.
• Gefahr droht, wenn Sie ein stark verschmutztes Aquarium säubern und einen Teilwasserwechsel vornehmen: Ist das Leitungswasser stark alkalisch, steigt der pH-Wert, und das Ammonium verwandelt sich in gefährliches Ammoniak, das die Fische vergiftet.
Bei starker Verschmutzung empfiehlt es sich, nicht nur ¼ oder die Hälfte, sondern ¾ bis ⅘ des gesamten Wassers gegen frisches auszutauschen. Dann ist die Ammoniakkonzentration so niedrig, daß sie die Fische nicht mehr gefährdet.
• Wasserpflanzen nehmen Ammonium als Dünger auf, Sie können sie also zur Wasserreinigung im Aquarium einsetzen. Besonders wirksam sind die Wasserpestarten und Schwimmpflanzen.
• Buntbarsche aus den ostafrikanischen Seen, die in alkalischem Wasser leben, sind in verschmutzten Aquarien ständig von Ammoniakvergiftung bedroht. Da die Fische starke Fresser sind und zumeist in unbepflanzten Aquarien gehalten werden, weil viele von ihnen Pflanzen fressen, sollten Sie hier einen besonders starken Filter einsetzen und öfter als bei anderen Fischen das Wasser wechseln.

• In gut gepflegten Aquarien finden sich Ammoniumkonzentrationen von 0,5 mg pro l im Durchschnitt. Das ist für die Fische völlig ungefährlich. Höhere Werte sind so lange unbedenklich, wie der pH-Wert im sauren oder schwach alkalischen Bereich (allerhöchstens pH-Wert 8!) bleibt.
• Wenn sich Ammoniak bildet, beginnen die Fische bereits bei 0,2 bis 0,6 mg pro l nach Luft zu schnappen. Daher kann man eine Ammoniakvergiftung mit Sauerstoffmangel verwechseln. Bedenken Sie also immer beide Möglichkeiten.

## Nitrit und Nitrat
Ammoniak beziehungsweise Ammonium wird im Filter von den Bakterien der Gattung *Nitrosomonas* zum hochgiftigen Nitrit und gleich darauf von *Nitrobacter*-Bakterien zum weitgehend ungiftigen Nitrat umgewandelt. Diese »bakterielle Nitrifikation« verbraucht viel Sauerstoff.
Gefahren bei Sauerstoffmangel:
Bei Sauerstoffmangel arbeiten die Bakterien zu langsam oder gar nicht, so daß der Filter zu lange auf der Nitritstufe stehenbleibt und die Fische an Nitritvergiftung eingehen können.
Ist das Wasser stark mit Nitrat belastet, kann bei Sauerstoffmangel die ganze Reaktion rückwärts ablaufen: Es bildet sich also wieder Nitrit und danach Ammonium beziehungsweise Ammoniak.

**Südamerikanische bodenlaichende Killifische.**   ▷
Die Fische der Fächerfisch-Art *Cynolebias viarius* sind Bodentaucher, das heißt: Männchen (größer) und Weibchen (vorne) tauchen gemeinsam ganz in den weichen Bodengrund ein und laichen dort ab.

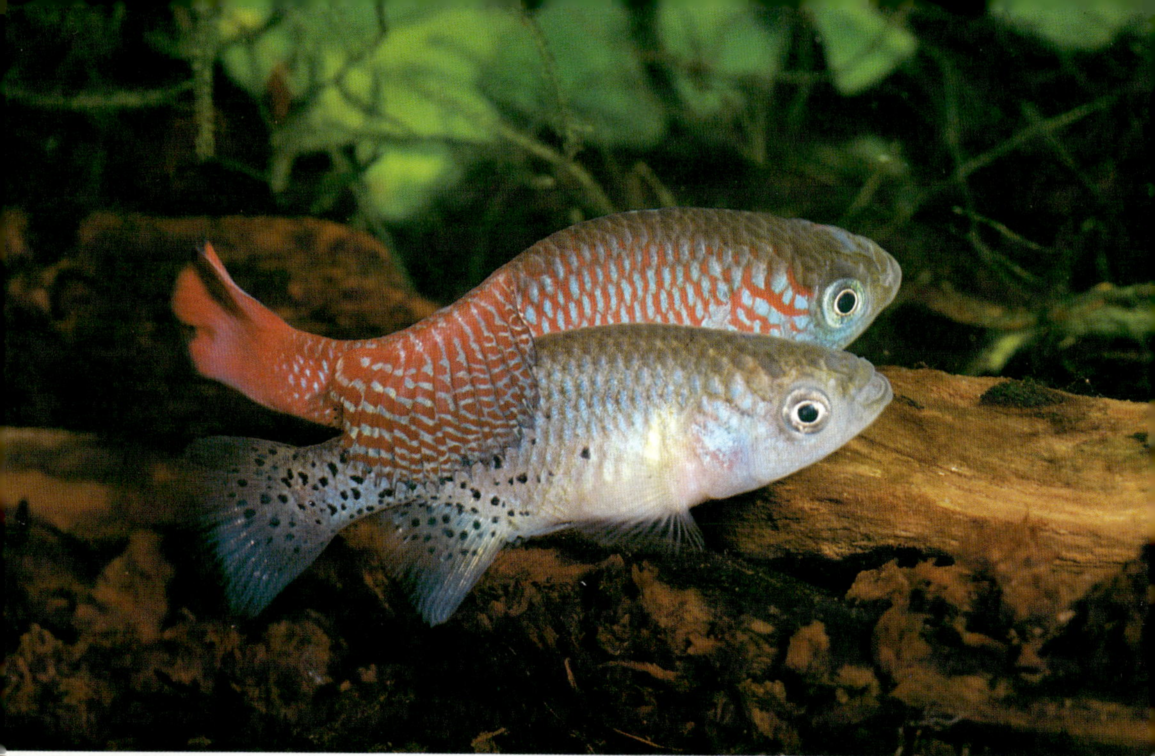
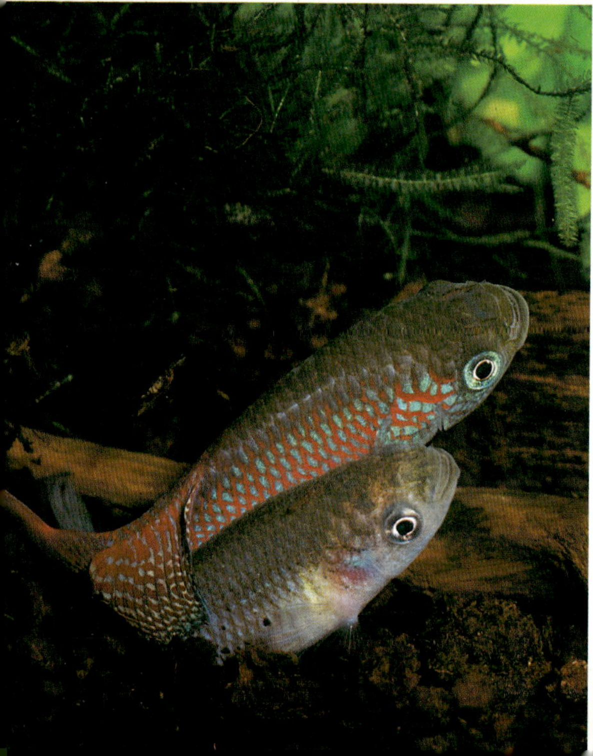
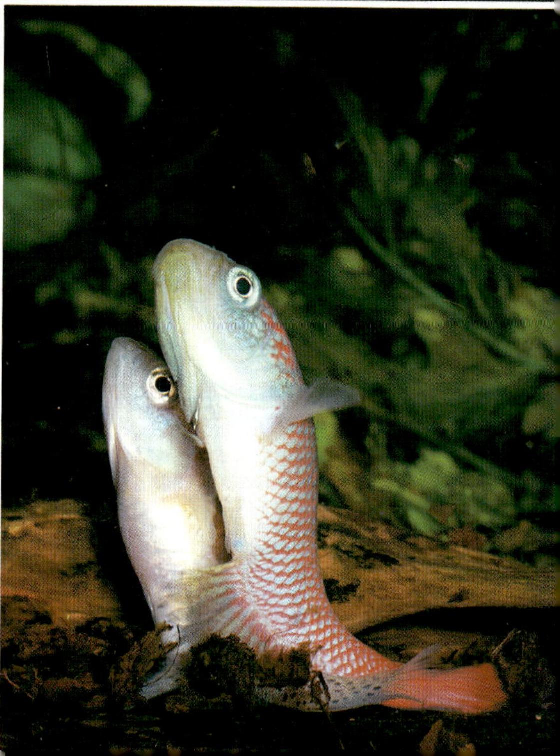

Wichtig für die Aquarienpraxis:
Vergiftungen durch Nitrit wirken sich bei den Fischen genauso aus wie Ammoniakvergiftungen, Sauerstoffmangel oder $CO_2$-Überschuß: Die Fische schießen im Becken umher, schnappen an der Oberfläche nach Luft und ersticken, wenn das Wasser nicht in Ordnung gebracht wird.
Der Nitritgehalt des Wassers sollte nicht über 0,2 mg pro l ansteigen. Bei Konzentrationen über 0,5 mg beginnen viele Fische schon nach Luft zu schnappen.
Nitrat vertragen die Fische besser. Nach Möglichkeit sollte Aquarienwasser nicht mehr als 20 mg pro l enthalten. Da aber schon im Trinkwasser bis zu 50 mg pro l erlaubt sind, muß man im Aquarium oft mehr hinnehmen. Mehr als 150 bis 200 mg pro l halten Fische nicht aus.
Wie für Ammonium/Ammoniak gilt auch hier: Regelmäßiger Teilwasserwechsel und Messen der Werte, um die Stickstoffverbindungen möglichst gering zu halten.
Sumpf- und Landpflanzen nehmen Nitrat als Dünger auf. Unter den Sumpfpflanzen haben sich die Arten der Gattung *Hygrophila* als besonders wasserreinigend erwiesen. Auch Landpflanzen lassen sich als Nitratverzehrer einsetzen: Stellen Sie einen Philodendron (*Monstera deliciosa*) neben das Aquarium und lassen Sie einige Luftwurzeln in das Becken hineinwachsen. Sie verzweigen sich dort und nehmen Nitrat als Dünger auf.

◁ **Afrikanische bodenlaichende Killifische.**
Bei den Prachtgrundkärpflingen der Gattung *Nothobranchius melanospilus* legen die Männchen beim Ablaichen ihre breite Rückenflosse um das Weibchen und drücken es teilweise in den weichen Bodengrund. Seite an Seite wird abgelaicht, beim Herausschnellen werden die Eier noch tiefer in den Bodengrund gedrückt.

Es gibt kleine Ionenaustauscher, die Nitrat aus dem Wasser entfernen. Sie tauschen aber die Nitrat-Ionen gegen Chlorid-Ionen aus, was manche Fische nicht vertragen.
Stark mit Nitraten belastetes Leitungswasser kann man durch Umkehr-Osmose (→ Seite 31) brauchbar machen.
Wer sehr große Becken oder eine große Zuchtanlage hat, ist am besten mit den großen System- oder Rieselfiltern bedient. Sie können sogar das Nitrat zu Stickstoff abbauen. Diese Filter sind allerdings recht teuer. Informieren Sie sich über diese Möglichkeiten im Zoofachhandel. Man kann diese Filter auch selbst bauen. Anleitungen finden Sie in den Aquarien-Zeitschriften.
Steigt nach dem Wasserwechsel die Konzentration von Ammoniak/Ammonium und Nitrat bald wieder stark an, ist das Aquarium überbesetzt oder der Filter zu klein.
Ein ständig hoher Nitritgehalt zeigt das gleiche an. Häufig findet sich Nitrit auch in ganz frisch eingerichteten Becken, in denen der Filter noch nicht lange läuft und noch nicht genügend Bakterien vorhanden sind.

## Was Sie für die Zucht wissen sollten

Eier und Jungfische sind weitaus empfindlicher gegen Stickstoffverbindungen als erwachsene Fische. Hohe Konzentrationen von Ammoniak und Nitrat hemmen das Wachstum der Jungfische deutlich und machen sie anfällig gegen Krankheiten.
• In Aufzuchtbecken leben meist sehr viele Fische, die reichlich gefüttert werden, so daß viele Stickstoff-Abbauprodukte anfallen. Deshalb täglich etwa die Hälfte des Wassers wechseln und dabei sorgfältig die Futterreste absaugen. Bei Wasserwechsel haben Sie sichtbar bessere Aufzuchterfolge.
• Auch in Aufzuchtaquarien kann man mit *Monstera*-Wurzeln Nitrat entfernen.
• Sobald die Jungfische ihren Dottersack aufgezehrt haben und reichlich gefüttert werden müssen, am besten einen großen, schon längere Zeit eingerichteten Außenfilter (in dem sich genügend Bakterienkulturen gebildet haben) anschließen.
• In Ablaichbecken besser nicht füttern, höchstens einmal mit gewaschenen Enchyträen. So vermeiden Sie unnötige Verschmutzung.

## Phosphat

Tiere brauchen Phosphat zum Aufbau ihres Skelettes, Pflanzen für ihren Stoffwechsel. Phosphatmangel gibt es im Aquarium nicht, denn es kommt durch Futterreste in großen Mengen in das Bekkenwasser. Auch durch einen Wasserwechsel können – wenn Sie Leitungswasser verwenden – größere Phosphatmengen in das Aquarium gelangen, denn unser Trinkwasser darf bis zu 1,6 mg Phosphat pro l Wasser enthalten.

Das Aquarienwasser sollte nach Möglichkeit nicht mehr als 0,5 mg Phosphat pro l Wasser aufweisen. Sie messen den Phosphatgehalt mit den handelsüblichen Indikatorflüssigkeiten.

So können Sie den Phosphatgehalt senken: Durch Umkehr-Osmose (→ Seite 31) oder durch Vollentsalzung mit einem Ionenaustauscher (→ Seite 29).

Drei Panzerwels-Männchen bemühen sich um ein laichbereites Weibchen. Erfolg hat nur der, der es schafft, quer (in T-Stellung) vor das Weibchen zu gelangen. Hier ist es einem gelungen. Das Weibchen wird im nächsten Augenblick einige Eier in seine Flossentasche ablaichen, während das Männchen mit einer Schwanzflossenbewegung die Spermien in Richtung der Eier treibt.

## Chlor

Chlor wird von den Wasserwerken zeitweise dem Leitungswasser zur Desinfektion beigemischt. Glücklicherweise macht es sich durch seinen starken Geruch sofort bemerkbar, wenn es aus der Leitung kommt.

Chlor ist ein starkes Fischgift, das die Fische durch Kiemenverätzungen tötet.

Messen können Sie den Chlorgehalt mit den handelsüblichen Indikatorflüssigkeiten.

Aquarienwasser darf auf keinen Fall mehr als 0,1 mg Chlor pro l Wasser enthalten.

So entfernen Sie Chlor: Chloriertes Wasser in größeren Behältern auffangen und über Stunden hin einige Male umrühren, dann verfliegt das Chlor von selbst. Es läßt sich auch durch Aktivkohle (→ Seite 16) ausfiltern.

## Kupfer

Kupfer kann aus neu verlegten Wasserleitungsrohren oder frisch gereinigten Boilern in das Leitungswasser geraten. In hartem Wasser wird es schnell als alkalisches Kupfersalz ausgefällt, in weichem Wasser aber nicht.

Kupfer ist für alle Wasserlebewesen lebensgefährlich giftig. In hartem Wasser vertragen Fische bis zu 2 mg Kupfer pro l, in weichem nur 0,01 mg. Gemessen wird es mit handelsüblichen Indikatorflüssigkeiten.

So entfernen Sie Kupfer aus dem Wasser: Durch einen Wasserwechsel (sollte das Leitungswasser schon Kupfer enthalten, so können Sie Wasseraufbereitungsmittel zusetzen, die Kupfer und andere Schwermetalle ausfällen) oder durch Umkehr-Osmose (→ Seite 31).

## Meß- und Regelgeräte

Die Meßreagenzien und Indikatoren für die vielen Wassertests, die glücklicherweise nicht alle ständig durchgeführt werden müssen, erhalten Sie im Zoo- oder Laborfachhandel. Die verschiedenen Fabrikate können sich in Einzelheiten unterscheiden, arbeiten aber alle für aquaristische Zwecke genau genug.

Farbige Indikatorflüssigkeiten sind für die meisten Tests erhältlich. Man tropft sie in eine Wasserprobe, bis sich ein Farbumschlag ergibt. Die Tropfenzahl oder die Farbintensität wird dann ermittelt und mit den beigefügten Tabellen oder Farbkarten verglichen.

Indikatorstäbchen bekommen Sie nur für einige Tests. Man taucht sie in die Wasserprobe und vergleicht die Farbänderungen mit Testkarten.

Kleine Wasserlabors enthalten alle wichtigen Testreagenzien und werden ebenfalls vom Zoo- und Laborfachhandel angeboten. Sie sind auch bei der Umweltschutz-Organisation »Greenpeace« erhältlich.

Balzende Mosaikfadenfische. Die Partner stoßen einander sanft mit dem Maul in die Flanken.

Elektrische Meßgeräte sind bei der Erstanschaffung teurer; wer aber häufig züchtet und deswegen viele Wassertests durchführen muß, arbeitet auf die Dauer billiger damit.

Fest installierte elektronische Meß- und Steuergeräte gibt es für größere Becken beziehungsweise für größere Zuchtanlagen. Sie messen alle wichtigen Faktoren wie Härte, Leitwert, pH-Wert, die Menge der Stickstoffverbindungen und so weiter. Man muß an ihnen die Werte nur noch ablesen. Viele Geräte regeln auch selbst die Zufuhr von Frischwasser, das Regenerieren von Ionenaustauschern und so weiter. Inzwischen gibt es sogar schon Aquaristik-Computer zu kaufen.

## Tips zur Desinfektion des Zuchtwassers

Zuchtwasser können Sie durch Ozonisierung oder UV-Licht relativ keimfrei machen.

Ozon ($O_3$) zur Bekämpfung von Bakterien Infusorien, Pilzen und Viren. Ozonisierung ist eine nicht ganz einfache und etwas riskante Methode zur Entkeimung des Wassers. Informieren Sie sich gründlich im Zoofachhandel und bei Aquarianern, bevor Sie sich darauf einlassen. Ozon wirkt stark oxidierend und tötet dadurch Kleinlebewesen wie Bakterien, Infusorien, Pilze und Viren ab. Er darf nicht zu hoch dosiert werden, sonst schädigt er die Kiemen der Fische.

In bepflanzten Aquarien besser darauf verzichten, weil er die Pflanzennährstoffe oxidiert, so daß sie den Pflanzen nicht mehr zur Verfügung stehen.

Am häufigsten wird Ozon in kleinen unbepflanzten Aquarien angewendet, in denen große Bruten aufgezogen werden sollen.

UV-Licht. Das kurzwellige und deshalb besonders energiereiche ultraviolette (UV-)Licht kann ebenfalls verwendet werden, wenn es darum geht, unerwünschte Kleinlebewesen wie Bakterien und Einzeller am Wachstum zu hemmen. Besonders geeignet ist es für stark besetzte Aufzuchtbecken mit empfindlichen Jungfischen oder für Zuchtbecken mit Arten, die große Spermienmengen produzieren, wie zum Beispiel Schrägschwimmer.

Der Vorteil der Entkeimung mit UV-Licht liegt darin, daß die dafür nötige UV-Lampe außerhalb des Beckens in den Filterkreislauf eines Motorfilters eingeschaltet wird und so keine Manipulation im Zuchtbecken selbst nötig ist.

Und so wird's gemacht:
Sie benötigen dafür eine speziell für die Aquaristik hergestellte UV-Lampe, die in den Filterkreislauf eines Motoraußenfilters eingeschaltet wird. Das Filterwasser läuft direkt an der Lampe vorbei und wird dabei entkeimt. Informieren Sie sich, welche Lampenleistung (in Watt) Sie für Ihr Zuchtbecken und Ihren Filter benötigen.

**Zuchttip:** Auf keinen Fall eine beliebige UV-Lampe vor das Zuchtbecken stellen und Bestrahlen! Sie schädigen damit die Zuchtfische und ihre Brut.

# Die Fütterung der Zuchtfische

Zuchtfische sollen vitamin- und ballaststoffreiche Nahrung erhalten. Das verhindert, daß sie zu fett werden. Verfettung beeinträchtigt die Funktion aller inneren Organe, ganz besonders die der Keimdrüsen. Verfettete Fische leiden oft an Laichverhärtung, sie können dann nicht mehr ablaichen oder sind zumindest nicht sehr produktiv. Natürlich sollen die Fische vor dem Ablaichen auch nicht abmagern, sonst strengt die Ei- und Samenproduktion sie so sehr an, daß sie sich schnell verbrauchen und zu früh sterben.

Reiskärpfling-Weibchen mit Eitrauben. Nach dem Ablaichen bleiben die befruchteten Eier einige Zeit an der Afterregion haften, bevor sie abgelegt werden.

## Trockenfutter

Trockenfutter enthält alles, was Fische zum Leben benötigen: Eiweiß und Kohlenhydrate, aber auch Vitamine, Mineral- und Ballaststoffe. Für Pflanzenfresser gibt es pflanzliches Trockenfutter. Dieses Futter ist in zweierlei Formen erhältlich: Als Futterflocken in verschiedenen Flockengrößen und als Futtertabletten für Nahrungsspezialisten, die lieber größere Futterbrocken vom Boden aufnehmen oder gezielt am Boden gefüttert werden müssen.

### Kein Alleinfutter für Zuchtfische!

Obwohl sich Trockenfutter so bequem verfüttern läßt, sollten Sie Ihre Zuchtfische nicht ausschließlich damit ernähren. Die meisten anspruchsvolleren Arten (wie viele Eierlegende Zahnkarpfen, Salmler, Welse und viele Karpfenfische) setzen überhaupt keinen Laich an, wenn sie nicht reichliches und abwechslungsreiches Lebendfutter erhalten. Fische ernähren sich im Freiland vorzugsweise von Insektenlarven und Kleinkrebsen, weniger häufig von Würmern. Da all diese Tiere zuvor Algen und Protozoen (Einzeller) verzehrt haben, sind sie natürlich weit vitamin- und mineralstoffreicher als das beste Trockenfutter. Hinzu kommt, daß sich Fische bei der Jagd auf lebende Beute etwas mehr anstrengen müssen als beim Aufschnappen von Futterflocken und -tabletten. Das hält sie munter und in Form.

### Lebendfutter

Manche Futtertiere bekommen Sie im Zoofachgeschäft, von anderen können Sie Zuchtansätze im Versandhandel bestellen (Anzeigen der Futtertierzüchter in den Aquarienzeitschriften beachten!) und zu Hause in Ihrem Gartenteich, in Schüsseln oder Plastikeimern züchten. Wieder andere lassen sich in sauberen Tümpeln fangen.

### Würmer

Tubifex, den roten Bachröhrenwurm, bekommen Sie das ganze Jahr über portionsweise in jedem guten Zoofachgeschäft. Leider sind Tubifex heute oft so sehr mit Schwermetallen und anderen Giften belastet, daß sie bei Aquarienfischen schwere Krankheiten hervorrufen können. Füttern Sie sie in keinem Fall an empfindliche Fische (wie Diskusfische), an robustere Arten nur im äußersten Notfall, wenn Sie kein anderes Lebendfutter bekommen können.
• So werden Tubifex verfüttert: Grundsätzlich vor dem Verfüttern einige Tage lang wässern. Legen Sie den Tubifexklumpen in ein Gefäß, durch das langsam Wasser strömt. In stehendem Wasser würden sie in wenigen Stunden eingehen. Einmal am Tag das Tubifexknäuel aufheben und den Schmutz fortspülen, der sich darunter angesam-

melt hat. Wenn nach etwa 3 Tagen dieser Schmutz nicht mehr schlammig-braun oder grün, sondern hellgrau aussieht, sind die Tubifex ihren Darminhalt losgeworden und können nun in kleinen Portionen verfüttert werden. Da sie nicht sehr vitaminreich sind, sollte man kurz vor der Verfütterung dem Haltungswasser, in dem sie sich befinden, ein paar Tropfen eines Multivitaminpräparates zusetzen. Sie nehmen dann etwas davon auf.

Regenwürmer kann man in Geschäften für Anglerbedarf kaufen oder im eigenen Garten ausgraben. Sie sind sehr nährstoffreich, so daß Sie Fische lange Zeit ausschließlich mit Regenwürmern füttern können, ohne daß sie Mangelerscheinungen zeigen. Regenwürmer werden gerne von großen Cichliden, aber auch großen Welsen, Schlangenkopffischen und anderen Fleischfressern verzehrt. Am liebsten werden die roten Laubregenwürmer (*Lumbricus rubellus*) gefressen.

• So werden Regenwürmer verfüttert: Halten Sie sie vor dem Verfüttern einige Tage lang in abgedunkelten Kisten mit feuchtem Toilettenpapier (ungebleicht, ungefärbt), damit sie ihre äußere Schleimhülle abstreifen und die Erde aus dem Darm ausscheiden.

• So kann man Regenwürmer züchten: Im Komposthaufen oder in nahrhafter, lockerer, mit Sägespänen vermischter Erde sollen sie sich bei einer Fütterung mit Gras und Gartenabfällen bestens vermehren.

Enchyträen (*Enchytraeus albus*) und Grindalwürmchen (*Enchytraeus buchholzi*) sind Verwandte von Tubifex und Regenwurm. Von ihnen kauft man Zuchtansätze und setzt die Tiere zu Hause in größere Behälter aus Plastik oder Styropor um. Diese Behälter müssen zuvor gründlich gewässert werden, damit sie nicht mehr nach Plastik riechen oder Bestandteile wie Weichmacher und andere Chemikalien an das Zuchtsubstrat abgeben.

• So werden Enchyträen gezüchtet: Die Zuchtkistchen etwa 5 cm hoch mit feuchtem Torf füllen, den man zuvor einige Tage lang in Wasser eingeweicht, gut ausgedrückt und fein zerrieben hat. Da hinein werden die Zuchtansätze gegeben. Die Behälter sollten winzige Luftlöcher besitzen und müssen dunkel stehen.

Enchyträen: Vermehren sich bei 10 bis 15 °C. Futter: Eine Mischung aus Hafermehl und Milchpulver im Verhältnis 1 : 5.

Grindalwürmchen: Vermehren sich bei 20 bis 25 °C. Futter: Eine Mischung aus Hafermehl, Milupa und Milchpulver im Verhältnis 3 : 3 : 1.

Alle Zutaten werden vermischt, auf die angefeuchtete, gelockerte Oberfläche des Torfs gegeben und leicht untergerührt. Anschließend noch einmal etwas Wasser darübersprühen. Dann Behälter mit dünnem Stoff (zum Beispiel Gaze, Geschirrhandtücher) abdecken.

Achtung: Wenn an die Zuchten zu wenig Luft gelangt, beginnt das Futter zu gären und erhitzt sich so stark, daß die Würmer aus den Kisten herauskriechen. Es kann sich auch Schimmel bilden. Wenn die Zuchten von Milben befallen werden, muß man die Würmer auswaschen und in frischem Torf wieder ansetzen. Ein Zuchtansatz sollte spätestens nach zwei Monaten durch eine neue Zucht ersetzt werden.

• So werden Enchyträen und Grindalwürmchen verfüttert: Eine Glasscheibe sanft auf die Oberfläche des Torfes drücken. Die Würmer, die sich darauf befinden, bleiben an der Glasplatte kleben und können abgespült und verfüttert werden. Enchyträen und Grindalwürmchen nicht täglich verfüttern, sie sind viel zu fett.

## Insektenlarven

Rote Mückenlarven, die Larven der Zuckmücke *Chironomus,* erhält man ebenso wie Tubifex im Zoofachhandel, hauptsächlich im Winter. Sie leben im Bodengrund, allerdings ist auch bei ihnen Vorsicht geboten, wie Erfahrungen der letzten Jahre belegen: Verdauungsbeschwerden sind oft die Folgen.

• So werden Rote Mückenlarven verfüttert: An größere Fische im ganzen, an kleine oder junge Tiere muß man die harten Larven gehackt verfüttern, sonst können sie sie nicht verdauen. Füttern Sie die Larven nur in kleinen Portionen, denn sie graben sich im Aquarium sofort in den Bodengrund ein, wo sie nur noch für gründelnde Fische wie Welse, Schmerlen, größere Karpfenfische und Cichliden erreichbar sind.

• So werden Rote Mückenlarven aufbewahrt: In flachen Schalen in möglichst kaltem Wasser. Vor dem Verfüttern gießt man den Inhalt der Schalen durch ein Sieb und spült die Larven noch einmal ab. An heißen Tagen müssen Sie das Wasser mehrmals erneuern, sonst sterben die Tiere. Größere Mengen kann man auch auf feuchte Eierkartons streichen und im Kühlschrank aufbewahren – aber Vorsicht: Sie riechen nicht gut!

Weiße Mückenlarven, die Larven der Büschelmücke *Corethra,* sind nicht weiß, sondern durchsichtig. Sie stammen aus sehr sauberen Gewässern, daher bekommt man sie im Handel nur selten. Diese an Kälte gewöhnten Tiere sterben schnell im warmen Wasser des Tropenaquariums, man verfüttert daher immer nur angemessen kleine Portionen.

• So werden Weiße Mückenlarven aufbewahrt: In möglichst kaltem, flachem Wasser in einem kühlen Raum oder in einem Eimer, der mit einem Ausströmer belüftet wird.

Schwarze Mückenlarven sind die Larven verschiedener Stechmückenarten (*Culex*). Im Sommer sind sie bereits in den kleinsten Wasseransammlungen zu finden. Sie brauchen nur ein paar Schüsseln auf Ihrem Balkon aufzustellen, dann werden – wenn Sie nicht gerade mitten in einer Großstadt wohnen – bestimmt einige Mückenweibchen ihre Eier darin ablegen. Größere Mengen von Schwarzen Mückenlarven finden Sie auf überschwemmten Wiesen, in sonnigen Tümpeln und in flachen Uferbereichen von Teichen und Seen.

Schwarze Mückenlarven gehören zu den besten und wichtigsten Futtertieren überhaupt. Sie sind so vitamin-, mineralstoff- und eiweißreich, daß sie die meisten Fische zum Ablaichen anregen. Besonders gut sind Schwarze Mückenlarven für Oberflächenfische wie Lebendgebärende und Eierlegende Zahnkarpfen, Labyrinthfische, junge Schmetterlingsfische und viele mehr. Achten Sie darauf, daß Sie nicht mehr von diesen Larven verfüttern, als die Fische in kurzer Zeit auffressen können. Die Larven entwickeln sich nämlich auch im Aquarium zu Stechmücken, bei den tropischen Temperaturen geht es sehr schnell.

• So werden Schwarze Mückenlarven aufbewahrt: Kleine Mengen hält man in möglichst kühlem, flachem Wasser in weiten Gefäßen, die so groß sein müssen, daß die Larven alle gleichzeitig an der Wasseroberfläche Luft holen können. Größere Mengen können Sie einfrieren (→ Seite 45).

## Insekten

Viele Weibchen setzen besser Laich an, wenn sie nicht nur mit Insektenlarven, sondern auch mit Insekten gefüttert werden. Besonders gilt das für Oberflächenfische, die in der Natur fast ausschließlich von Insekten leben (zum Beispiel Schmetterlingsfische). Sie können sich Zuchtansätze verschiedener Insektenarten schicken lassen.

Kleine und große Fruchtfliegen (*Drosophila melanogaster* und *Drosophila hydei*), auch Essigfliegen genannt, gibt es in geflügelten und ungeflügelten Zuchtformen. Für Aquarienfische eignen sich die ungeflügelten besser.

Makropoden-Pärchen unter dem Schaumnest. Das Männchen (vorne) hat bis zum Ablaichen schon viel Zeit und Energie in den Bau des Schaumnestes investiert.

• So werden Fruchtfliegen gezüchtet: Zuchtbehälter: In Erlenmeyer- Kolben (in Geschäften für Laborbedarf) oder in anderen Glasgefäßen bei 20 bis 25 °C. Füllen Sie in diese Gefäße den Futterbrei. Er besteht aus Haferflocken, Hafermehl und Weizenkleie im Verhältnis 1 : 1 : 1 und einem Teelöffel Milchpulver; alles wird mit Weißwein und etwas Wasser zu einem festen Brei verrührt. Eine Messerspitze Nipagin verhütet Schimmelbildung.

# Die Fütterung der Zuchtfische

Der Brei wird etwa 3 cm hoch in das Zuchtgefäß gefüllt, darauf kommen ein lockeres Knäuel von Filterpapierstreifen und der Zuchtansatz. Die Gefäße werden mit einem Stück Perlonstrumpf verschlossen, das über die Öffnung gespannt und mit einem Gummiring am Glas befestigt wird. Falls das Futter antrocknet, wird es mit Wasser befeuchtet. Schimmelt es oder beginnt es zu gären, setzt man die Fliegen in ein frisches Gefäß mit neuem Brei.

• So werden Fruchtfliegen verfüttert: Den Kolben umdrehen und vorsichtig die nötige Menge von Fliegen in einen Plastikbeutel schütten, den man dann in das Aquarium entleert. Fruchtfliegen eignen sich hauptsächlich für Oberflächenfische unter 8 cm Länge, größere Fische sind mit diesen kleinen Fliegen nicht zufrieden.

Stubenfliegen (*Musca domestica*) sind für größere Fische geeignet. Sie sind im Fachhandel als flugunfähige, blinde Zuchtform zu erhalten. Da Stubenfliegenzuchten sehr unangenehme Gerüche entwickeln und geruchlose Zuchtmethoden sehr aufwendig sind, sollte der Hobby-Aquarianer darauf verzichten.

Motten. Große Wachsmotten (*Galleria mellonella*) und kleine Wachsmotten (*Achroea grisella*) sind ebenso wie Dörrobstmotten (*Plodia interpunctella*) ein willkommenes Futter für größere Fische.

• So werden Motten gezüchtet: Man hält sie in gut belüfteten, aber dicht mit Fliegendraht oder Gaze verschlossenen Behältern, aus denen die geschlüpften Falter nicht entweichen können. Für Wachsmotten geben Sie in diese Behälter alte, ungeschwefelte Bienenwaben, für Dörrobstmotten einen Brei aus Honig, Glyzerin, Vitaminpräparaten, Haferflocken, Hafermehl, Weizenkleie, Grieß und Hefe. Sie können sowohl die Falter wie die Maden verfüttern.

## Kleinkrebse
Dazu zählen Wasserflöhe und Hüpferlinge aus den Gattungen *Daphnia, Cyclops, Diaptomus* und *Bosmina*. Die deutschen Namen beschreiben treffend die hüpfenden Bewegungen der Tiere. Daphnien fängt man im Sommer in Teichen und Tümpeln, sie sind ein wunderbares Zusatzfutter, aber als ständiges Alleinfutter nicht nahrhaft genug.

*Cyclops* sind seltener zu finden als Daphnien, denn sie brauchen sauberes Wasser.

• So werden Kleinkrebse aufbewahrt: Kleine Mengen hebt man in einem Eimer mit gut belüftetem Wasser (Ausströmer) auf, größere Mengen werden besser eingefroren (→ unten).

• So werden Daphnien gezüchtet: In Gefäßen von 5 bis 10 l Inhalt, die mit einem Ausströmer schwach belüftet werden und nach und nach veralgen, vermehren sie sich regelmäßig. Zu ihrer Ernährung verrührt man Hefestückchen mit Wasser und gibt von dieser Lösung nur so viele Tropfen in das Zuchtgefäß, daß das Wasser neblig-trübe, aber nicht milchig wird. Erst wenn die Daphnien alle Hefe verzehrt haben und das Wasser wieder klar ist, werden sie erneut gefüttert. Einheimische Wasserflöhe vertragen auf Dauer höhere Temperaturen schlecht. Anders dagegen der Japanische Wasserfloh (→ Seite 64).

• So werden Daphnien verfüttert: Den Inhalt eines Zuchtgefäßes mit einem Schlauch absaugen und durch ein Sieb laufen lassen. Die Futtertiere bleiben im Sieb hängen.

**Mein Tip:** Das entleerte Zuchtgefäß nicht ausspülen, sondern mit frischem Wasser auffüllen. Die darin zurückgebliebenen Daphnien bilden einen neuen Zuchtansatz.

## Tiefgefrorenes Futter

Futtertiere können Sie selbst einfrieren oder tief gefroren kaufen.

### Futtertiere selbst einfrieren
Lebende Futtertiere lassen sich ebensogut einfrieren wie Nahrungsmittel. Lediglich Würmer, besonders Tubifex, werden beim Auftauen matschig. Und so wird's gemacht: Zuchtansatz absieben und die Masse in Eiswürfelschachteln einfrieren. Vorteil: Das Futter ist dann bereits portioniert. Alternative: Futtertiermasse als etwa 3 mm dicke Schicht auf Alu- oder Plastikfolie streichen und eine zweite Folie fest darüber andrücken, dann einfrieren. So erhalten Sie dünne Platten, von denen Sie nach Bedarf Stückchen abbrechen und verfüttern können.

# Die Fütterung der Zuchtfische

Achtung: Futtertiere immer in Gefriertruhe oder -schrank geben (nicht in den Kühlschrank!). Dadurch werden sie schnell getötet und in ernährungsphysiologisch wertvoller Weise konserviert.

## Gefrorene Futtertiere im Handel

Futtertiere können Sie oft bereits in Portionsstückchen eingefroren kaufen. Hier finden Sie nicht nur Mückenlarven und Daphnien, sondern auch Futtertiere aus dem Meer, die man ab und zu unseren Süßwasserfischen anbieten kann: Muschelfleisch, Fischrogen, Artemien (*Artemia salina*) und die Schwebegarnele Mysis.

Das Futterwunder Mysis: Fische, die ab und zu Mysis bekommen, setzen besonders leicht und schnell Laich an.

Bei Fischen, die schon Laich angesetzt haben, können Sie das Ablaichen beschleunigen, wenn Sie einige Tage lang ausschließlich mit Mysis füttern. Leider vertragen Süßwasserfische nicht allzu viel von dieser salzreichen Nahrung. Wer über längere Zeit Meeresorganismen füttern will, sollte sie nur zweimal pro Woche als Zusatzfutter geben.

## Gefrorenes Futter richtig gereicht

Gefrorenes Futter unbedingt auftauen lassen, da die Fische sonst schwere und möglicherweise tödliche Verdauungsstörungen bekommen können.
- Die Würfelchen oder abgebrochenen Stücke der eingefrorenen Platten bei Zimmertemperatur liegen lassen, bis sie weich sind.
- Aufgetautes Futter nicht wieder einfrieren!
- Wenn Sie ein zu großes Futterpaket haben antauen lassen, müssen Sie den Rest wegwerfen. Zu leicht können sich darin Bakterien und Gifte bilden, die für die Fische tödlich sind.

## Für jede Fischart das richtige Futter

Ein Hobbyzüchter, der nur gelegentlich eine oder zwei Fischarten zur Zucht ansetzt, braucht natürlich nicht eine ganze Batterie von Futtertierzuchten und erst recht keine eigene Kühltruhe.

Für kleine Tropenfische (wie Salmler, Barben, Bärblinge, Lebendgebärende Zahnkarpfen und Labyrinthfische) genügen kleine Futtertiere (wie Mückenlarven und Daphnien) und eine Zufütterung von guten Futterflocken.

Fische mit höheren Ansprüchen (wie Welse, Eierlegende Zahnkarpfen, manche Cichliden und große Labyrinthfische) sind zufrieden, wenn sie dazu noch Enchyträen oder Grindalwürmchen erhalten, die Sie in zwei oder drei Zuchtkistchen selbst heranziehen können.

Eierlegenden Zahnkarpfen richtet man zusätzlich eine kleine Fruchtfliegenzucht ein, die ja nicht sehr aufwendig ist.

Große Fische (wie Cichliden und Welse) verlangen auch größere Futtertiere wie Regenwürmer, Mehlwürmer, Wachsmottenlarven und Bachflohkrebse.

Insektenfressenden Oberflächenfischen (wie Schmetterlingsfischen) können Sie außer lebenden Motten auch einmal Heimchen, Schaben oder Grillen anbieten.

Mehlwürmer, Heimchen, Schaben und Grillen bekommen Sie lebend im Zoofachhandel. Wer diese Futtertiere selbst züchten möchte, sollte einen eigenen Raum dafür reservieren, in dem es nicht schadet, wenn einige Futtertiere einmal aus ihren Behältern entkommen.

## Ersatzfutter

Als Ersatz für Lebendfutter wird manchmal empfohlen, etwas Fleisch von Süßwasser- oder Seewasserfischen oder Fleisch von Warmblütern wie feingehacktes Rinder- oder Kalbsherz, geschabtes Pferdefleisch oder Rinderleber zu verfüttern. Fischfleisch bekommt den meisten Fischen recht gut, Fleisch von Säugetieren belastet aber ihre Verdauung sehr stark. Es darf nur selten und in ganz geringen Mengen verfüttert werden. Was die Fische nach 5 Minuten nicht gefressen haben, muß sofort wieder aus dem Wasser entfernt werden, damit es sich nicht im Lauf der nächsten Stunden zersetzt und das Wasser verdirbt.

# Die Fütterung der Zuchtfische

## Pflanzliche Nahrung

Kein Fisch lebt in der Natur ausschließlich von tierischer oder pflanzlicher Nahrung.
Fleischfresser, die sich von Fischen, Krebsen und Insekten ernähren, fressen den Darminhalt ihrer Beutetiere mit. Er besteht meistens aus pflanzlicher Nahrung. Daphnien zum Beispiel nehmen ständig Grünalgen auf. Sie müssen also auch ausgeprägten Fleischfressern (wie Cichliden und Labyrinthfischen) ab und zu pflanzliche Nahrung anbieten.

*Ancistrus*-Männchen bei der Eierpflege. Für die Zucht von *Ancistrus*-Arten ist pflanzliche Nahrung Voraussetzung.

Pflanzenfresser (wie viele Harnischwelse) dagegen verschmähen durchaus nicht die Krebschen und Würmer, die sich zwischen den Algen oder auf den Pflanzenblättern befinden, die sie gerade abweiden. Reichen Sie ihnen deshalb auch Würmer, Larven und Futtertabletten.

## Das können Sie an pflanzlicher Nahrung Ihren Fischen anbieten

Algen wachsen in jedem Aquarium, reichen aber meist für die Bedürfnisse von Pflanzenfressern nicht aus. Füttern Sie ein pflanzliches Flockenfutter dazu, das alle Fische gern aufnehmen. Auch viele Cichliden aus dem Tanganjika- und Malawi-See sind für Pflanzenflocken dankbar.
Kopfsalat sollte nur dann an Pflanzenfresser verfüttert werden, wenn er aus biologischem Anbau stammt. Ich habe schon mehrmals beobachtet, daß Fische, die regelmäßig abgelaicht hatten, sich nicht mehr fortpflanzten, wenn sie den mit Chemikalien durchsetzten Treibhaussalat bekamen. Erst einige Wochen nach Absetzen dieses Salates begannen sie wieder zu laichen. Also Biosalat nehmen oder nur die inneren Blätter verfüttern!
Spinat kann frisch (wenn er jung ist) oder aufgetaut verfüttert werden, er ist ein beliebtes Futter. Manche Fische muß man jedoch langsam daran gewöhnen.
Wildkräuter wie Löwenzahn und Vogelmiere werden nach Gewöhnung auch von einigen Fischen genommen.
Überschüssige Wasserpflanzen aus anderen Aquarien, die beim Auslichten und Einsetzen ab und zu anfallen, kann man ebenfalls an Pflanzenfresser verfüttern. Schnecken und anderes Getier, das darauf lebt, werden gleich mitgefressen. Große Cichliden verzehren auch sehr gern Wasserlinsen.

### Wie füttern?
Salat, Spinat und Wildkräuter müssen vor dem Verfüttern kurz überbrüht werden, damit sie weicher werden. Tiefgefrorener Spinat darf nur aufgetaut gereicht werden.

### Wie oft und wieviel füttern?
Zuchtfische werden nicht öfter gefüttert als die Fische in jedem Gesellschaftsaquarium. Der einzige Unterschied: Sie bekommen das gehaltvollere Lebendfutter, das man ihnen noch zusätzlich mit Vitaminpräparaten, Spurenelementen oder Jod anreichern kann. Wer eine Gruppe von Jungfischen gekauft hat, die er später zur Zucht verwenden will, sollte sie nicht in Gesellschaft von größeren oder lebhafteren Arten aufwachsen lassen, die die Jungfische vom Futter verdrängen.

# Brutbiologie und Verhalten der Fische

Fischarten passen sich fortwährend an ihre Umwelt an. Sowohl Faktoren der belebten wie der unbelebten Umwelt wirken auf jede Ausbildung des Verhaltens, der Organe und der Körperteile ein. In der Evolution können sich nur solche Merkmale durchsetzen, die ihren Trägern insgesamt mehr Nutzen als Schaden bringen, das heißt, die ihnen helfen, gegen die Konkurrenz ihrer Artgenossen möglichst viele Nachkommen in die Welt zu setzen. Jede Tierart hat deshalb eigene Fortpflanzungsstrategien entwickelt, von denen sich auch bei Aquarienfischen recht interessante und unterschiedliche beobachten lassen. Sie betreffen die Entwicklung und Funktion der Geschlechtsorgane und das Fortpflanzungs- und Sozialverhalten.

## Getrenntgeschlechtliche Fische

Die meisten Fische sind getrenntgeschlechtlich, das heißt, die Weibchen produzieren Eier in den Eierstöcken (Ovarien), die Männchen hingegen Samenzellen (Spermien) in den Hoden. Die Geschlechtsorgane sind paarig und liegen in der Leibeshöhle beiderseits der Wirbelsäule. Bei einigen Fischarten (zum Beispiel Lebendgebärenden Zahnkarpfen) sind die paarigen Geschlechtsorgane zu einem einzigen Sack verschmolzen. Die Eierstöcke gehen in die Eileiter, die Hoden in die Samenleiter über. Sowohl Ei- wie Samenleiter münden gemeinsam mit dem Harnleiter auf der Genitalpapille hinter dem After.

## Zwittrige Fische (Hermaphroditen)

Zwittrige Fische hielt man früher für große Ausnahmen, je mehr Forschungsergebnisse jedoch gewonnen werden, desto mehr zwittrige Arten finden sich. Man unterscheidet:
• Sukzessive Hermaphroditen, das sind Fische, die im Lauf ihres Lebens das Geschlecht wechseln.
• Simultane Hermaphroditen, das sind Fische, die sich im gleichen Lebensabschnitt als Männchen und Weibchen fortpflanzen können.
Hermaphroditische Fischarten kommen vorwiegend im Meer, einige auch im Süßwasser vor. Welches Tier zum Männchen und welches zum Weibchen wird, kann von der Ranghöhe abhängen. Dominante Fische entwickeln sich bei den meisten Arten zum Männchen, unterlegene zum Weibchen.

## Fortpflanzungsstrategien bei getrenntgeschlechtlichen Fischen

Im Groben kann man Fische nach ihrer Fortpflanzungsstrategie in eierlegende und lebendgebärende Fische einteilen.

Hechtkärpflinge vor der Begattung. Das Männchen hat das Gonopodium bereits nach vorne geklappt.

### Eierlegende Fische

Die Fische dieser Gruppe unterscheiden sich voneinander hinsichtlich der Größe, Beschaffenheit und Menge ihrer Eier, aber auch darin, wie sie mit ihrer eigenen Brut umgehen: Manche kümmern sich nicht darum, andere betreiben eine mehr oder minder intensive Brutpflege.
Wissenswertes über Eier:
Fischeier sind im allgemeinen klein (zwischen 1,5 mm und 3 mm Durchmesser) und rund. Es gibt allerdings auch Arten mit eiförmigen, sehr großen

Eiern bis über 7 mm Länge (zum Beispiel die meisten maulbrütenden Cichliden). Die meisten Fischeier sind schwerer als Wasser und sinken nach unten. Viele sind klebrig und bleiben an Pflanzen oder anderen Substraten hängen, andere haben Fortsätze oder klebrige Fäden, mit denen sie sich festheften, zum Beispiel die Eier der Regenbogenfische (*Melanotaeniidae*). Die Eier von manchen Harnischwelsen (*Loricariidae*) kleben zu einem dicken Klumpen zusammen, den das pflegende Männchen sogar im Maul mit sich herumträgt. Manche Fischarten, zum Beispiel der Küssende Gurami (*Helostoma temmincki*) und Stachelaale (*Mastacembelidae*), legen schwimmfähige Eier, die im Freiland verdriftet werden. Sie enthalten Öltröpfchen, die ihnen im Wasser Auftrieb verleihen.

Ob schwimmende oder sinkende, klebende oder nichtklebende Eier gelegt werden, hängt von den jeweiligen Umweltbedingungen ab, unter denen sich die Fischart entwickelt hat.

Schwarmfische: Manche Fische, meist kleinere Arten (zum Beispiel viele Salmler und Karpfenfische), verpaaren sich in der Natur oft nicht, sondern laichen im Schwarm, manchmal nach längeren Laichwanderungen zu einem geeigneten Gewässer. Sie geben große Mengen von Eiern ab, die entweder schwimmfähig sind und verdriftet werden oder absinken und an Pflanzen oder dem Gewässerboden haften bleiben. Da die große Menge der Eier im Weibchen wenig Platz hat, ist das einzelne Ei klein und dotterarm.

Diese Fische treiben keine Brutpflege, die hohe Zahl der Eier gleicht die Verluste durch Freßfeinde wieder aus. Schwarmfische leben häufig in offenen Gewässern ohne Deckungsmöglichkeiten (Meer, offenes Wasser, große Süßwasserseen, große Ströme), wo es ohnehin schwierig wäre, sich um die Brut zu kümmern.

Territoriale Fische: Fischarten, die in Gewässern mit vielen Deckungs- und Versteckmöglichkeiten leben, wie Cichliden und Labyrinthfische, besetzen Territorien, bereiten Laichplätze oder -substrate vor oder bauen Nester. Bei vielen dieser Arten verpaaren sich die Geschlechtspartner für die Aufzucht einer Brut und sogar für eine ganze Fortpflanzungsperiode. Bei anderen verpaaren sich mehrere Weibchen mit einem Männchen, so

daß sich Harems bilden, und wieder bei anderen leben die Männchen in Kolonien zusammen und balzen vorüberschwimmende Weibchen an, die von Laichplatz zu Laichplatz wandern und ihre Eier von verschiedenen Männchen befruchten lassen. Territoriale Fischarten treiben im allgemeinen Brutpflege.

Die Eigröße hängt unter anderem vom Nahrungsangebot des Gewässers ab, in dem die Jungen aufwachsen: Arten aus Gewässern, in denen sich eine reichhaltige Mikrofauna an Algen, Bakterien, Infusorien, Rädertierchen und so weiter findet, haben im allgemeinen große Gelege, bei denen die einzelnen Eier ebenso klein und dotterarm sind wie bei den nichtbrutpflegenden Schwarmfischen. Andere Arten – besonders solche aus recht nahrungsarmen Gewässern – legen wenige, dafür aber große und dotterreiche Eier.

Weitere Varianten im Umgang mit den Eiern:
- Manche Fische überlassen den Schutz beziehungsweise die Aufzucht ihrer Jungen anderen Arten.
- Der Kuckuckswels (*Synodontis petricola*) läßt seine Eier von maulbrütenden Cichliden pflegen.
- Außerdem haben Fische auch die Möglichkeit, den Laich nach der Befruchtung am beziehungsweise im eigenen Körper bis zum Schlüpfen zu schützen; die Weibchen mancher Bratpfannenwelse (*Aspredinidae*) tragen das Gelege am Bauch mit sich herum, maulbrütende Cichliden und Labyrinthfische schützen die Eier während der Entwicklungszeit im eigenen Maul.
- Es gibt auch eierlegende Fische mit innerer Befruchtung. Hier werden die Weibchen zuerst von den Männchen befruchtet und legen dann nach einiger Zeit allein ihre Eier ab, zum Beispiel die Amerikanischen Salmler der Unterfamilie *Glandulocaudinae* und bei den Welsen Vertreter der Familie *Auchenipteridae*.

## Lebendgebärende Fische
Bei den lebendgebärenden Fischen findet eine innere Befruchtung der Weibchen statt. Die Männchen übertragen die Spermien beziehungsweise Spermienpakete (Spermatophoren) mit Hilfe eines Begattungsorganes, das sich bei den meisten Arten aus der Afterflosse entwickelt hat. Bei den Lebendgebärenden Zahnkarpfen (*Poeciliidae*)

wird die umgewandelte Afterflosse als Gonopodium bezeichnet (→ Foto, Seite 84).

Man teilt die lebendgebärenden Arten in ovovipare und vivipare Fische ein.

● Bei ovoviparen Arten entwickeln sich die Eier im Mutterleib, ohne daß die Mutter die Embryonen zusätzlich ernährt. Die Jungen entwickeln sich in den Eiern und ernähren sich aus dem Dotter. Die Eihülle platzt erst, wenn die Jungen geboren werden. Beispiele: Schwertträger und Kärpflinge der Gattung *Gambusia*. Ein Sonderfall ist der Zwergkärpfling (*Heterandria formosa*), bei dem sich sogar eine Art Plazenta wie bei Säugetieren entwickelt hat.

● Bei viviparen Fischen ernährt die Mutter die Jungen im Körper, meist durch Absonderung von Sekreten. Die Jungen der Hochlandkärpflinge (*Goodeidae*), der engsten Verwandten der Lebendgebärenden Zahnkarpfen, werden über eine Art »Nabelschnur« direkt aus dem Blutkreislauf der Mutter ernährt. Hochlandkärpflinge werden wie Lebendgebärende Zahnkarpfen (→ Seite 108) gehalten und gezüchtet.

Lebendgebären bietet viele Vorteile für die Nachkommenschaft:

● Eier und Junge sind vor allen Freßfeinden geschützt, die zu klein sind, die Mutter selbst zu überwältigen.

● Die Jungen können in ungünstigen Lebensräumen nicht zugrunde gehen (zum Beispiel bei Sauerstoffmangel oder großer Hitze), solange die Mutter selbst überlebt.

● Ein einzelnes trächtiges Weibchen kann eine ganz neue Population in einem bisher unbesiedelten Lebensraum gründen.

● Ein überlebendes trächtiges Weibchen kann nach einer Umweltkatastrophe den bisherigen Lebensraum der Population wieder besiedeln.

● Bei vielen lebendgebärenden Fischen (zum Beispiel bei den zahlreichen Lebendgebärenden Zahnkarpfen) reicht eine Begattung für mehrere Würfe aus, da die Spermien in Falten der Eileiterwand gespeichert werden können. Die Weibchen sind also auf längere Zeit trächtig, auch ohne Anwesenheit von Männchen. Dies erhöht natürlich die Überlebenschance der Art in besonderem Maße.

## Brutpflege

Brutpflegende Fische setzen weniger Junge in die Welt als nichtbrutpflegende, aber diese Jungen sind, wenn sie selbständig werden, größer und kräftiger als die Jungen der nichtbrutpflegenden Arten. Sie haben bessere Überlebenschancen, denn sie werden von ihren Eltern vor Feinden geschützt und außerdem in einem Lebensraum aufgezogen, der für ihre Entwicklung günstig ist. Die Eier von Freilaichern hingegen werden oft in lebensfeindliche Biotope verdriftet. Brutpflege erfordert allerdings einen erheblichen Aufwand an Zeit und Energie und verkürzt in der Regel das Leben der Eltern.

Fische, die ihre Jungen in einer lebensfeindlichen Umgebung (sauerstoffarmes Wasser, Freßfeinde) aufziehen, haben oft Brutpflegestrategien entwickelt, die das Überleben der Jungen gewährleisten, den Eltern aber einen hohen Energieaufwand abverlangen:

Schaumnester bauen die Männchen vieler Labyrinthfisch-Arten (→ Seite 131 und Fotos, Seite 9 und 101) und die der Schwielenwelse (→ Seite 91). Die erwachsenen Tiere, die wenigstens zeitweise in stark erwärmten, sehr sauerstoffarmen Gewässern leben, besitzen zusätzliche (akzessorische) Atmungsorgane, mit denen sie atmosphärische Luft aufnehmen können, wenn der Sauerstoff im Wasser nicht ausreicht. Ihre Jungen haben noch keine. Die Männchen arbeiten schon tagelang vor dem Ablaichen an ihren Schaumnestern. Sie schlucken Luft, umhüllen sie im Maul mit Speichel und spucken die einzelnen Blasen an die Wasseroberfläche, wo sie aneinander und an Schwimmpflanzen festkleben. Manche Arten bauen auch Pflanzenteile in das Nest ein. Schaumnester können recht groß werden, die der Schwielenwelse erheben sich etwa 3 cm über die Wasseroberfläche. Auch nach dem Ablaichen, wenn sich Eier und später die geschlüpften Jungen im Nest befinden, muß das Männchen ständig am Schaumnest bauen, zerfallenden Schaum ersetzen und Eier und Junge, die herausgefallen sind, aufsammeln und in den Schaum zurückspucken. Der Arbeitsaufwand der Männchen ist also sehr groß, aber die Aufzucht im Schaumnest ist wahrschein-

lich eine besonders gute Möglichkeit, in sauerstoffarmem Wasser Junge aufzuziehen.
Fischeier und -embryonen brauchen nämlich Sauerstoff; Sauerstoffmangel ruft Mißbildungen (→ Seite 68) hervor. Der Sauerstoffgehalt in einem Schaumnest ist weit höher als im Wasser selbst, außerdem ist es im Nest kühler. Vermutlich hemmt der Schaum sogar die Entwicklung von Bakterien, so daß die Jungen während der ersten Lebenstage auch vor Krankheiten und Parasiten geschützt sind. Erst wenn sie fähig sind, mit den Lebensbedingungen ihrer Heimatgewässer fertigzuwerden, verlassen sie das Nest.

Hautschleim zur Ernährung der Jungen produzieren die Diskusfische (*Symphysodon aequifasciatus*) und einige andere Cichliden. Dazu wird die Haut der Eltern, die Schleimzellen vergrößern sich und produzieren große Mengen von weißlich-trübem Schleim. Die Jungen weiden ihn nach dem Freischwimmen vom Körper der Eltern ab (→ Foto, Umschlagseite 2).

Diskusfische leben in Urwaldgewässern, die stark sauer sind und viele Gerbstoffe enthalten. In solchem Wasser können sich Bakterien, Infusorien, Algen und die andere Mikrofauna, von denen sich kleine Jungfische sonst ernähren, nur schlecht entwickeln. Der Körperschleim der Eltern ersetzt diese Mikrofauna in einem nahrungsarmen Gewässer.

Der Zitronenbuntbarsch (*Cichlasoma citrinellum*) aus Mittelamerika wird ebenfalls von seinen Jungen beweidet. Er laicht in übervölkerten Flachwassergebieten großer Seen, in denen jedes Paar höchstens 2 m² zur Aufzucht von über 1000 Jungen verteidigen kann. Der Hautschleim der Eltern ernährt die Jungen trotzdem ausreichend.

Maulbrutpflege hat sich bei vielen Fischen unabhängig voneinander entwickelt (→ Fotos, Seite 56 sowie Umschlagseite 3 und 4). Auf alle Fälle spielt die Beweglichkeit der brutpflegenden Tiere eine große Rolle, da sie ihnen ermöglicht, Freßfeinden zu entkommen. Das pflegende Elterntier (meist ist es das Weibchen) kann tage- oder wochenlang nichts oder nur wenig fressen.

Die Weibchen der hochspezialisierten Maulbrüter aus den ostafrikanischen Seen können ihre Jungen bis zu einem Monat im Maul behalten. Sie magern dann stark ab und brauchen nach Beendigung der Pflege einige Zeit, bis sie sich wieder völlig erholt haben. Die Jungen ernähren sich im Maul der Mutter von ihrem großen Dottersack. Er ist erst aufgezehrt, wenn sie in einem weitentwickelten Stadium sind, dann werden sie zum ersten Mal aus dem Maul entlassen.

Junge Diskusfische beim »Weiden«. Der Nährschleim der Eltern ersetzt die geringe Plankton-Nahrung der Heimatgewässer.

Auch danach verteidigen Eltern (jedoch nicht aller maulbrütenden Arten) ihren Nachwuchs sehr intensiv gegen Freßfeinde, selbst wenn diese viel größer und stärker sind als sie selbst. Wenn Maulbrüterweibchen aus den ostafrikanischen Seen ihre Jungen bedroht sehen, attackieren sie Fische, die mehr als doppelt so groß sind wie sie selbst, und bringen es auch fertig, sie zu vertreiben. Die Jungen lassen sich zu Boden zwischen die Kiesel sinken und rühren sich kaum, bis die Mutter zurückkommt und sie wieder ins Maul nimmt (→ Foto, Seite 56).

## Weitere Tricks zur Vergrößerung des Fortpflanzungserfolges

Fische können ihren Fortpflanzungserfolg auch dadurch erhöhen, daß sie auf Kosten anderer Individuen ihre eigene Zeit und Energie einsparen und dieses Potential wieder zur Produktion eigener Nachkommen verwenden.

### Eier unterschieben
Der Kuckuckswels (*Synodontis petricola*) aus dem Tanganjika-See frißt maulbrütenden Cichlidenweibchen beim Ablaichen die Eier weg und schiebt ihnen stattdessen seine eigenen unter (Kuckucksverhalten), die sie anstelle ihrer Kinder aufziehen (→ Seite 98).

### Ei-Attrappen
Die Männchen vieler ostafrikanischer Maulbrüter (zum Beispiel der Gattungen *Haplochromis, Pseudotropheus, Melanochromis, Aulonocara* und vieler anderer) tragen auf der Afterflosse große runde, gelb-orange Flecken, die den Eiern dieser Arten in Größe und Farbe sehr ähnlich sehen. Hiermit »verlocken« die Männchen die Weibchen zur Fortpflanzung (→ Zeichnung, rechts).
Diese Maulbrüter gehen keine Paarbildung ein, die Partner kommen nur zum Ablaichen zusammen. Die Männchen besetzen Territorien, heben eine Laichgrube aus oder glätten einen Laichplatz und balzen vorüberschwimmende Weibchen an. Ein balzendes Männchen schwimmt zum Weibchen hin, stoppt kurz vor ihm, dreht ihm mit gespreizten Flossen seine Breitseite zu und zittert (rüttelt) heftig, wobei es ihm die Afterflosse mit den Ei-Attrappen entgegenspreizt. Dann dreht es sich um und führt das Weibchen mit heftig wedelnden Schwanzbewegungen zur Laichgrube. Zwischendurch hält es einige Male an und zeigt ihm wiederum rüttelnd die Ei-Attrappen. Offenbar gibt es dabei Geruchsstoffe oder sogar schon Spermien ab, die das Weibchen anlocken und stimulieren. Ist das Weibchen laichbereit, so folgt es dem Männchen in die Laichgrube. Dort legt sich das Männchen rüttelnd auf die Seite und gibt wiederum Spermien ab. Anschließend kreist auch das Weibchen rüttelnd in der Grube und legt ein oder

mehrere Eier. Es nimmt sie aber sofort ins Maul, oft schon, bevor sie in die Grube hineingefallen sind. Anschließend versucht das Weibchen, von der Afterflosse des abermals in der Laichgrube kreisenden und absamenden Männchens die Ei-Attrappen aufzusammeln und saugt dabei die Spermien ein, die das Männchen in diesem Augenblick ausstößt. Das Weibchen hält also offenbar die Ei-Attrappen für echte Eier und läßt ihr Gelege im Maul von den Spermien des Männchens besamen.

Ablaichen bei *Haplochromis*-Verwandten. Das Männchen spreizt die mit Eiflecken besetzte Afterflosse und gibt dabei die Spermien ab. Das Weibchen schnappt nach den Spermien und befruchtet so die im Maul befindlichen Eier.

Diesem Verhalten liegt noch ein zweites »Erfolgsgeheimnis« zugrunde. Die Spermien dieser Maulbrüter sind im Wasser mehr als eine halbe Stunde lebensfähig, die Eier könnten also ohne weiteres in der Laichgrube besamt werden. Das Weibchen muß also einen anderen Grund haben, Eier und Spermien sofort ins Maul zu nehmen. Die Männchen vieler Maulbrüter – und gerade die Männchen der Arten, die die größten und leuchtendsten Ei-Attrappen tragen – leben in Kolonien. Wind, Wasserströmung, das Hin- und Herschwimmen der Männchen und ihre Grenzstreitigkeiten verteilen die Spermien in benachbarte Laichgruben und vermischen sie mit denen des jeweiligen Revierinhabers. In jeder Laichgrube sind also nicht nur die Spermien des Besitzers, der Zeit und Energie in Revierbildung, Grubenbau und Balz investiert hat, sondern auch die seiner Konkurrenten. Fremde Spermien aber schmälern den Fortpflanzungserfolg des Revierbesitzers. Wenn das Männchen nun schöne, große Ei-Attrappen vorzeigen kann, lockt es das Weibchen an seine Afterflosse und damit an seine Genitalpapille heran. Das Weibchen bekommt auf diese Weise viele Spermien in das Maul, und die Eier werden mit hoher Wahrscheinlichkeit vom Revierinhaber selbst besamt. Auch dem Weibchen nützt es, auf die Ei-Attrappen »hereinzufallen«. Wenn die Kinder von einem Vater abstammen, der stark genug war, sich gegen seine Konkurrenten durchzusetzen und ein Revier zu gründen, werden sie mit hoher Wahrscheinlichkeit seine Stärke und Durchsetzungsfähigkeit erben und als Erwachsene gute Fortpflanzungschancen haben.

**Besamungen stehlen**

Bei den eben erwähnten Cichliden sichern sich junge und schwache Männchen, die noch kein Territorium erobern konnten (sogenannte »Satelliten-Männchen«), einen geringen Fortpflanzungserfolg auf ihre Weise. Sie nähern sich dominanten Revierbesitzern in Weibchenfärbung und folgen ihnen, wenn sie sie anbalzen, in die Laichgruben. Hier tun sie so, als würden sie Eier ablegen, mogeln aber in Wirklichkeit ihre Spermien in die allgemeine Mixtur. Diese Satelliten-Männchen verschaffen sich dadurch eine eigene Fortpflanzungsrate. Denn ohne Territorium und Laichplatz könnten sie nie ein Weibchen anlocken. Dieses Verhalten ist nicht nur von ostafrikanischen Maulbrütern bekannt, sondern es wurde auch im Freiland bei nordamerikanischen Sonnenbarschen (*Centrarchidae*) beobachtet und im Aquarium bei verschiedenen südamerikanischen Zwerg-Cichliden der Gattung *Apistogramma*.

**Ausbeutung des eigenen Partners**

Der Fortpflanzungserfolg kann auch auf Kosten des Geschlechtspartners erhöht werden. Dies findet sich bei Cichliden, die über längere Zeit feste Paarbindungen eingehen. Männchen und Weibchen des Indischen Buntbarsches (*Etroplus maculatus*) zum Beispiel teilen sich die Pflege der Eier und Larven. Jeweils ein Partner steht vor dem Stein, auf dem die Eier abgelegt wurden, putzt das Gelege und fächelt Eiern und später den geschlüpften Larven Frischwasser zu. Er verbraucht dabei viel Energie und kann in dieser Zeit nicht fressen. Der andere Partner patrouilliert an den Territoriumsgrenzen entlang, hat Zeit zum Fressen und insgesamt weniger Arbeit. Allerdings ist er auch stärker durch Freßfeinde oder aggressive Artgenossen gefährdet. Bei Aquarienbeobachtungen stellte sich heraus, daß jeweils der schwächere Partner – gleichgültig ob Weibchen oder Männchen – mehr Zeit am Gelege mit Fächeln und Putzen verbrachte, während der stärkere Fisch sich im Territorium aufhielt und fraß – besonders oft zur Fütterungszeit. Der stärkere puffte den schwächeren Partner auch zum Gelege hin, wenn der aufhörte zu pflegen und wegschwimmen wollte. Der kräftigere Fisch verlor also durch die Brutpflege weit weniger Energie als der schwächere und war auch früher wieder fähig, eine neue Brut anzufangen und damit mehr eigene Nachkommen zu erzeugen. Außerdem kann ein Fisch, der sich häufig an den Territoriumsgrenzen aufhält, anderen Artgenossen begegnen, die vielleicht laichbereit sind und mit denen er eine neue Bindung für die nächste Brut eingehen kann.

Im allgemeinen neigen eher die Männchen dazu, ihre Partnerin und die Jungen zu verlassen und mit einem neuen Weibchen eine neue Brut zu beginnen. Weibchen müssen nämlich in die Produktion der relativ großen Eizellen weit mehr Energie investieren als die Männchen in die Produktion der winzigen Spermien. Nachkommen sind also für die Weibchen generell »mehr wert« als für Männchen, sie verlassen ihre Brut fast niemals.

# Brutbiologie und Verhalten der Fische

## Natürliches Verhalten – im Aquarium oft ein Problem

Fische verfolgen im Aquarium die gleichen Fortpflanzungsstrategien wie im Freiland. Da aber im Aquarium andere Verhältnisse herrschen als in der Natur, bringen die Fische durch ihr ganz normales Verhalten manchmal ihre Nachkommenzahl auf Null und den Aquarianer zur Verzweiflung. Dabei sollte das Verhalten von Aquarienfischen nicht an den Maßstäben menschlicher Moral gemessen, sondern aus den Zusammenhängen ihrer eigenen Existenz heraus verstanden werden.

### Aggressivität gegen Weibchen

Männchen der Cichliden und Labyrinthfische sind häufig sehr aggressiv gegen ihre Weibchen und können sie noch am Tag vor der Eiablage bei der Balz umbringen. Manche töten auch das Weibchen nach dem Ablaichen. Die Todesfälle passieren natürlich nur, weil das Weibchen im Aquarium nicht aus dem Territorium des Männchens entweichen kann und immer wieder in dessen Gesichtskreis auftaucht. Im Freiland würde es einfach fliehen. Zunächst ist es unverständlich, daß das Männchen eine potentielle Ablaichpartnerin tötet, denn es vermindert ja augenscheinlich seinen Fortpflanzungserfolg. Die Natur »denkt« jedoch anders – hier einige Beispiele für den Sinn dieser Aggressivität:
Die Männchen der ostafrikanischen Maulbrüter sind ständig laichbereit und werden im Freiland von den Weibchen nur zum Ablaichen aufgesucht. Danach nehmen die Weibchen das Gelege sofort im Maul mit sich weg. Würde ein solches Männchen ein nicht voll laichbereites Weibchen in seinem Territorium dulden, verminderte es seine Fortpflanzungschancen.
Bei diesen Fischen sind auch die Weibchen untereinander aggressiv und vertreiben, wenn sie sich irgendwo etabliert haben, alle anderen Weibchen. Die Chance des Männchens, mit einem reiferen Weibchen abzulaichen, wäre also stark vermindert. Es müßte jedesmal auf die Eireifung des etablierten Weibchens warten.
Bei ebendiesen Fischarten versuchen auch die schwächeren Satelliten-Männchen, als Weibchen getarnt, ihre Spermien unter die des territorialen Männchens zu mischen. Das Männchen erhöht also seine Fortpflanzungschancen, wenn es wirklich keinen anderen Artgenossen in der Nähe seines Laichplatzes duldet, mit Ausnahme von Weibchen, die gerade ihre Eier ablegen müssen. Schaumnestbauende Labyrinthfische sind ebenfalls aggressiv gegen Weibchen, obwohl sie nicht ständig laichbereit sind, da sie die Jungen tagelang im Nest pflegen müssen. Je kürzer die Abstände zwischen den einzelnen Bruten sind, desto mehr Nachkommen können die Männchen erzeugen. Es ist also sinnlos für sie, ein Weibchen in der Nähe des Nestes zu dulden, dessen Ablaichtermin noch tagelang auf sich warten läßt – sie verlieren Nachkommen, denn sie könnten ja in der Zwischenzeit mit reiferen Weibchen ablaichen und eine andere Brut aufziehen.
Was Sie bei der Zucht beachten sollten: Sorgen Sie bei der Zucht von Labyrinthfischen, Cichliden und anderen aggressiven Arten für genügend Verstecke, in die sich die Weibchen zurückziehen können. Seien Sie aufmerksam und fangen Sie zu sehr bedrängte Weibchen rechtzeitig heraus.

**Larvophile Maulbrüter beim Laichgeschäft.** ▷
Buntbarsche aus der *Geophagus surinamensis*-Gruppe, in der es auch nahverwandte ovophile Maulbrüter gibt.
Oben: die Partner putzen das Ablaichsubstrat intensiv. Auf diese Weise werden organische Verunreinigungen entfernt, und die Eier haften besser.
Unten: Eiablage und Befruchtung finden mehrmals abwechselnd statt. Nach der Eiablage säubern und befächeln die Eltern das Gelege. Nach dem Schlüpfen werden die Larven in das Maul genommen und kehren auch noch nach dem Freischwimmen eine Zeitlang ins schützende Maul der Eltern zurück.

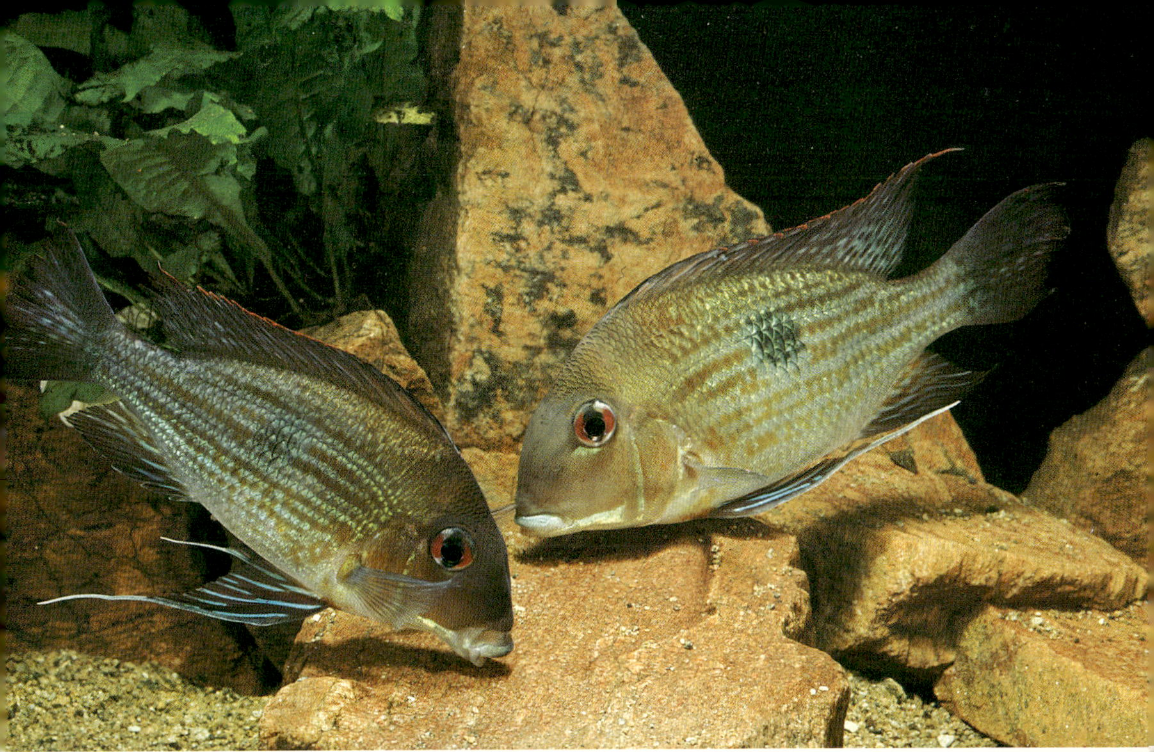

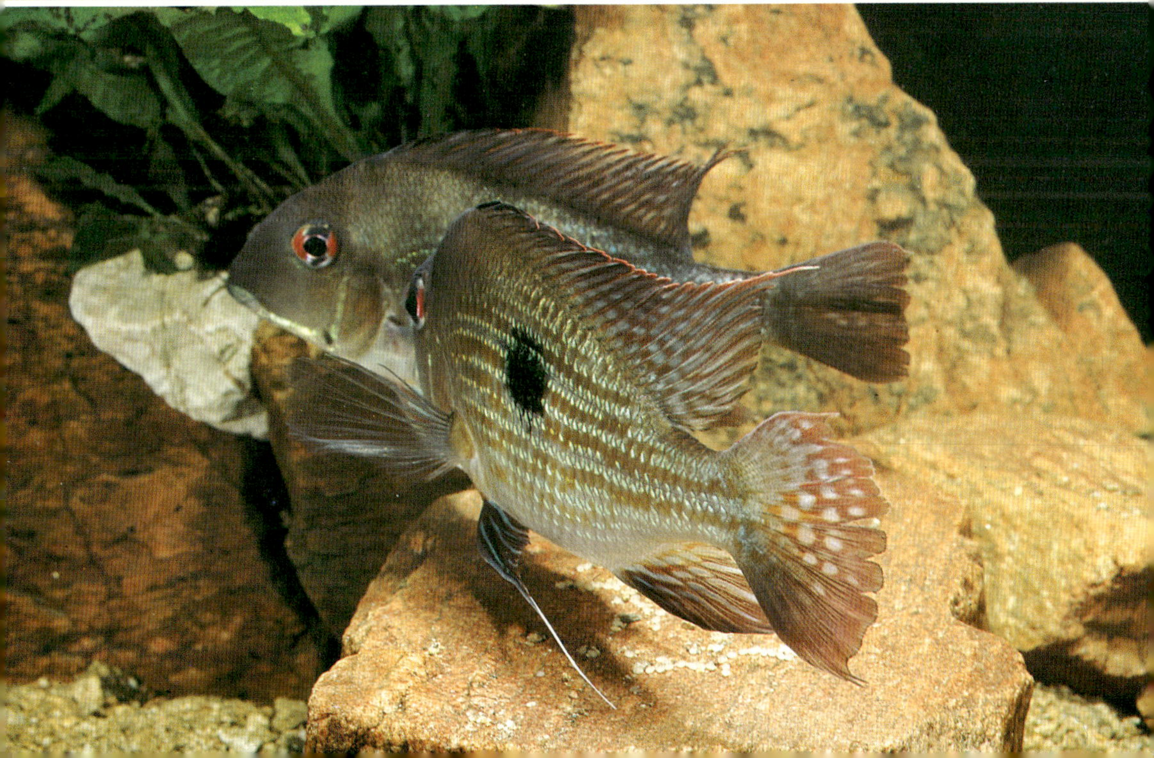

## Aggressivität gegen Partner und Junge bei brutpflegenden Fischen

Bei paarbildenden Cichliden, die sich normalerweise Territorialverteidigung und Brutpflege mit dem Partner teilen, kann es zum Paarbruch kommen, wenn die Fische stark beunruhigt werden. Die Partner werden dann aggressiv gegeneinander, fressen die Eier beziehungsweise die Jungen, und manchmal bringt auch das Männchen das Weibchen um.

Man nimmt an, daß Eier und Junge immer dann gefressen werden, wenn die Umweltbedingungen erwarten lassen, daß die Jungen keine Überlebenschance haben.

Die Eltern würden ihren Fortpflanzungserfolg mindern, wenn sie Zeit und Energie in einen sinnlosen Aufzuchtversuch investieren würden. Es ist vorteilhaft für das Überleben ihrer Gene, wenn sie diese Brut, die ohnehin verloren ist, fressen und als proteinreiche Nahrung selbst verwerten. Umso eher können sie im Freiland in einer anderen Gegend unter besseren Bedingungen einen neuen Versuch starten und Junge mit besseren Überlebenschancen in die Welt setzen.

Da das Weibchen im Aquarium keine Ausweichmöglichkeiten hat, kann es totgebissen werden, denn es stellt während der Brutpflegephase, in der es ja nicht ablaichbereit ist, für das Männchen in erster Linie einen konkurrierenden Artgenossen dar.

◁ **Schutz bei der Mutter ...**
Wenn Gefahr droht und oft auch nachts nehmen die Rotbuckel-Buntbarsch-Weibchen (*»Geophagus« steindachneri*) sogar ältere Jungfische noch bergend ins Maul auf. Man sieht, daß die Jungfische auch von sich aus das Maul der Mutter aufsuchen und nicht nur aufgesammelt werden.

Was Sie bei der Zucht beachten sollten:
• Halten Sie Cichliden in ausreichend großen Aquarien (→ Seite 115 bis 130) mit vielen Verstecken. Ändern Sie nichts an der Beckeneinrichtung, vermeiden Sie Lärm und Erschütterungen des Beckens und vermeiden Sie auch einen Großputz von Aquarium und Zimmer, wenn Cichlidenpaare gerade ihre Brut aufziehen!
• Setzen Sie ein paar Oberflächenfische anderer Arten in das Becken, die das Paar als Bedrohung für Eier und Junge empfindet und ständig herumjagt. Unter solchen Umständen halten die Partner besser zusammen, und es kommt nicht so schnell zum Bruch, wenn sie einmal stark beunruhigt werden.
• Wenn brutpflegende Fische im Aquarium ihre Jungen auffressen, ist dies für den Aquarianer ein Alarmzeichen, daß irgend etwas mit den Haltungsbedingungen nicht stimmt. Überprüfen Sie die gesamten Haltungsbedingungen und vermeiden Sie jede äußere Störung.

## Laichräuber bei nichtbrutpflegenden Fischen

Die meisten Salmler, Karpfenfische, Panzerwelse und so weiter fressen ebenfalls nach dem Ablaichen häufig ihre Eier. Diese Fische laichen in der Natur nicht in einem Aquarium von 20 oder 50 l Inhalt, sondern legen beim Ablaichen Strecken von mehreren hundert Metern zurück, wobei sie ihre Eier zwischen Pflanzen oder auf dem Gewässergrund verteilen. Nach dem Ablaichen sind sie weit von ihren Eiern entfernt. Wenn sie jetzt noch Eier finden, sind es mit hoher Wahrscheinlichkeit nicht ihre eigenen, sondern die fremder Artgenossen. Fischeier sind proteinreich, also ein gutes Futter, und wer die Eier seiner Artgenossen verzehrt, schafft den eigenen Jungen die lästigen Konkurrenten um Futter, Laichplätze und andere Lebensgrundlagen vom Halse.

Aquarianer versuchen oft, ihre Fische vom Eierfressen abzubringen, indem sie sie während des Ablaichens füttern. Die Fische fressen auch, aber Eier verschonen sie hinterher trotzdem nicht.

Was Sie bei der Zucht beachten sollten:
Überwachen Sie die Fische nach Möglichkeit während des Ablaichens. Nutzen Sie alle Möglichkeiten zum Schutz des Laichs (→ Laichrost, Seite 21, → Ablaichpflanzen, Seite 22).

## Entwicklung vom Ei bis zum Jungfisch

Bei den meisten Fischen erfolgt die Befruchtung außerhalb des Körpers. Ei- und Samenzellen werden in das Wasser abgegeben. Die Spermien schwimmen so schnell wie möglich auf die Eier zu. Jede Eizelle kann nur von einer Samenzelle befruchtet werden, denn die Mikropyle (die Öffnung in der Zellwand), die der Samenzelle das Eindringen ermöglicht, schließt sich sofort, wenn ein Spermium das Innere des Eis erreicht hat. Die Zelle beginnt sich zu teilen, zunächst in 2 Tochterzellen, dann in 4, 8, 16, 32 und so weiter. Allerdings betrifft dies nicht die ganze Zelle, sondern nur den dotterarmen Bezirk am sogenannten animalen Pol der Zelle, der Keimscheibe. Aus dieser Keimscheibe entwickeln sich nach und nach durch verschiedenartige Verlagerungen und Differenzierungen und immer neue Zellteilungen die drei Keimblätter, aus denen die verschiedenen Organe und Körperteile des neuen Lebewesens entstehen.

## Beispiel der Ei-Entwicklung bei einem Maulbrüter ▷

Sie dauert im Vergleich zu anderen Fischarten wesentlich länger.

1 7 Tage nach der Befruchtung. An dem dotterarmen Bezirk der Eizelle bilden sich die ersten Körperanlagen aus. Die zukünftigen Augen sind bereits erkennbar.

2 Nach 14 Tagen. Die Larvengestalt ist schon zu sehen, sie ist mit dem Dottersack fest verwachsen, die Augen sind jetzt voll ausgebildet.

3 Nach 18 Tagen. Der Körper hat sich weitgehend vom Dottersack gelöst, die späteren Flossen beginnen sich auszubilden. Sie ersetzen den zuvor durchgehenden Flossensaum.

4 Nach 21 Tagen. Die Flossen sind jetzt deutlich erkennbar. Man hat nun keine Larve mehr, sondern einen ausgebildeten Jungfisch vor sich.

5 Nach 28 Tagen haben die Jungfische ihren Dottersack nahezu aufgezehrt.

6 Nach 35 Tagen werden diese Jungen aus dem Maul der Mutter entlassen, in dem sie bis zu diesem Entwicklungsstadium waren, und können nun selbständig fressen.

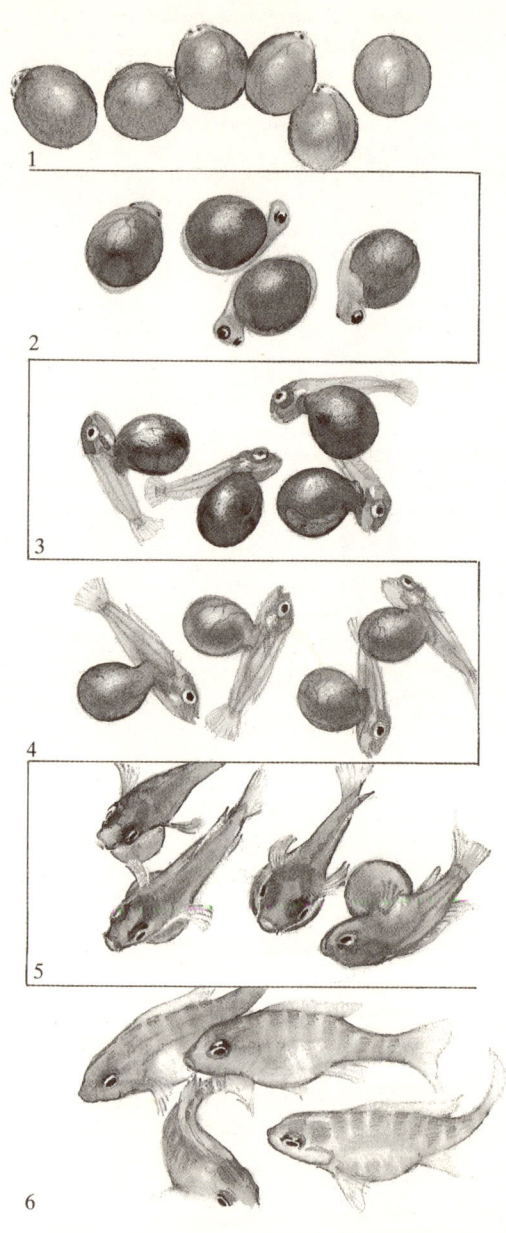

# Praktische Anleitungen zur Fischzucht

## Worauf Sie bei der Auswahl der Zuchtfische achten sollten

Fische, die viele und gesunde Nachkommen hervorbringen sollen, dürfen weder zu alt noch zu jung sein – und sie sollten keinerlei Krankheitserscheinungen zeigen.

Wichtig: Falls Sie über mehrere Generationen hinaus züchten wollen, kaufen Sie nicht nur ein Pärchen, sondern mehrere Männchen und Weibchen. So vermeiden Sie Inzucht.

### Das richtige Alter

Die besten Zuchtergebnisse erzielt man bei vielen Fischen sofort nach der Geschlechtsreife, wenn die Tiere schon voll ausgefärbt, aber noch nicht ganz ausgewachsen sind. Die kleinen, kurzlebigen Arten aus den Überschwemmungsgebieten der tropischen Ströme (viele Salmler und Bärblinge) sind im ersten, spätestens aber im zweiten Lebensjahr auf dem Höhepunkt ihrer Produktivität und bringen später kaum noch Nachzuchten zustande. In der Natur kommen die meisten bereits nach der ersten Fortpflanzungsperiode ums Leben, wenn nach der Regenzeit das Wasser aus den überschwemmten Gebieten abläuft. Langlebige Fische dagegen, wie große Cichliden und viele Welse, produzieren mit zunehmender Größe auch immer mehr und immer größere Eier und damit mehr und kräftigere Nachkommen.

Wann tritt die Geschlechtsreife bei Fischen ein?
Die Geschlechtsreife von Jungfischen ist ebenso wie ihre gesamte andere Entwicklung abhängig von der Wassertemperatur, der Wasserqualität und der Fütterung. Jungfische, die in nitratbelastetem Wasser, bei unzureichender Fütterung und kühlen Temperaturen aufwachsen, werden später geschlechtsreif als normal aufgezogene, abwechslungsreich ernährte Exemplare.

Bei den meisten Fischarten tritt die Geschlechtsreife zwischen dem 5. und 8. Monat ein.
Größere Cichliden werden manchmal erst mit 9 bis 12, Diskusfische sogar erst nach etwa 18 Monaten geschlechtsreif.
Lebendgebärende Zahnkarpfen können schon nach 6 bis 8 Wochen geschlechtsreif sein. Beobachten Sie die Jungfische genau und trennen Sie die Geschlechter, sobald sich das Gonopodium (Begattungsorgan) der jungen Männchen auszubilden beginnt.

Die Saisonfische unter den Eierlegenden Zahnkarpfen, unter anderem die *Nothobranchius*- und *Cynolebias*-Arten, sind am schnellsten von allen fortpflanzungsbereit – nämlich oft schon 2 bis 5 Wochen nach dem Schlüpfen.

### Gesundheit

Verpaaren Sie keine kranken oder deformierten Fische. Auch Fische, die trotz bester Aufzuchtbedingungen immer wieder verkrüppelte Junge hervorbringen oder Eier legen, die sich nicht entwickeln, sollten Sie nach Mißerfolgen von weiteren Zuchtversuchen ausschließen.

Daran erkennen Sie gesunde Fische:
Sie besitzen die arttypische Körpergestalt.
- Sie haben keine Mißbildungen (zum Beispiel verkrümmte Wirbelsäule, verkürzten oder verkrüppelter Kiefer, deformierte Kiemendeckel).
- Die Flossen dürfen nicht zerfranst oder eingeschmolzen aussehen.
- Weiße, grießkornartige Pünktchen, watteartige weiße Beläge oder eine trübe Haut weisen eindeutig auf eine Krankheit hin.
- Gesunde Fische besitzen eine kräftige Färbung.
- Sie schwimmen lebhaft umher, ohne ruckartig durchs Becken zu schießen.
- Sie zeigen das arttypische Verhalten (zum Beispiel Schwimmen im unteren, mittleren oder oberen Bereich des Beckens, Schwarmfische schwimmen im Schwarm, nicht vereinzelt, und so weiter).

## Tips zur Haltung von Zuchtfischen bis zum Ablaichen

Wer seine Fische artgerecht und in sauberem Wasser hält, hat bereits den ersten Schritt zu einer erfolgreichen Zucht geschafft. Hobby-Aquarianer halten ihre Tiere normalerweise in komplett eingerichteten Gesellschaftsaquarien oder Artbecken.
Die Einrichtung der Becken muß auf die Bedürfnisse der Fische abgestimmt sein. Erkundigen Sie sich also bis ins kleinste Detail nach den Bedürfnissen der Fischart, die Sie züchten möchten, denn sie wird sich im Aquarium nur zur Fortpflanzung

bewegen lassen, wenn alle Faktoren stimmen. Außerdem macht das Herumstöbern in der Literatur (→ Seite 144) viel Spaß.

Hier einige allgemeine Tips:

Schwarmfische brauchen einen großen Schwimmraum in der Mitte und im Vordergrund des Aquariums. Die Seiten und der Hintergrund sollten bepflanzt sein, damit sich einzelne Fische auch einmal zwischen die Pflanzen zurückziehen können.

Welse und Schmerlen erhalten Unterstände und Höhlen, Cichliden brauchen ebenfalls Höhlen, dazu auch Türme aus aufeinandergeschichteten Steinen oder aufrechtstehende Steinplatten als Reviergrenzen (mit kleineren Steinen unten abstützen!).

Fische aus dunklen Urwaldgewässern bekommen Schwimmpflanzen, die das Licht dämpfen.

Sauerstoffreiches, sauberes Wasser haben Sie dann, wenn Ihre Filter regelmäßig geputzt werden und nicht verschlammen, und Sie ebenso regelmäßig einen Teilwasserwechsel vornehmen.

Die Bepflanzung im Aquarium dient nicht nur der Dekoration oder dem Versteckbedürfnis der Fische, sondern auch der Wasserreinhaltung. Die Pflanzen nehmen einen Teil der Ausscheidungen der Fische als Dünger auf und töten Bakterien im Wasser ab. Wählen Sie möglichst solche Pflanzen, die für ihre wasserreinigenden Eigenschaften bekannt sind: Das sind vor allem die Wasserpest-Arten (*Egeria, Elodea*), alle Wasserfreund-Arten (*Hygrophila*), alle Schwimmpflanzen, besonders die Wasserhyazinthe (*Eichhornia crassipes*) und die Wasserlinsen (*Lemna*).

Ein Gesellschaftsbecken setzt besondere Umsicht voraus:

● Halten Sie kleine Fische nicht gemeinsam mit großen, die Jagd auf sie machen.

● Vergesellschaften Sie nicht ruhige Fische, die gerne unbeweglich zwischen Pflanzen stehen, mit Fischen, die Becken mit starker Strömung lieben. Lebendfutter füttern (→ Fütterung der Zuchtfische, Seite 42). Durch Trockenfutter allein wird sich kaum eine Fischart zum Ablaichen im Aquarium bewegen lassen.

Umsetzen zur Zucht? Hier zwei generelle Tips, genaue Angaben finden Sie in den Zuchtanleitungen (→ Seite 77 bis 137).

● Kleine, nichtbrutpflegende Schwarmfische (wie Salmler, Barben, Bärblinge) werden meist paarweise oder in kleinen Schwärmen aus dem Haltungsbecken herausgefangen und in Ablaichbekken, die das Zuchtwasser enthalten, zur Zucht angesetzt. Nach dem Ablaichen geben Sie sie wieder zurück in das Haltungsbecken.

Territoriale Fische (wie Cichliden und Labyrinthfische) bleiben zum Ablaichen in ihrem Aquarium. Das Umsetzen in eine neue Umgebung kann territoriale Fische so sehr stören, daß sie ihre Eier oder Jungen fressen oder überhaupt nicht ablaichen. Der Streß des Umsetzens und die fremde Umgebung rufen bei den Fischen mitunter Aggressionen hervor, die mit dem Tod des schwächeren Partners enden können.

## Aufzucht der Jungfische

Die Aufzucht der Jungen von brutpflegenden Fischen verlangt meist weniger Aufwand als die Aufzucht nichtbrutpflegender Arten.

### Brutpflegende Fische

Bei diesen Arten übernehmen die Eltern die Pflege der Eier und die Betreuung der Jungen selbst. Der Hobby-Züchter braucht sich in der Regel nur um passendes Futter für die Jungfische zu kümmern.

Wenn brutpflegende Fische ihre Brut verlassen oder auffressen. Dies ist meist der Fall, wenn die Eltern durch ungünstige Faktoren in ihrer Umgebung gestört werden (→ Seite 57). Das ist in einem solchen Fall zu tun:

● Gelege in ein Aufzuchtbecken überführen, die Eltern im Zuchtbecken belassen. Das Wasser im Aufzuchtbecken muß die gleiche Qualität aufweisen wie das Wasser im Zuchtbecken.

● Befindet sich das Gelege auf Holz, einem Stein oder in einer Höhle – wie das meistens der Fall ist – nimmt man es mit dem betreffenden Substrat aus dem Becken und bringt es in der gleichen Lage wie zuvor im Aufzuchtbecken unter.

● Kleben die Eier an Pflanzenblättern, schneidet man diese ab und überführt sie in das Aufzuchtbecken.

● Eier nie anfassen oder aus dem Wasser heben, sondern immer zusammen mit dem Substrat, auf

# Praktische Anleitungen zur Fischzucht

dem sie haften, in einem mit Zuchtwasser gefüllten Gefäß umsetzen, damit sie nicht beschädigt und anfällig für Bakterien und Pilze werden.
• Dem Wasser im Aufzuchtbecken ein Desinfektionsmittel zusetzen, soweit nötig.

Eilandbarben beim Ablaichen. Das Männchen (vorne) legt dabei seine Schwanzflosse über das Weibchen.

• Die Eier von maulbrütenden Cichliden (maulbrütende Cichliden spucken manchmal ihre Eier aus, wenn man sie schon kurz nach dem Ablaichen umsetzt) können nicht auf die beschriebene Weise behandelt werden. In der Natur werden sie vom pflegenden Elterntier durch Kaubewegungen häufig bewegt und umgewendet. Wenn man sie nur ins Aufzuchtbecken legt, sterben sie ab. Sie brauchen die Bewegung. Auch wenn in das Aufzuchtbecken Luft einströmte und so die Eier herumwirbelte, blieben die Schlupfergebnisse trotzdem schlecht. All diesen Aufwand sollte man nur betreiben, wenn man eine seltene Fischart erhalten will. Die Aufzucht ohne die brutpflegenden Eltern erzeugt auf Dauer oft schlecht-brutpflegende Aquarienstämme.

## Nichtbrutpflegende Fische

Bei diesen Arten muß sich der Aquarianer in jedem Fall um die Aufzucht der Jungen kümmern. Je nach Art der Fische empfehlen sich zwei Methoden:
• Bei Fischen, die alle Eier auf einmal absetzen, fängt man nach dem Ablaichen die Eltern aus dem Zuchtbecken heraus und läßt die Eier sich dort entwickeln.
• Bei Fischen, die über längere Zeit hinweg immer wieder kleine Laichportionen ablegen, überführt man die Gelege in ein Aufzuchtbecken und läßt die Eltern im Zuchtbecken. Vom Eityp hängt ab, was Sie dabei zu tun haben: Eier, die zu Boden sinken, saugt man mit einem Schlauch ab. Kleben die Eier an Pflanzen oder am Ablaichgespinst, entfernt man Eier und Substrat (nie »trocken«, immer in einem sauberen Behälter mit Zuchtwasser). Unempfindliche Eier (wie die der Ährenfische und die vieler Eierlegender Zahnkarpfen) werden vorsichtig vom Laichsubstrat abgesammelt. Eier mit Ölkugeln, die an der Wasseroberfläche schwimmen (wie die mancher Buschfische und Kugelfische), kann man mit einem Löffel von der Wasseroberfläche abschöpfen und in ein anderes Becken bringen.

## Fütterung der Jungen

Wenn die Fischlarven aus den Eiern schlüpfen, haben sie noch ihren Dottersack, den sie – je nach Art – in den ersten Stunden oder Tagen nach dem Schlüpfen aufzehren. Dann allerdings beginnen sie zu schwimmen und auf die Jagd zu gehen. Der Aquarianer muß nun geeignetes Futter zur Verfügung stellen, passend zur Größe der Fischchen, denn ohne die richtigen Futtertiere überleben die Jungen die nächsten Stunden oder Tage nicht.
Grundregeln: Die Futtertiere sollen etwa so groß sein wie das Auge eines Jungfisches.
• Sehr kleine Junge (wie die vieler Labyrinthfische) ernährt man in den ersten Tagen mit Infusorien (Einzeller, Protozoen).
• Etwas größere Junge werden mit sogenanntem Staubfutter, kleinsten wirbellosen Tieren wie Rädertierchen und Nauplien (Jugendstadien) von Kleinkrebsen ernährt.
• Noch größere, unempfindliche Jungfische wie die der Lebendgebärenden Zahnkarpfen, kann

man auch mit fein zerriebenem Trockenfutter oder zur Not sogar mit hartgekochtem, zerriebenem Eigelb aufziehen.

Darüber hinaus gibt es einige Futterpräparate für kleinere und größere Jungfische im Zoofachhandel, außerdem gefrorene Rädertierchen. Pflanzenfresser erhalten Algen, gequetschte Pflanzenteile oder Futter auf Agar-Agar-Basis.

---

**Rezept für Agar-Agar-Paste**
(abgeändert, nach Jocher)
Für diese Paste werden verschiedene Futtermischungen und Agar-Agar-Brei zusammengerührt:

Futtermischung 1: Im Mörser folgende Zutaten zerreiben: Je 1 Teelöffel Trockenfutter, getrocknete Daphnien, Garnelenschrot, Eipulver (alles im Zoofachhandel erhältlich), Luzerne-, Karotten-, Algenmehl (in Reformhäusern oder Bio-Läden erhältlich) und Knochenmehl (gibt es im Gartenfachhandel). Im gut schließenden Glas im Kühlschrank bis zur weiteren Verarbeitung aufbewaren.

Futtermischung 2: Im Mixer folgende Zutaten pürieren: Je 125 g frisches Fischfleisch (2 Sorten) und Shrimps. Brei in Eiswürfelschalen einfrieren.
• Agar-Agar-Brei: 5 cm$^3$ Agar-Pulver in 100 ml kochendes Wasser einrühren. Bis auf 50 °C abkühlen lassen.

Zubereitung der Paste: Agar-Agar-Brei (von etwa 50 °C), 1 Teelöffel der Futtermischung 1, 1 aufgetauten Würfel der Futtermischung 2, 1 Prise Selleriepulver, 4 Tropfen Maggi, einige Tropfen Multivitaminpräparat zusammen verrühren und erkalten lassen. Es entsteht eine Art zähe Sülze, die man in Würfel schneidet und im Kühlschrank aufbewahrt. Die Würfel im ganzen verfüttern oder durch ein Sieb streichen. Die Mischung trübt das Wasser nicht.

---

## Futtertierzuchten für Jungfische

Jungfische ernährt man heute meist mit selbstgezogenen Futtertieren, da es immer schwieriger wird, saubere Tümpel zu finden, in denen man das feine Staubfutter fangen kann. Futtertierzuchten sind für Großstadtbewohner meist die einzige Möglichkeit, ihre Jungfische mit Lebendfutter zu versorgen. Solches Futter überträgt keine Krankheiten und enthält keine Umweltgifte.

**Pantoffeltierchen** (*Paramecium*)
Diese einzelligen Lebewesen (Protozoen) entwickeln sich in durch organische Substanzen verunreinigtem Wasser.
So werden Pantoffeltierchen gezüchtet: Hohe Einmachgläser mit abgestandenem Leitungswasser füllen und einige Stückchen Kohl- oder Steckrüben (*Brassica napus*) hineinlegen. Andere Rübenarten eignen sich nicht. Diese Kultur mit einem Ansatz von Pantoffeltierchen »impfen«, zum Beispiel mit Wasser aus sauerstoffarmen Tümpeln. Wenn die Rübenstückchen zu faulen beginnen, entwickeln sich Bakterien, die den Sauerstoff im Wasser verbrauchen. Von diesen Bakterien ernähren sich die Pantoffeltierchen. Da fast alle anderen Lebewesen außer den Bakterien und Pantoffeltierchen an Sauerstoffmangel zugrunde gehen, erhält man Pantoffeltierchen in Reinkultur in der oberen, gerade noch sauerstoffführenden Wasserschicht. Ab und zu Wasser und Rübenstückchen nachfüllen oder statt der Rüben täglich einen Teelöffel Milch zusetzen. Die Kulturen stinken dann nicht zu sehr.
Pantoffeltierchen-Zuchtansätze in Granulatform erhält man gelegentlich in Zoofachhandlungen. Die vorgeschriebene Menge des Granulats wird in Wasser geschüttet, nach einigen Tagen entwickeln sich darin Pantoffeltierchen. Allerdings enthalten solche Kulturen manchmal auch andere Einzeller, wie Wimperntierchen oder Geißeltierchen, die die empfindliche Jungbrut schädigen können. Für sehr kleine und zarte Jungfische sind daher Pantoffeltierchen aus richtigen Rübenkulturen zu empfehlen.

# Praktische Anleitungen zur Fischzucht

So werden Pantoffeltierchen verfüttert: Die obere Schicht des Zuchtwassers absaugen und durch ein Sieb aus feiner Seidengaze rinnen lassen. Für unempfindliche Jungfische (zum Beispiel die Jungen des Gefleckten Panzerwelses) kann man die Paramecien einfach aus dem »Sieb« in das Beckenwasser spülen. Empfindliche Jungfische vertragen jedoch die Bakterien nicht, die sich ebenfalls im Zuchtwasser befinden. Für sie muß man die Pantoffeltierchen vor dem Verfüttern reinigen.

So lassen sich Pantoffeltierchen reinigen: Ein hohes Reagenzglas, einen Erlenmeyer-Kolben oder ein etwa 50 cm langes Glasrohr von etwa 3 cm Durchmesser zu ⅔ mit Wasser aus der oberen Schicht einer Paramecienkultur füllen. Auf die Wasseroberfläche einen Watte- oder sehr feinen Schaumstoffpfropfen legen und darüber etwa 10 cm hoch abgestandenes, chlorfreies Leitungswasser geben. Da der Sauerstoff im Pantoffeltierchen-Kulturwasser abnimmt, kriechen sie durch den Pfropfen nach oben in das saubere Wasser und können von dort, gereinigt, mit der Pipette abgesaugt und den Jungfischen verfüttert werden. Nach dem gleichen Prinzip arbeiten auch die Pantoffeltierchen-Fangglocken, die man einfach auf die Zuchtgefäße aufsetzt. Sie sind im Zoofachhandel erhältlich.

**Augentierchen** (*Euglena viridis*)
Kleine Einzeller, die sich in hellem Licht wie eine Pflanze mit Hilfe von Chlorophyll (Blattgrün) von Licht, Wasser, $CO_2$ und anderen Nährstoffen im Wasser ernähren, im Dunkeln aber ihre grüne Farbe verlieren und wie Tiere von Bakterien und anderen Kleinlebewesen leben. Im Dunkeln entwickeln *Euglena*-Zuchten einen unangenehmen Geruch, weil sich Bakterien ja nur bei Fäulnisprozessen bilden. Beleuchtete *Euglena*-Kulturen hingegen riechen nicht unangenehm.

So werden *Euglena* gezüchtet: Große Einmachgläser mit abgestandenem Wasser füllen, an ein helles, aber nicht sonniges Fenster stellen und einen Zuchtansatz *Euglena* hineingeben. Man besorgt sich die Tierchen aus beschatteten Pfützen oder kleinen Teichen, die grün gefärbt sind (mit Lupe oder Mikroskop prüfen, ob die grüne Farbe durch Augentierchen oder Grünalgen hervorgerufen wird!). Möglichst alle paar Tage echte Fleisch-

brühe zur Fütterung der Tierchen zugeben. Sobald das Wasser smaragdgrün ist, kann man die Augentierchen absaugen und verfüttern. Wer die Zucht eine Zeitlang nicht braucht, stellt sie ins Dunkle und füttert nicht mehr. Bringt man sie wieder ins helle Licht, vermehren sich die Augentierchen von neuem.

So werden Augentierchen verfüttert: Man braucht sie nicht zu reinigen. Sie sind gut geeignet zur Aufzucht von sehr kleinen oder kleinmäuligen Jungfischen, besonders für bakterienempfindliche Arten.

Brutpflegende Schlanksalmler beim Ablaichen. Das Männchen (vorne) betreibt die Brutpflege. Brutpflege ist bei Salmlern selten.

**Artemia-Nauplien** (*Artemia salina*)
Als Nauplien bezeichnet man die Jugendstadien der Kleinkrebse. *Artemia,* der Salinenkrebs, kommt in Salzseen und an manchen Meeresküsten vor. Artemien-Eier werden gesammelt und verschickt. Sie dürfen niemals feucht werden. In luftdicht verschlossenen Gefäßen erhält sich ihre Keimkraft über Jahre. *Artemia*-Nauplien ersetzen selbstgefangenes Futter voll und ganz, wenn sie nicht über lange Zeit hinweg als einziges Futter angeboten werden. Dann kann es bei Süßwasserfi-

schen zu Erkrankungen kommen, weil sie auf Dauer die salzigen Tierchen doch nicht vertragen. Viele erwachsene Fische (zum Beispiel Cichliden-Eltern) fressen die *Artemia*-Nauplien, die man den Jungen gibt, mit Begeisterung mit.

So werden *Artemia*-Nauplien gezüchtet: Zuchtgefäße: Für Kleinverbraucher sind *Artemia*-Zuchtanlagen im Zoofachhandel erhältlich. Vielen Züchtern sind diese Flaschen zu klein, sie benützen 5-l-Einmachgläser oder kleine Aquarien. Diese Gefäße werden zur Hälfte mit Brackwasser gefüllt, hergestellt aus 20 g Seesalz pro l Wasser (kein Kochsalz oder jodhaltiges Kochsalz verwenden!). Dieses Zuchtwasser mit Ausströmersteinen belüften. Ein bis zwei Teelöffel *Artemia*-Eier (im Zoofachhandel erhältlich), je nach Wassermenge, in das Zuchtgefäß geben und umrühren. Je nach Temperatur schlüpfen die Nauplien nach ein bis zwei Tagen. Sie sind rot. Im Gegenlicht kann man die winzigen, weißlichen bis roten Tiere nach dem Schlüpfen schwimmen sehen.

So werden *Artemia*-Nauplien verfüttert: Etwa 10 Minuten vor dem Verfüttern den Ausströmer aus dem Zuchtgefäß nehmen, dann setzen sich die Eier, aus denen noch nichts geschlüpft ist, am Boden ab. Die leeren Eierschalen schwimmen an der Wasseroberfläche. Nun mit Hilfe eines Schlauches das Zuchtwasser durch ein feinmaschiges Sieb aus Seidengaze oder ein Artemien-Sieb (beides im Zoofachhandel erhältlich) laufen lassen. Die Nauplien kann man sofort und ungereinigt verfüttern. Sie enthalten als Brackwassertiere keine Süßwasser-Infusorien, die die Brut befallen und schädigen könnten. Anschließend das Zuchtgefäß erneut füllen und neue Artemien-Eier hineingeben.

**Mein Tip:** Da die Entwicklungszeit der Eier etwa 2 Tage beträgt, empfiehlt es sich, jeweils drei verschiedene Zuchtgefäße anzusetzen. Das 2. füllt man einen Tag später als das 1., das 3. einen Tag später als das 2. Man kann die Schlupfzeit auf nahezu 30 Stunden verringern, wenn man auf etwa 28 °C aufheizt. So hat man jeden Tag ein Glas mit frisch geschlüpften Artemien zum Verfüttern. Achtung: Spritzer des salzigen Zuchtwassers können Möbel ruinieren. Die käuflichen Artemien-Zuchtgeräte schließen dicht.

### Mikro-Würmchen, Mikro-Älchen
(*Anguilla siusia*)
Die etwa 2 mm langen Nematoden (Fadenwürmer) zieht man in Zuchtkistchen ähnlich wie Enchyträen und Grindalwürmchen (→ Seite 43) heran.

So werden Mikro-Würmchen gezüchtet: Die Zuchtgefäße dürfen nicht nach Plastik riechen, sonst werden die Würmchen von Jungfischen nicht gefressen. Man füttert die Mikro-Würmchen mit einem zähen Brei aus Haferflocken, Milch und Milupa-Flocken, zu dem man auch Vitaminpräparate hinzugeben kann. Günstigste Vermehrungstemperatur 25 °C.

So werden Mikro-Würmchen verfüttert: Die Tiere kriechen an den Seitenwänden des Zuchtgefäßes empor und können mit einer Rasierklinge oder dem Zeigefinger abgenommen und in das Aquarium gegeben werden. Sehr zarte, empfindliche Jungfische vertragen die Bakterien nicht, die von dem Futterbrei an ihnen zurückgeblieben sind. Man verfüttert Mikro-Würmchen gern an junge Welse, Cichliden und Barben, die ihre Nahrung vorzugsweise am Boden aufnehmen.

### Japanischer Wasserfloh
Zuchtansätze für diesen kleinen, gegen hohe Temperatur und Sauerstoffmangel relativ unempfindlichen Wasserfloh werden oft im Kleinanzeigenteil der Aquarienzeitschriften angeboten. Die Nachkommen dieser Art können für größere Jungfische als wertvolles Futter verwendet werden. Die Zucht verläuft ähnlich wie beim normalen Wasserfloh (→ Seite 45), nur ist sie bei höheren Temperaturen (also im Zimmer) möglich

## Tümpelfutter

Wer das Glück hat, noch saubere Teiche oder Tümpel in der Umgebung zu finden, sollte sich das Vergnügen des Futterfangens nicht entgehen lassen.

Tüpfelbuntbarsche bei der Brutpflege. Diese Offenbrüter fächeln ihrem Gelege Wasser zu und säubern ihre Eier. Dabei wechseln sich Männchen und Weibchen alle paar Minuten ab.

Rädertierchen *(Rotatoria)*, ein sehr wichtiges Aufzuchtfutter, das den meisten Jungfischen sofort nach dem Freischwimmen als Beutetiere angeboten werden kann. Man fängt die Rädertierchen im Sommer in warmen, etwas beschatteten Teichen und Tümpeln. Gefrorene Rädertierchen aus dem Zoofachhandel werden aufgetaut verfüttert.

*Cyclops*-Nauplien werden von Jungfischen ebenfalls gerne gefressen. Der Kleinkrebs *Cyclops* ist ein Beutegreifer, der kleine Wasserlebewesen einfängt und verzehrt. *Cyclops*-Nauplien dürfen daher nicht in großen Mengen auf einmal verfüttert werden, denn sie entwickeln sich bei den höheren Temperaturen im Tropenaquarium schnell zu erwachsenen *Cyclops,* die sich an kleinen Jungfischen vergreifen können. *Cyclops*-Nauplien entwickeln sich in der kälteren Jahreszeit, sogar unter Eis. Im Sommer findet man sie nur in kühlen, beschatteten Tümpeln.

*Diaptomus*-Nauplien ernähren sich auch als Erwachsene von Einzellern und Algen, die sie aus dem Wasser filtern. Sie können daher der Jungbrut nicht gefährlich werden. Im Gegensatz zu *Cyclops* und seinen Nauplien bewegen sich die *Diaptomus*-Nauplien nicht hüpfend fort, sondern rudern gleichmäßig durch das Wasser. Sie hüpfen nur, wenn sie erschreckt werden. Erwachsene *Diaptomus* haben viel längere Antennen (Fühler) als *Cyclops.* Da man die beiden Arten gut voneinander unterscheiden kann, bieten Sie Ihren Fischen lieber die ungefährlichen *Diaptomus*-Nauplien an. Wie die *Cyclops* sind sie vor allen Dingen in der kälteren Jahreszeit auch unter Eis zu finden, im Sommer nur in kühlen, beschatteten Weihern.

Daphnien, die typischen Wasserflöhe, sind als Aufzuchtfutter in den ersten Tagen nach dem Freischwimmen nicht geeignet. Sie sind zu groß. Für herangewachsene Jungfische sind sie allerdings eines der wichtigsten Beutetiere. Man findet sie in kleinen, flachen, warmen Gewässern in großen Mengen. Sie können sie in Ihrem Gartenteich ansiedeln und ab und zu mit Hefe, Fischfutter, Blut oder Pferdemist füttern.

Bosminen (*Bosmina*), das Rüsselkrebschen – wegen seines rüsselartig verlängerten Kopfes so genannt – bewegt sich nicht hüpfend, sondern gleichmäßig rudernd fort. Bosminen sind recht klein, haben aber eine so harte Schale, daß sie nur von robusten Jungfischen gefressen werden. In der warmen Jahreszeit findet man sie an flachen Seeufern, wo sie von Wind und Strömung angetrieben werden.

## Die richtige Ausrüstung zum Tümpelfutter-Fang

Sie besteht aus mehreren Fangnetzen (Keschern) mit unterschiedlicher Maschenweite, Transportgefäßen und Sieben.

Rote Neon im Schwarmansatz. Wie viele Schwarmfische lassen sich Neons im Paaransatz oft nicht zum Ablaichen bewegen, sondern brauchen den Schwarm.

## Fangnetze

Im Zoofachhandel gibt es fertige Kescher mit zusammensteckbaren Metallstielen. Sie können sich Ihre Fangnetze aber auch selbst basteln. Dazu näht man aus Gaze mit ganz feinen Nadeln und Nylongarn einen unten abgerundeten Sack von etwa 30 cm Durchmesser und 50 bis 70 cm Länge. Dieses Netz wird an einen rostfreien Metallring von entsprechendem Durchmesser genäht. Metallring und Netz befestigt man an einem etwa 2 mm langen Stiel – Besenstiele und Stiele für Gartengeräte sind zu kurz! Als Material für das Netz können Sie Nylon- oder Perlongaze verwenden, am besten eignet sich genormte Seidengaze, die Sie unter dem Namen »Müllergaze« im Zoofachhandel oder in Geschäften für zoologischen Laborbedarf erhalten.

- Mit gröberen Netzen erbeutet man Daphnien, Mückenlarven und Larven von Großinsekten.
- Müllergaze Nr. 11 (Maschenweite 130/1000 mm) und Nr. 13 (Maschenweite 106/1000 mm) benutzt man am häufigsten zum Fang von feinem Staubfutter (also von Nauplien und Rädertierchen).
- Müllergaze Nr. 15 (Maschenweite 85/1000 mm) ist auch für allerkleinstes Futter geeignet, sie läßt selbst winzige Rädertierchen nicht entkommen. Ziehen Sie den Kescher beim Fang in Achterschleifen durch das Wasser, und spülen Sie ihn dann im Transportgefäß aus.

## Transportgefäße

Sie sollten möglichst niedrig und breit sein. Je größer die Wasseroberfläche ist, desto mehr Sauerstoff bekommen die Futtertiere im Transportwasser. Bei heißem Wetter sollten Sie nicht so viele Futtertiere in dem Gefäß unterbringen wie bei kühlem, damit die Kleinlebewesen nicht an Sauerstoffmangel eingehen.

## Siebe

Bei jedem Fang bleibt im Netz Futter verschiedener Größe hängen; durch die Netzmaschen entschlüpfen nur die Lebewesen, die klein genug sind. Damit Sie zu Hause den Jungfischen Futter passender Größe anbieten können, müssen Sie es in unterschiedlichen Sieben mit verschiedener Maschenweite sortieren.

Im Zoofachhandel gibt es Siebsätze aus Plastik, deren Maschenweite genormt ist. Kleinverbraucher können sich mit einem Siebsatz von etwa 10 cm Durchmesser begnügen, wer viele Fische hält oder große Bruten heranzieht, sollte größere wählen. Ein Sieb mit passender Maschenweite für das jeweilige Futter in das Wasser des Aufzuchtbeckens tauchen oder auf der Wasseroberfläche schwimmen lassen. Dann etwas von dem Tümpelfutter hineingeben und das Sieb vorsichtig schütteln. Tiere, die durch die Maschen entkommen können, gelangen in das Aufzuchtaquarium und werden von den Jungen gefressen. Alle Lebewesen, die zu groß sind, bleiben im Sieb zurück und werden an größere Jungtiere oder an erwachsene Fische verfüttert.

# Praktische Anleitungen zur Fischzucht

## Wieviel und wie oft füttern?

Erwachsene Fische kann man ruhig ab und zu einmal fasten lassen, Jungfische aber niemals! Sie dürfen sie auch auf keinen Fall »auf Vorrat« füttern, denn die Futtertiere sterben nach einiger Zeit ab, zersetzen sich und verderben das Wasser, oder sie wachsen – wie *Cyclops*-Nauplien – so schnell heran, daß sie über Jungfische herfallen. Jungfische werden vier- bis sechsmal am Tag gefüttert und erhalten soviel, wie sie in einer Viertelstunde bewältigen können. Berufstätige, die meist nur morgens und abends Zeit haben, müssen entweder trotz der Probleme zweimal am Tag sehr reichlich füttern oder sind auf die Hilfe ihrer Familie angewiesen. Es wurden auch schon Futtertierautomaten erfunden, zum Beispiel kann man Wasser aus einer Pantoffeltierchen-Kultur durch einen dünnen Luftschlauch langsam in das Aquarium hineintropfen lassen. Die Einstellung der Wassermenge verlangt jedoch sehr viel Fingerspitzengefühl, denn wenn zu wenig in das Aquarium gelangt, leiden die Jungen Hunger, wenn zuviel hineintropft, sterben große Mengen der Futtertiere ab und verderben das Wasser.

Fütterung von nichtjagenden Jungfischen. Junge Glasbarsche (*Chanda ranga*) jagen nicht, sondern fressen nur das, was ihnen gerade vor das Maul schwimmt. Eigentlich müßte man so viel füttern, daß die Jungen »im Futter stehen«. Das Wasser würde aber dadurch ständig mit Zerfallsprodukten belastet. Dagegen hilft ein Trick: Man dunkelt das Becken mit Papier ab, in das man an einer Stelle ein Loch reißt. Hier installiert man eine schwache Beleuchtung, die nur einen kleinen Ausschnitt des Beckens erhellt. Im Licht versammeln sich sowohl Futtertiere wie Jungfische, so daß letztere leicht Beute machen können. Überschüssiges, abgestorbenes Futter muß beim Wasserwechsel sorgfältig abgesaugt werden.

Fütterung heranwachsender Jungfische. Mit zunehmendem Alter bekommen die Jungfische immer größeres und kräftigeres Futter und werden langsam auch an Futterflocken und Futtertabletten gewöhnt. Ältere Jungfische fressen gerne Daphnien und Mikro-Älchen. Grindalwürmchen und Enchyträen sind fett und sollten an Jungfische nicht häufig verfüttert werden, ausgenommen an die schnellwüchsigen Saisonfische (→ Eierlegende Zahnkarpfen, Seite 99), die in 2 bis 3 Wochen nach dem Schlüpfen schon ihre Geschlechtsreife erreichen.

## Futterpräparate

Im Zoofachhandel gibt es fertiges Futter zur Aufzucht von Jungfischen, mit denen sich nicht nur robuste, sondern auch sehr kleine und empfindliche Arten in den ersten Tagen nach dem Freischwimmen ernähren lassen. Man bekommt sogar ein Präparat für die Fütterung junger Diskusfische, das den Körperschleim der Elterntiere ersetzt, den die Jungen in den ersten Tagen abweiden. Mit diesem Diskus-Aufzuchtfutter können aber auch Jungfische anderer Arten sehr gut ernährt werden.

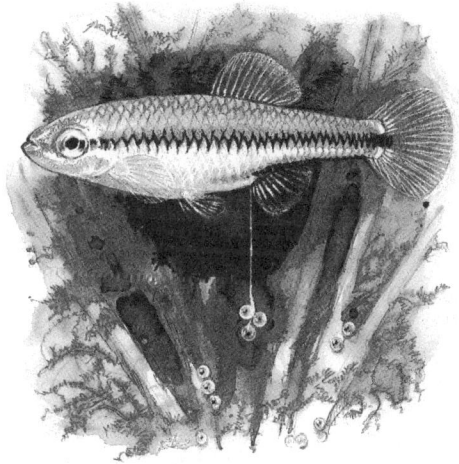

Ungewöhnliches Ablaichen. Der Rotschwanzkärpfling zählt zu den Killifischen. Ähnlich wie beim Reiskärpfling (→ Zeichnung, Seite 42) werden die Eier besamt, während das Weibchen sie noch mit sich herumträgt. Der Rotschwanzkärpfling trägt sie zum Teil an langen Fäden.

67

Bei unempfindlichen Fischen (zum Beispiel jungen Welsen, vielen Labyrinthfischen und fast allen Cichliden) kann man die Fütterung mit Infusorien oder Rädertierchen umgehen, wenn man ihnen flüssiges oder staubförmiges Fertigfutter (zum Beispiel Liqui-fry) als Erstfutter anbietet und 2 bis 3 Tage später bereits auf *Artemia*-Nauplien als Futter übergeht. Das erspart die etwas geruchsintensive Pantoffeltierchen-Kultur.

## Was tun bei Erkrankungen?

Die üblichen Fischkrankheiten machen natürlich auch vor den Zuchtfischen nicht halt:
• Fischtuberkulose ist häufig eine Folge von Haltungsfehlern (zum Beispiel in übersetzten Aquarien bei schlechter Fütterung und verschmutztem Filter).
• Bauchwassersucht wird durch zu kaltes oder verdorbenes Futter hervorgerufen.
• Infektionskrankheiten wie *Hexamita* und Lockkrankheit, Neonkrankheit, *Columnaris* und alle möglichen anderen Krankheiten befallen geschwächte Fische.
• Hautparasiten treten häufig auf, wenn neue Fische ohne vorherige Quarantäne in die Aquarien gesetzt werden und so weiter.
Über Krankheiten können Sie sich ausführlich in der Fachliteratur informieren. Ihr Zoofachhändler wird Ihnen das richtige Medikament empfehlen.
Grundsätzlich gilt:
Die besten Vorbeugemaßnahmen sind optimale Haltungsbedingungen, also möglichst geräumige Aquarien mit guter Filterung, und abwechslungsreiches Futter.
Fische, die von Parasiten befallen sind, oder die gerade eine schwere Krankheit durchgemacht haben, sollte man nie zur Zucht ansetzen.
Einige Krankheiten und Schädigungen sind speziell für den Züchter von Interesse. Sie betreffen die Geschlechtsorgane, die Eier, die Embryonen und die Jungfische.

### Krankheiten und Schädigungen der Geschlechtsorgane
Verfettung. Verfettete Männchen und Weibchen sind stark in ihrer Produktivität eingeschränkt. Sehr fette Weibchen können häufig ihren Laich nicht mehr absetzen. Verfettetes Hodengewebe bringt nur noch wenige Spermien hervor.
Verhärtungen, Verklumpungen und teilweises Absterben des Laiches beziehungsweise der Hoden können aber auch durch Infektionen mit Fischtuberkulose oder *Ichthyosporidium* hervorgerufen werden, oder durch Parasitenbefall, zum Beispiel mit Nematoden (Fadenwürmern der Gattung *Capillaria* und *Philometra*).
Laichverhaltung (Weibchen kann den Laich nicht mehr absetzen) kann durch einen Mangel an Spurenelementen oder durch ungünstige Umweltbedingungen (zum Beispiel zu hohe Temperaturen bei Salmlern) hervorgerufen werden.
Eierstockzysten oder -geschwülste sind oft eine Folgeerkrankung, die sich einstellt, wenn Weibchen ihren Laich nicht ablegen können (→ oben). Vorbeugemaßnahmen: Optimale Haltung zur Vorbeugung gegen Infektionskrankheiten und Parasiten, Zuchttiere nicht mästen!

### Krankheiten und Schädigungen der Eier, Embryonen, Larven und Jungfische
Laichverpilzung. Hervorgerufen durch den Wasserschimmel *Saprolegnia*, der sich als Schwächeparasit oft auch auf schwerkranken erwachsenen Fischen ansiedelt. Die Pilze befallen vorzugsweise unbefruchtete Eier und solche, die schon abgestorben oder durch Sauerstoffmangel vorgeschädigt sind. Können sich die Pilze ungehindert ausbreiten, ist meist das ganze Gelege verloren.
Vorbeugemaßnahmen: Herausfiltern von Spermien nach dem Ablaichen (→ Seite 75), um den Pilzen den Nährboden zu entziehen; Desinfektion des Wassers (→ Seite 72); Absammeln aller unbefruchteten und abgestorbenen Eier, bevor sich Pilze entwickeln.
Schädigungen der Eier und Embryonen durch Sauerstoffmangel. Sehr häufige, irreparable Störung. Ist der Sauerstoffgehalt des Wassers gering, verläuft die Zellteilung im Ei nur noch langsam oder hört ganz auf. Das Ei stirbt ab. Dauert der Sauerstoffmangel nicht allzu lange, beginnt die

Zellteilung wieder (beziehungsweise wird schneller), verläuft allerdings meist fehlerhaft, und die Embryonen werden so stark geschädigt, daß sie noch im Ei absterben. Die wenigen, die dann noch schlüpfen, haben meist Herzbeutel- oder Dottersackwassersucht, Mißbildungen der Schädelknochen (von Mopsköpfigkeit bis zum völligen Fehlen der Schädelkapsel) oder des Gehirns, Augenmißbildungen (zu kleine oder fehlende Augen), Rückgratverkrümmungen und Verkürzungen oder Verbiegungen der Kiemendeckel, so daß man die Kiemen von außen sieht.

Vorbeugemaßnahmen: Sauberes Wasser, kräftige Filterung, Vermeiden von Bakterienentwicklung, die Sauerstoff entzieht (→ Seite 75).

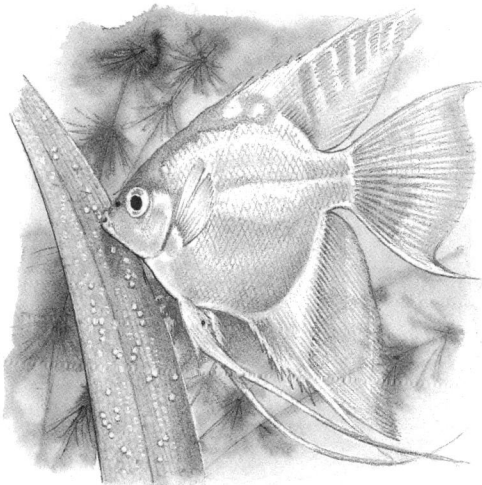

Brutpflege beim Skalar. Ein Elternteil entfernt die weiß gewordenen, also abgestorbenen Eier.

Schädigungen der Eier aufgrund gesundheitlicher Störungen der Elterntiere. Mangel an Vitaminen und Spurenelementen oder Infektionskrankheiten bei den Eltern können die Eier schon im Mutterleib so schädigen, daß sie keine Entwicklungschancen mehr haben. Der Dotter gerinnt, die Eier werden weich, fleckig und zerfallen. Mißbildungen wie Dotterblasenwassersucht können außer durch Sauerstoffmangel auch durch Vitaminmangel, Skelettmißbildungen auch durch Fischtuberkulose und *Ichthyosporidium* bei den Eltern hervorgerufen werden.

Vorbeugemaßnahme: Nur mit gesunden Fischen züchten!

Befall der Eier und Jungen durch größere Wassertiere

• Planarien sind knapp 2 cm lange, flache Plattwürmer (*Plathelminthes*), die sich in normal eingerichteten Artaquarien besonders bei Nacht über die Gelege hermachen. Sie werden zusammen mit Tümpelfutter eingeschleppt. Brutpflegende Fische fressen die Würmer, aber bei starkem Planarienbefall können sie das Gelege manchmal nicht retten. Planarien schädigen die Zucht außerdem auch, weil sie Sauerstoff verbrauchen.

Abhilfe: Fische aus dem Becken entfernen, die Wassertemperatur für einige Stunden auf 32 bis 35 °C erhöhen. Leben die Planarien dann immer noch, Aquarium ausräumen, Becken und alle Einrichtungsgegenstände desinfizieren (→ Seite 72), neu einrichten.

• Hydra, der Wasserpolyp, wird ebenfalls mit lebendem Tümpelfutter eingeschleppt. Die Tiere heften sich an Pflanzen, Scheiben und Dekorationsgegenständen und fangen kleine Jungfische, die in ihre Nähe geraten.

Abhilfe: Abtöten durch Hitze wie Planarien (→ oben).

• *Costia* oder *Chilodonella* (einzellige Hauttrüber) oder *Oodinium*, der Einzeller, der die »Samtkrankheit« hervorruft, befallen gelegentlich Jungfische.

Abhilfe: Hauttrüber und *Oodinium* werden mit den handelsüblichen Fischmedikamenten aus dem Zoofachhandel bekämpft. Hauttrüber lassen sich auch durch Trypaflavin vernichten, man gibt es in einer Konzentration von 1:100 000 (1 g auf 100 l) ins Aufzuchtbecken.

**Mein Tip:** Schaffen Sie sich eine starke Lupe und ein kleines Mikroskop an, damit Sie die Entwicklung der Eier, den Zustand der Larven und Jungfische verfolgen können. Auch die Futtertierzuchten lassen sich mit einer Lupe leichter kontrollieren. Zur Diagnose von Krankheiten ist eine Lupe und in vielen Fällen das Mikroskop unerläßlich.

# *Praktische Anleitungen zur Fischzucht*

## Fische züchten, die die Regenzeit brauchen

Für die meisten Tropenfische, besonders die aus dem Einzugsgebiet des Amazonas, des Orinoko und des Zaïre, der südostasiatischen Ströme und der indonesischen Inselwelt ist der Beginn der jährlichen Regenzeit der Auslöser zum Ablaichen. Dann fallen bei gewaltigen Gewittern in kurzer Zeit riesige Regenmengen, und die Flüsse steigen rapide. Das Regenwasser (es entspricht destilliertem Wasser) verdünnt das Flußwasser sehr stark. Die Wasserhärte wird also herabgesetzt, und auch die ohnehin kaum meßbaren Stickstoffverbindungen nehmen ab, weil sie auf noch mehr Wasser verteilt werden. Durch das Steigen der Flüsse ändert sich auch das Futterangebot: Während die Gewässer in der Trockenzeit eintrockneten, lebten viele Fische von Anflugnahrung und sogar von ins Wasser gefallenen Baumfrüchten. Nun bekommen sie wieder Insektenlarven und andere wirbellose Tiere in Hülle und Fülle.

### Regenzeit im Aquarium

Wenn Sie Fische aus dem Gesellschaftsaquarium herausnehmen und in ein Zuchtbecken setzen, tun Sie in etwa dasselbe wie ein tropischer Gewitterregen: Aus dem mittelharten, etwas verschmutzten Wasser des Gesellschaftsbeckens kommen die Fische in sehr weiches, ganz sauberes Wasser, das fast dem Regenwasser entspricht. Außerdem füttert man ja schon vor dem Zuchtversuch mit gutem Lebendfutter, kleinere Fische mit Schwarzen Mückenlarven, größere mit Mysis, um die Laichwilligkeit anzuregen. Bei den häufig gezüchteten Arten genügt schon die Umstellung von Wasser und Futter, um sie zum Ablaichen zu bewegen. Bei einigen Arten ließ sich nachweisen, daß durch die Wasserveränderungen zu Beginn der Regenzeit die Geschlechtsorgane ausreifen. Die Messerfische der Gattung *Eigenmannia* (vor allem Grüne Messerfische) aber auch Nilhechte ließen sich mit der »Kirschbaum-Methode« (Kirschbaum 1978, 1980, → Literatur Seite 144) züchten:
Über etwa 6 Wochen wurde die Regenzeit imitiert, indem das halbvolle Becken täglich mit vollentsalztem Wasser (etwa 5% des Beckenvolumens) langsam aufgefüllt wurde. Dadurch sanken Salzgehalt und pH-Wert des Zuchtwassers, die Höhe des Wasserspiegels stieg. Zusätzlich wurden über eine Zeitschaltuhr täglich einige Stunden lang Regenschauer simuliert. Dazu sprenkelte man das Filterwasser über ein Spritzrohr auf die Wasseroberfläche. War das Becken voll, wurde die Hälfte entfernt und von neuem begonnen. Nach dem ersten Ablaichen ist eine weitere Simulation nicht mehr nötig, sporadisch aber sicher gut, solange die erreichten Wasserwerte beibehalten werden.

Diese Methode wird in der zukünftigen Aquaristik mit Sicherheit an Bedeutung gewinnen, besonders für die Zucht vieler als »unzüchtbar« geltenden Fische (zum Beispiel bestimmte Schmerlen, Welse).

Beinahe schon klassisch ist die Zucht der Schwielenwelse *Callichthys callichthys* und *Hoplosternum thoracatum*. Sie leben in den Überschwemmungsgebieten der südamerikanischen Ströme. In der Trockenzeit warten sie in den langsam austrocknenden Sumpftümpeln auf den nächsten Regen. Sie können wie ihre Verwandten, die Panzerwelse, Luft schlucken und im Enddarm den Sauerstoff absorbieren. So überleben sie auch noch, wenn das Wasser fast versiegt ist. Sobald es regnet, bauen die Männchen Nester, die sie mit Pflanzenteilen und Blättern verfestigen. Die Nachzucht gelang, als man ihnen aus der Gießkanne Wasser ins Aquarium plätschern ließ. Die Männchen begannen am nächsten Tag mit dem Nestbau, und die Paare laichten. Im Lauf der letzten Jahrzehnte wurden die Schwielenwelse so gut an die Bedingungen im Aquarium angepaßt, daß sie heute kaum noch Regengüsse brauchen. Die Herabsetzung der Wasserhärte (des Leitwertes) reicht heute zur Zucht aus.

Viele Fische, die bisher noch nicht oder nur per Zufall nachgezogen worden sind, verlangen wahrscheinlich, daß der Aquarianer noch mehr Umweltfaktoren ihrer Heimat nachahmt. Man hat bei

(Lesen Sie weiter auf Seite 72)

## Zuchtfahrplan für Problemfische – 13 Ratschläge aus der Praxis

Hier eine Reihe von Vorschlägen, die sich bei einigen Fischarten bewährt haben. Bei anderen müssen Sie durch Beobachtung und Einfühlungsvermögen zusätzliche oder abgewandelte Verfahren selbst entdecken:

**1** Halten Sie Ihre Zuchtfische in geräumigen Artaquarien, die auf gar keinen Fall übesetzt sein dürfen, und ernähren Sie sie optimal (→ Kapitel Fütterung, Seite 42).

**2** Informieren Sie sich, in welcher Gegend und in welchem Biotop Ihre Fische vorkommen, und gestalten Sie Ihr Aquarium so, daß sie Versteckplätze, Laichsubstrate und alles Material, was sie vielleicht zum Nestbau brauchen, in ihrem Becken vorfinden.

**3** Bringen Sie in Erfahrung, wann in der Heimat Ihrer Fische die Regenzeit beginnt. Kartenmaterial über Niederschlagsmengen und Windrichtungen im Jahresverlauf finden Sie in Atlanten oder Lexika.

**4** Stellen Sie fest, ob die Tageslänge im Verbreitungsgebiet Ihrer Fische das ganze Jahr über gleich bleibt, oder ob es jahreszeitliche Schwankungen gibt. Mit zunehmender Entfernung vom Äquator nach Norden und Süden werden die Tage im Sommer zunehmend länger, im Winter zunehmend kürzer. Am Äquator sind Tag und Nacht immer 12 Stunden lang. Regulieren Sie die Tageslänge mit einer Zeitschaltuhr, entsprechend den Bedürfnissen Ihrer Fische.

**5** Versuchen Sie, die Fische etwa zu der Zeit zur Zucht anzusetzen, zu der sie in ihrer Heimat auch laichen würden. Viele Tiere behalten die angeborene Jahresperiodik auch im Aquarium bei.

**6** Füttern Sie in den letzten Wochen vor dem geplanten Termin nicht zu reichlich, aber sehr gehaltvoll, hauptsächlich mit sehr gutem Lebend- und aufgetautem Frostfutter.

**7** Wenn Sie den Eindruck haben, das oder die Weibchen hätten Laich angesetzt, reinigen Sie den Filter und erhöhen in den nächsten Tagen die Temperatur um 1 bis 3 °C. Den Filter müssen Sie vor dem großen »Gewitterregen« reinigen, damit die kostbaren Filterbakterien sich bis zu diesem Zeitpunkt wieder vermehrt haben.

**8** Lassen Sie dann einige Tage oder eine Woche nach der Filterreinigung etwa 2 bis 3 Viertel des Aquarienwassers ab. Die Fische müssen aber noch bedeckt sein.

**9** Veranstalten Sie dann Ihr Gewitter mit Blitzgerät und Tonband. Füllen Sie dabei das Becken wieder auf, indem Sie Wasser mit der Gießkanne von oben in das Becken brausen lassen.

**10** Nehmen Sie, wenn möglich, vollentsalztes Wasser aus dem Ionenaustauscher (→ Seite 29) oder dem Umkehr-Osmose-Gerät (→ Seite 31), das Sie entsprechend den Bedürfnissen der Fische wieder aufgesalzen haben. Für Fische aus Urwaldgewässern also zwischen 2 und 6° Gesamthärte.

**11** Sollte Ihr Aquarium so klein sein, daß das Gewitter schon nach drei Gießkannen vorbei wäre, saugen Sie wieder Wasser in die Kanne ab, und gießen Sie es von neuem hinein. Während das Becken sich füllt, müssen sie pH-Wert und Wasserhärte kontrollieren.

**12** Unter Umständen sollten Sie Ihr Gewitter einige Abende lang wiederholen, denn in der Regenzeit gibt es ja nicht nur einen Gewitterregen, sondern meist täglich einen neuen. Es genügt dann aber, wenn Sie etwa ¼ des Wassers wechseln oder einfach etwas Beckenwasser in die Gießkanne ablaufen lassen und dieses wieder mit der Brause in das Aquarium gießen.

**13** Wenn sich Ihre Fische trotzdem nicht fortpflanzen, geben Sie nicht auf. Versuchen Sie, immer mehr über das Leben Ihrer Fische im Freiland herauszufinden. Vielleicht können Sie eines Tages den Faktor entdecken, der für sie das Signal zum Ablaichen ist.

verschiedenen Antennenwelsen (Gattung *Pimelodus*) beobachtet, daß sie zu balzen begannen, wenn sie mit Blitzlicht oder mit Blitzen aus einem Stroboskop beleuchtet wurden. Auch laute Rockmusik (wohl mit ähnlicher Frequenz wie Donnerschläge) soll schon Welse und andere Tropenfische zur Balz – leider aber noch nicht zum Ablaichen – angeregt haben. Man könnte also versuchen, richtige Tropengewitter zu inszenieren, ähnlich wie die zoologischen Gärten, die mit Tropengewittern die Krokodile zur Paarung animieren. Die Behandlung mit Geschlechtshormonen, die in der kommerziellen Zierfischzucht angewandt wird, wird dem Hobby-Aquarianer wohl verwehrt bleiben, auch wenn Zuchterfolge aus der Zierfischzucht vorliegen.

### So imitieren Sie ein Tropengewitter

Regen. Lassen Sie temperiertes Wasser aus der Gießkanne mit aufgesetzter Brause in das Aquarium plätschern. Vollentsalztes Wasser aus dem Ionenaustauscher (→ Seite 29) oder der Umkehr-Osmose-Anlage (→ Seite 31) ist sicher wirksamer als Leitungswasser.

Blitze. Blitzen Sie möglichst von oben, nicht von der Seite in das Becken. Sie können das Blitzgerät Ihrer Kamera entweder selbst auslösen oder ein Stroboskop installieren (es gibt kleine Stroboskope im Spielwarenhandel als Zusatzteil zu Physik-Experimentierkästen). Auch Disco-Lampen mit Verzerrer produzieren schöne Blitze.

Donner. Rütteln Sie vor dem Mikrophon Ihres Tonaufnahmegerätes eine dünne Aluminium-Backform (für Pizzas oder Blechkuchen, im Lebensmittelhandel erhältlich) hin und her. Lassen Sie sie kräftig knattern. Falls Sie keine dünnen Backformen bekommen, können Sie auch starke Alufolie benutzen. Ein billiger Cassettenrecorder ist für diese Aufnahmen besser geeignet als ein teures Tonbandgerät. Der Cassettenrecorder nimmt ungenauer auf, der Donner wird dadurch glaubwürdiger.

Lassen Sie dieses prachtvolle Tropengewitter gut eine halbe oder ganze Stunde ablaufen. Aber denken Sie daran, daß in Mietshäusern Tropengewitter nach 10 Uhr abends nur noch in Zimmerlautstärke stattfinden dürfen.

## Desinfektion und Reinhaltung von Aquarien

Desinfektion von Aquarien und Zuchtwasser ist nötig bei der Zucht empfindlicher Fischarten, denn hier kommt es nicht nur darauf an, das Wasser frei von Stickstoffverbindungen (→ Seite 35) und Phosphat (→ Seite 40) zu halten, sondern auch auf die Vernichtung von Bakterien, Infusorien und Viren.

Achtung: Eingerichtete Artbecken für brutpflegende Fische darf man zur Zucht nicht desinfizieren. Das würde die Pflanzen und Bakterien töten und das ganze Aquarienmilieu durcheinanderbringen. Brutpflegende Fische entfernen von sich aus unbefruchtete und abgestorbene Eier und fächeln dem Gelege Frischwasser zu. Sie lutschen auch häufig die Eier ab, so daß Bakterien und Pilze keine Chance haben. Muß man aus irgendwelchen Gründen ein Gelege brutpflegender Fische ohne die Elterntiere aufziehen, ist es durch Bakterien- und Pilzbefall genauso gefährdet wie die Gelege der nichtbrutpflegenden Arten.

### Desinfektion von Ablaichbecken

Für sehr empfindliche Fischarten und nichtbrutpflegende Fische sollten Sie Ablaich- und Aufzuchtbecken vor dem Einrichten desinfizieren.

**Maulbrütende Labyrinthfische.** ▷
Fortpflanzungsritual bei *Betta macrophthalma*:
Oben: Männchen und Weibchen nähern sich einander, um gleich darauf abzulaichen.
Unten links: Enges Umschlingen während des eigentlichen Ablaichens.
Unten rechts: Das Männchen sammelt die befruchteten Eier ins Maul auf, noch bevor sie den Bodengrund erreichen. Es brütet sie im Maul aus, während das Weibchen das Weite sucht.

Desinfektionsmittel, die Sie verwenden können:
• Eine Lösung von Kaliumpermanganat. Es genügt eine schwache Dosierung, so daß sich die Lösung rosa färbt (es muß nicht genau dosiert werden).
• Eine gesättigte Kochsalzlösung. Sie wird hergestellt, indem man in kochendes Wasser so viel Kochsalz (Natriumchlorid) einrührt, bis es sich nicht mehr löst, sondern am Boden des Gefäßes zurückbleibt. Dann die Lösung abkühlen lassen.
• Eine kräftig gelbe Trypaflavinlösung (es muß nicht genau dosiert werden).
So wird's gemacht:
Becken, Heizer und Laichrost mit einer dieser Desinfektionslösungen gut waschen.
Danach immer gut mit abgekochtem, abgekühltem Wasser nachspülen.
Pflanzen für infusorienempfindliche Fische werden 5 Minuten lang in einem Alaunbad (ein gehäufter Teelöffel Alaun auf 1 l destilliertes Wasser) desinfiziert. Danach ebenfalls gut nachspülen. Nun kann das Zuchtwasser eingefüllt werden.

## Weitere Reinhaltungsmaßnahmen

Sobald sich die Zuchtfische im Ablaichaquarium befinden, dürfen die oben genannten Desinfektionsmittel nicht mehr eingesetzt werden. Sie würden die Fische schädigen und ihre Eier und Spermien abtöten. Hier nun eine Reihe von Maßnahmen, die sehr wichtig sind, damit sich Eier und Junge gesund entwickeln:

◁ **Freilaichende Labyrinthfische.**
Der Küssende Gurami (*Helostoma temmincki*) trägt seinen Namen nicht zu Unrecht. Das »Küssen« ist Bestandteil einer heftigen Balz, aber auch eine Verhaltensweise rivalisierender Artgenossen. Große Weibchen können bis zu 10 000 Schwimmeier ablegen. Die Eier steigen nach oben und bleiben meist an Pflanzen kleben.

So wenig wie möglich füttern. Dies ist nötig, damit sich so wenig Bakterien, Infusorien und Nitrit wie möglich bilden.
Fische, die innerhalb weniger Stunden oder in den ersten 3 Tagen nach dem Einsetzen in das Ablaichbecken laichen, kann man einfach fasten lassen, oder man gibt ihnen nur wenige, gewaschene Enchyträen. Viele Züchter achten sogar darauf, daß die Fische schon einige Stunden vor dem Einsetzen in das Ablaichbecken kein Futter mehr erhalten, damit sie dann im sauberen Wasser keinen Kot absetzen.
Arten, die »im Daueransatz« laichen, das heißt, über Tage oder Wochen verteilt immer wieder in kleinen Schüben Eier ablegen, müssen natürlich gefüttert werden. Aber hier ist eine wirksame Filterung nötig (→ Seite 15) und eine ständige Kontrolle der Wasserwerte.
Unbefruchtete Eier und Spermien entfernen. Unbefruchtete Eier, überschüssige Spermien und Samenflüssigkeit zersetzen sich im Wasser und bilden einen ergiebigen Nährboden für Bakterien, Infusorien und Pilze. Diese fallen auch über die gesunden Eier und Embryonen her und können das Gelege ganz oder teilweise vernichten. Zumindest schädigen sie die Embryonen durch Sauerstoffentzug.
• Brutpflegende Fische entfernen unbefruchtete und abgestorbene Eier selbst. Hier müssen Sie nichts unternehmen.
• In torfgefiltertem Wasser sind die Gelege nicht so stark gefährdet, denn Torf enthält bakterien- und pilzhemmende Substanzen, und die Gerbsäuren machen die Eihäute ein wenig stabiler.
• Bei nichtbrutpflegenden Fischen sollten Sie nach dem Ablaichen einige Stunden lang über Aktivkohle- oder einen Diatomeenfilter filtern.
• Unbefruchtete und abgestorbene Eier entfernt man mit der Pinzette. Sie sind undurchsichtig weiß, während befruchtete Eier klar bleiben. Man sieht darin auch bald die Augen der Embryonen.
• Abgestorbene Eier mit einem weißen Strahlenkranz sind verpilzt und müssen sofort entfernt werden, bevor die Pilze auf gesunde Eier übergreifen.
Entkeimung des Wassers mit Chemikalien. Diese Maßnahme ist besonders dann nötig, wenn Fischeier längere Zeit zu ihrer Entwicklung brauchen,

oder wenn das Wasser nach dem Ablaichen nicht über Aktivkohle gefiltert wurde.

Ganz wichtig: Sie dürfen diese Substanzen natürlich dem Wasser erst dann zusetzen, wenn die Fische abgelaicht haben, denn wenn man es vorher täte, würden die empfindlichen Spermien sofort abgetötet, und die Eier blieben unbefruchtet.

Indischer Streifenbuntbarsch mit Jungfischschwarm. Die Jungfische gehen immer im Schwarm auf Nahrungssuche, wobei die Eltern ihnen folgen und sie bewachen.

Methylenblau wird am häufigsten verwendet. Setzen Sie eine 3 %ige Lösung an (3 g Methylenblau auf 97 ml Wasser), und gießen Sie soviel davon in das Aquarium, daß man die Eier gerade noch erkennen kann.

Sie können auch fertige Lösungen in der Apotheke kaufen. Achten Sie jedoch darauf, daß Sie in Wasser gelöstes Methylenblau bekommen. Es gibt nämlich auch alkoholische Lösungen mit Kalilauge, die im Aquarium nicht verwendet werden dürfen.

Auch der Zoofachhandel bietet Fisch-Medikamente an, die Methylenblau enthalten. Notfalls kann man auch sie zur Desinfektion verwenden.

Trypaflavin färbt das Wasser fluoreszierend gelb-grün. Es ist ein sehr starkes Desinfektionsmittel. Für Fischlaich brauchen Sie nur geringe Konzentrationen: Stellen Sie eine 0,1 %ige Stammlösung her (1 g Trypaflavin auf 1 l destilliertes Wasser), und geben Sie davon 16,5 ml auf je 10 l Aquarienwasser.

Wirksamkeit: Methylenblau und Trypaflavin sind für die Fische ungefährlich. Methylenblau läßt sich am bequemsten anwenden, weil Sie keine Fehler bei der Dosierung machen können. Für die Aufbewahrung von Eiern der Eierlegenden Zahnkarpfen hat sich Trypaflavin, bei der Aufzucht von Cichliden- und Panzerwelsgelegen Methylenblau am besten bewährt.

Sobald die Jungen geschlüpft sind, werden die Desinfektionsmittel mit Aktivkohle ausgefiltert. Achtung: Methylenblau und Trypaflavin sind Farbstoffe. Flecken auf der Kleidung lassen sich schwer oder gar nicht entfernen.

Das Wasser kann ferner auch mit Ozon oder UV-Licht relativ keimfrei gemacht werden (→ Seite 41). Informieren Sie sich bei beiden Methoden zuvor gründlich im Zoofachhandel und bei Aquarianern. Ozon schadet den Pflanzen, und UV-Licht darf keinesfalls direkt auf die Fische oder deren Brut einfallen.

# Zuchtanleitungen für Aquarienfische

Im folgenden werden Ihnen präzise Anleitungen gegeben zur Zucht der beliebtesten Aquarienfische. Dabei sind die Fische in sinnvolle Gruppen zusammengefaßt.

Fische einer Gruppe mit gleichen Zuchtbedingungen besitzen eine gemeinsame Beschreibung. Die Namen der einzelnen Fische können Sie den jeweils beigefügten Tabellen entnehmen (zum Beispiel Salmler, Barben).

Es gibt aber auch Fischgruppen und -arten, für die sich keine gemeinsame Beschreibung aufstellen läßt, weil ihre Bedingungen zu sehr variieren. Hier erhalten Sie für den Fisch eigene Angaben (zum Beispiel Harnischwelse).

Unabhängig davon, ob die Zuchtanleitung sich nun auf eine Fischgruppe oder auf einen Einzelfisch bezieht, ist jeder Zuchtfahrplan nach dem gleichen Schema aufgebaut, so daß Sie leicht Vergleiche zwischen den einzelnen Fischarten anstellen können. Jede Zuchtanleitung ist wie folgt aufgebaut:

Verbreitung und Lebensraum: Hier finden Sie Anhaltspunkte über die Lebensweise der betreffenden Fische, die Ihnen bei der artgerechten Einrichtung der Haltungs- und Zuchtbecken helfen.

Geschlechtsunterschiede: Diese Angaben sind eine Orientierungshilfe bei Kauf und Auswahl der Zuchtfische sowie bei ihrer Beobachtung.

Haltungsbecken: Die richtige Haltung ist ausschlaggebend für den Zuchterfolg. Stimmen die Grundbedingungen nicht, kommen die Fische nicht in Fortpflanzungsstimmung, die Weibchen setzen zum Beispiel auch keinen Laich an. Unter der Rubrik »Haltungsbecken« erfahren Sie, ob die Fische vergesellschaftet werden können oder besser im Artbecken gepflegt werden, die Größe des Haltungsbeckens (es werden immer Mindestmaße genannt!) und die wichtigsten Einrichtungsgegenstände.

Wasser: Hier finden Sie die optimalen Wasserwerte, die für die Haltung als Vorbereitung zur Zucht wichtig sind. Fische, die bei ungünstigeren Wasserbedingungen gehalten werden, lassen sich oft nicht zur Zucht bewegen. Wichtig zu wissen, daß diese Wasserangaben nicht immer mit den Zuchtwasserwerten übereinstimmen, denn viele Fische brauchen als Impuls zum Ablaichen eine veränderte Wasserqualität. Sie finden deshalb die Rubrik »Wasser« noch einmal unter der Überschrift »Fortpflanzung und Aufzucht«.

Futter: Wenn Sie Ihre Fische nach diesen Angaben füttern, fördern Sie ihre Gesundheit und den Laichansatz.

Fortpflanzung und Aufzucht: Unter dieser Überschrift folgen die ausführlichen Zuchtanleitungen. Ein Vorspanntext sagt Ihnen konkret, was beim Zuchtverlauf aufgrund der individuellen Verhaltensweisen der Fische zu tun ist.

Zuchtbecken: Viele Fische benötigen zur Fortpflanzung spezielle Bedingungen, die sie aber in der Natur wie im Haltungsbecken nur vorübergehend und nicht ständig haben. Die meisten wollen außerdem bei Balz und Ablaichen nicht gestört werden. Deshalb empfiehlt sich bei fast allen Fischen zur Zucht ein Umsetzen in ein gesondertes Zuchtbecken.

Wasser: Erfahrungswerte, die die Bedingungen nennen, unter denen die Fische ablaichen und sich Eier und Larven optimal entwickeln. Da Eier und Larven meist empfindlicher als die ausgewachsenen Fische sind, kommt es unter Haltungsbedingungen zwar gelegentlich zum Ablaichen, die Brut kann aber nicht überleben.

Fortpflanzungsverhalten: Die Beschreibung will Zuchtanfängern helfen, das Fortpflanzungsverhalten als solches zu erkennen, was auch für den Fortgeschrittenen nicht immer einfach ist.

Gelege: Die Zahlen nennen Durchschnittswerte.

Schlüpfen der Jungen: Die Entwicklungszeit bis zum Freischwimmen. Erst danach müssen Sie die Jungen füttern und die Futtertierzuchten laufen haben.

Aufzucht: Das optimale Futter für schnelles und gesundes Wachstum sowie Tips, die der Aufzucht förderlich sind.

## Salmler und ihre Verwandten
### (*Characiformes*)

Die Ordnung der Salmler umfaßt 10 Familien, von denen etwa 1000 Arten in Süd- und Zentralamerika, etwa 200 in Afrika beheimatet sind. Salmler sind tagaktive Schwarmfische mit oft bunten Farben, die zur Erkennung der Artgenossen dienen und damit dem Schwarmzusammenhalt. Arten mit leuchtenden Markierungen auf dem Körper stammen aus dunklen Urwaldgewässern, hellgefärbte und silbrig-beschuppte Arten leben in der Natur in hellen, mehr oder weniger klaren Gewässern.

Im Aquarium werden vorwiegend Salmler aus Amerika gehalten und gezüchtet, und zwar die Echten Amerikanischen Salmler, Familie *Characidae* (→ unten) und Vertreter der Schlanksalmler, Familie *Lebiasinidae* (→ Seite 81). Die afrikanischen Arten sind im Aquarium vor allem durch die Echten Afrikanischen Salmler, Familie *Alestidae* (→ Seite 86) vertreten.

## Echte Amerikanische Salmler
### (*Characidae*)

Man unterscheidet anspruchsvolle und robustere Arten. Die anspruchsvollen Arten sind in der Tabelle rechts durch * gekennzeichnet. Sie stellen hohe Ansprüche an die Zusammensetzung des Zuchtwassers: Es muß weich, sauer und frei von Bakterien, Infusorien und Pilzen sein. Ihr Laich ist meist lichtempfindlich.

Salmler immer in Schwärmen von mindestens 7, besser 15 oder 20 Tieren einer Art halten.

Verbreitung: Süd- und Zentralamerika.
Lebensraum: Fließende und stehende Gewässer, im Freiwasser oder in Pflanzenbeständen. Geschlechtsunterschiede: Männchen meist kleiner und schlanker als Weibchen; Afterflossenstrahlen der Männchen bei vielen Arten mit kleinen Häkchen besetzt, oft Rücken- und Afterflosse länger ausgezogen.
Haltungsbecken: Art- oder Gesellschaftsaquarium.
Größe: 60 cm Kantenlänge und mehr. Einrichtung: Bodengrund für Arten aus Urwaldgewässern dunkel, für Salmler aus besonnten Bächen heller. Dichte Rand- und Hintergrundbepflanzung, in der sich gejagte Fische verstecken können, feinfiedrige Pflanzen möglich. Schwimmpflanzendecke zur Dämpfung des Lichtes, zumindest für Fische aus Waldgebieten.

### Echte Amerikanische Salmler

Trauermantelsalmler (*Gymnocorymbus ternetzi*) – 5,5 cm – Bolivien
* Kupfersalmler (*Hasemania nana*) – 5 cm – Brasilien
Rautenflecksalmler (*Hemigrammus caudovittatus*) – 10 cm – La-Plata-Gebiet
* Glühlichtsalmler (*Hemigrammus erythrozonus*) 4 cm – British Guayana (→ Zeichnung, Seite 26)
Schlußlichtsalmler (*Hemigrammus ocellifer*) 4,5 cm – Amazonasgebiet
* Karfunkelsalmler (*Hemigrammus pulcher*) 4,5 cm – Amazonasgebiet
* Rotmaulsalmler (*Hemigrammus rhodostomus*) 4,5 cm – Amazonasdelta
* Schmucksalmler (*Hyphessobrycon bentosi*) 4 cm – unterer Amazonas
* Blutsalmler (*Hyphessobrycon callistus*) 4 cm – südliches Amazonasgebiet, Paraguay
Roter von Rio (*Hyphessobrycon flammeus*) 4 cm – Brasilien
* Königssalmler (*Inpaichthys kerri*) 4 cm – Brasilien
* Schwarzer Neon (*Hyphessobrycon herbertaxelrodi*) – 4 cm – Brasilien
* Schwarzer Phantomsalmler (*Megalamphodus megalopterus*) – 4,5 cm – Zentralbrasilien
* Roter Phantomsalmler (*Megalamphodus sweglesi*) – 4 cm – nördliches Südamerika (→ Zeichnung, Seite 33)
* Brillantsalmler (*Moenkhausia pittieri*) 6 cm – Venezuela
Rotaugen-Moenkhausia (*Moenkhausia sanctaefilomenae*) – 7 cm – zentrales Südamerika
* Kaisersalmler (*Nematobrycon palmeri*) 5 cm – Kolumbien
* Roter Neon (*Paracheirodon axelrodi*) – 5 cm – Amazonasbecken (→ Zeichnung, Seite 66)
* Neonfisch (*Paracheirodon innesi*) 4 cm – oberes Amazonasgebiet, Ostperu
Diskussalmler (*Poptella orbicularis*) 12 cm – nördliches und mittleres Südamerika
Sternflecksalmler (*Pristella maxillaris*) 4,5 cm – nördliches Südamerika
Schrägschwimmer (*Thayeria boehlkei*) 6 cm – Brasilien, Amazonasgebiet, Peru.
* empfindliche Arten

Wasser: Temperatur: Die meisten Arten bei 23 bis 26 °C (Neon bei 21 bis 23 °C). Wasserqualität: Mittelhartes, leicht saures Wasser (8 bis 12 °dGH, pH-Wert um 6,5), das sauerstoffreich und möglichst nitrit- und nitratarm ist. Unbedingt nötig: regelmäßiger Teilwasserwechsel (in verschmutztem, sauerstoffarmem Wasser werden Salmler blaß und elend, Weibchen können ihren Laich nicht mehr absetzen, es kommt zur Laichverhärtung). Für Salmler aus Urwaldgewässern Torffilterung oder Zusatz von Torfpräparaten.

Futter: Kleineres Lebendfutter (viele Kleinkrebse und Mückenlarven, besonders Stechmückenlarven für den Laichansatz; wenig Tubifex; häufige Fütterung mit Enchyträen führt zu Verfettung und Laichverhärtung), jedes Trockenfutter; Pflanzenflocken und anderes pflanzliches Futter für Rautenflecksalmler, Diskussalmler und Sternflecksalmler.

**Zuchttip:** Kleineren Arten (zum Beispiel Neonsalmlern, Glühlichtsalmlern) besser mehrmals am Tag kleine Futterportionen geben als eine einzige große.

### Fortpflanzung und Aufzucht

Die meisten Salmler und ihre Verwandten lassen sich am besten im Herbst und Winter zur Zucht ansetzen. In diese Zeit fällt in ihren Heimatgewässern die Fortpflanzungsperiode. Sie haben also, obwohl viele schon seit Jahrzehnten in Züchtereien vermehrt werden, ihre Jahresperiodik beibehalten.

Salmler laichen meist paarweise, das heißt, ein Männchen und ein Weibchen verlassen gemeinsam den Schwarm und laichen in Pflanzenbeständen oder im Freiwasser. Andere Schwarmmitglieder können dadurch ebenfalls zum Ablaichen angeregt werden, offensichtlich nehmen sie den Geruch von Eiern und Spermien wahr oder werden durch andere Wirkstoffe, die beim Ablaichen in das Wasser kommen, hormonell angeregt. Auch sie laichen aber paarweise und wechseln den Partner während des Ablaichens nicht.

Ausnahme: Nur wenige Salmler laichen im Schwarm, zum Beispiel der Rotmaulsalmler. Die Fische geben alle gleichzeitig Eier und Spermien ab und tauschen immer wieder die Partner. Paarweise zur Zucht angesetzt, laichen sie jedoch fast genauso gut.

Auswahl des Zuchtpaares: Am leichtesten klappt die Nachzucht, wenn man junge, eben geschlechtsreife (9 bis 12 Monate alte) Fische zur Zucht ansetzt, denn ältere Weibchen leiden häufig an Laichverhärtung und bringen keine lebensfähigen Eier mehr hervor. Das Männchen sollte zur Zucht nach Möglichkeit

älter sein als das Weibchen. Bei Arten wie Neonsalmlern und Roten Neon, die bereits im ersten Lebensjahr den Höhepunkt ihrer Fortpflanzungsfähigkeit erreichen, sollte das Weibchen 9 bis 11 Monate, das Männchen 12 bis 15 Monate zählen. Glühlichtsalmler, Schmucksalmler und alle größeren Salmlerarten werden erst im zweiten Lebensjahr wirklich produktiv, hier sollte das Weibchen mit 1½ bis 2 Jahren, das Männchen mit 2 bis 2½ Jahren zur Zucht angesetzt werden.

Umsetzen in das Zuchtbecken: Das Zuchtpaar wird vom Schwarm getrennt und in ein extra Zuchtbecken (→ Tabellen, Seite 80) gesetzt. Wenn die Zuchtfische wirklich laichbereit waren, laichen sie am Morgen nach dem Einsetzen ins Zuchtbecken. Eine Fütterung erübrigt sich also. Haben die Tiere nach 3 Tagen noch nicht gelaicht, herausfangen und ins Haltungsbecken zurücksetzen. Erst dort füttern! Viele Salmler und Salmler-Verwandte laichen 4- bis 6mal während einer Fortpflanzungsperiode mit 1- bis 2wöchigen Pausen dazwischen. In den Pausen werden sie ins Haltungsbecken zurückgesetzt.

**Zuchttip:** Wer genug Platz und Aquarien hat, trennt Männchen und Weibchen während der Pausen und pflegt jedes in einem Extra-Becken bis zum nächsten Zuchtansatz. Gut füttern!

Zuchtbecken: Größe abhängig von der Größe der Fische (→ Tabelle, Seite 78) und von ihrer Produktivität. Einrichtung: Laichrost oder feinfiedrige Pflanzen (→ Seite 22–24) auf dem Boden ausbreiten, mit Glasstäbchen festklemmen. Ein oder mehrere dichte Büschel von aufrecht stehenden Pflanzen, in die sich das Weibchen ab und zu zurückziehen kann. Helles Licht vermeiden; die meisten Salmler vertragen es beim Ablaichen nicht, auch Laich und Larven sind oft lichtempfindlich (Neon!). Langsam laufender Filter oder Durchlüftung.

# Zuchtanleitungen für Aquarienfische

**Arten für Zuchtaquarien
zwischen 15 und 30 l Inhalt:**

Kupfersalmler (*Hasemania nana*)
Glühlichtsalmler (*Hemigrammus erythrozonus*)
Blutsalmler (*Hyphessobrycon callistus*)
»Schwarzer Neon« (*Hyphessobrycon
herbertaxelrodi*)
Königssalmler (*Inpaichthys kerri*)
Roter Phantomsalmler (*Hyphessobrycon sweglesi*)
Kaisersalmler (*Nematobrycon palmeri*)
Roter Neon (*Paracheirodon axelrodi*)
Neonsalmler (*Paracheirodon innesi*)

**Arten für Zuchtaquarien
zwischen 50 und 100 l Inhalt:**

Rautenflecksalmler (*Hemigrammus caudovittatus*)
Schlußlichtsalmler (*Hemigrammus ocellifer*)
Karfunkelsalmler (*Hemigrammus pulcher*)
Rotmaulsalmler (*Hemigrammus rhodostomus*) –
paarweise
Schmucksalmler (*Hyphessobrycon bentosi*)
Roter von Rio (*Hyphessobrycon flammeus*)
Schwarzer Phantomsalmler (*Megalamphodus
megalopterus*)
Brillantsalmler (*Moenkhausia pittieri*)
Rotaugen-Moenkhausia (*Moenkhausia
sanctaefilomenae*)
Sternflecksalmler (*Pristella maxillaris*)

**Arten für Zuchtaquarien über 100 l Inhalt
(ab 80 cm Kantenlänge):**

Trauermantelsalmler (*Gymnocorymbus ternetzi*)
Rotmaulsalmler (*Hemigrammus rhodostomus*) –
am besten im Schwarm
Diskussalmler (*Poptella orbicularis*)
Schrägschwimmer (*Thayeria boehlkei*)

**Zuchttip:** Eier und Junge sind bei den meisten Salmlern und ihren Verwandten sehr empfindlich gegen Infusorien, Bakterien und sonstige Wasserverschmutzung. Vor der Einrichtung deshalb Zuchtbecken, Laichrost, Pflanzen und das übrige Zubehör desinfizieren (→ Seite 72). Sand oder Kies für den Bodengrund einige Stunden lang im Backofen (bei 220 bis 250 °C) ausglühen. Bei anspruchsvollen Arten (→ Tabelle, Seite 78) nicht einmal das Fangnetz, mit dem die Fische aus dem Haltungsaquarium gefischt werden, in das Wasser des Zuchtbeckens eintauchen!

**Wasser:** Temperatur: Für die meisten Salmler 23 bis 26 °C; Neonsalmler 21 bis 22 °C (ab 24 °C entwickeln sich seine Eier nur schlecht); Trauermantelsalmler 25 bis 28 °C. Wasserqualität: Für die anspruchsvollen Arten (→ Tabelle, Seite 78) möglichst unter 6 °dGH, Neonsalmler bis 5 °dGH, Roter Neon etwa 3 °dGH). im Wasser über 6 °dGH klappt die Zucht vieler Arten auch noch, wenn die Karbonathärte niedrig ist. Die anspruchslosen Arten (→ Tabelle, Seite 78) lassen sich auch noch im Wasser von etwa 15 °dGH züchten, niedrige Karbonathärte erleichtert auch ihnen das Ablaichen. PH-Werte zwischen 6 und 7. Torffilterung! Wasserreinhaltung nach dem Ablaichen: Zuchtfische aus dem Zuchtbecken herausfangen, überschüssige Spermien und die Spermienflüssigkeit mit einem Aktivkohlefilter beseitigen. Bei robusten und sehr produktiven Arten (Diskussalmler, Schrägschwimmer) fast das ganze Wasser aus dem Zuchtbecken abziehen und durch frisches der gleichen Zusammensetzung und Temperatur ersetzen (→ oben).

**Fortpflanzungsverhalten:** Alle hier besprochenen Salmler sind Freilaicher, die in sauberem Wasser ihren Laich regelmäßig in das Wasser abgeben oder über und zwischen Pflanzen absetzen und sich anschließend nicht mehr darum kümmern. Das Ablaichen läuft bei den meisten Freilaichern ähnlich ab: Die Partner schwimmen stürmisch Seite an Seite, das Männchen stößt das Weibchen mit dem Maul. Es schwimmt vor ihm her, zuckt mit den Flossen (Flattertänze) und schwimmt dem Weibchen voraus zwischen die Pflanzen. Wenn dieses folgt, jagen die Fische dicht nebeneinander her, sie drücken sich kurz gegeneinander, halten sich mit den Bauchflossen aneinander fest, und das Männchen hängt sich mit den Häckchen an seiner Afterflosse förmlich an das Weibchen. Das Paar dreht sich ganz oder teilweise um die eigene Achse und stößt Eier und Spermien aus.

**Gelege:** Eier fallen zwischen die Pflanzen oder zu Boden, da sie nicht sehr gut haften. Gelegegröße von Art zu Art verschieden. Neonsalmler bringen bis zu 250, produktivere Arten um 500, manche über 1000 Eier. Hinweis: Falls die Eier verpilzen, beim nächsten Zuchtversuch nach dem Ablaichen dem Zuchtwasser Trypaflavin zusetzen.

**Schlüpfen der Jungen:** Nach etwa 24 bis 36 Stunden; am 5. oder 6. Tag schwimmen sie frei.

**Aufzucht:** Erstfutter: *Artemia*-Nauplien, für sehr kleine Jungfische (zum Beispiel die von Neonsalmlern und Karfunkelsalmlern) gereinigte Pantoffeltierchen, *Euglena* und Rädertierchen. Füttern Sie häufig in kleinen Portionen, das belastet das Wasser weniger. Große Bruten nach den ersten Wochen auf mehrere große Aufzuchtbecken verteilen, damit sie rasch und gleichmäßig heranwachsen. Täglich Teilwasserwechsel!

**Zuchttip:** Viele junge Salmler fressen direkt nach dem Freischwimmen auch feinzerriebenes Trockenfutter und künstliches Aufzuchtfutter. Solches Futter fördert aber die Entwicklung von Infusorien und Bakterien, die für die Jungen tödlich sein können. Davon nur winzige Mengen verfüttern!

## Schlanksalmler
### (*Lebiasinidae*)

Unter den Schlanksalmlern gibt es nichtbrutpflegende (Achtung: Laichräuber!) und brutpflegende Arten.

### Nichtbrutpflegende Schlanksalmler

Verbreitung: Südamerika. Lebensraum: Kleine, verkrautete Gewässer. Geschlechtsunterschiede: Weibchen dicker und oft etwas blasser als Männchen. Haltungsbecken: Artbecken, Gesellschaftsaquarium mit kleinen, sehr ruhigen Fischen. Männchen bilden Kleinreviere aus. Größe: 30 cm Kantenlänge und mehr. Einrichtung· Bodengrund beliebig, nicht zu hell. Dichte Bepflanzung mit feinfiedrigen Arten, gedämpftes Licht durch Schwimmpflanzen. Langsam laufender Filter, keine starke Strömung! Wasser: Temperatur: 22 bis 25 °C. Wasserqualität: 8 bis 12 °dGH, pH-Wert um 7. Futter: Kleines Lebendfutter (hauptsächlich Insekten und Insektenlarven (*Drosophila*, Schwarze Mückenlarven), auch Trockenfutter.

#### Fortpflanzung und Aufzucht
Fische laichen oft nicht, wenn der Aquarianer die Partner nach seinem Gutdünken aussucht. Deshalb: Optimale Haltungsbedingungen schaffen, dann beginnen sie schon im Haltungsbecken zu balzen. Die beiden Tiere, die Interesse aneinander zeigen, ins Zuchtbecken bringen. nach dem Ablaichen Eltern entfernen – Männchen und Weibchen dabei nach Möglichkeit trennen – und etwa 1 Woche lang reichlich füttern. So kann man sie mehrmals hintereinander zur Zucht ansetzen.

Zuchtbecken: Größe: 10 bis 15 l Volumen. Einrichtung: Kein Bodengrund. Für starke Laichräuber Laichrost. In Beckenmitte einen Busch Javamoos, *Ceratopteris* oder ein Knäuel grünes Ablaichgespinst geben oder feinfiedrige Pflanzen auf den Boden legen und mit Glasstäben beschweren. Für Spitzmaul-Ziersalmler eine Cryptocoryne oder Schwertpflanze, ebenfalls mit Glas beschwert.
Wasser: Temperatur: 23 bis 25 °C. Wasserqualität: Möglichst unter 8 °dGH, pH-Wert 6,5 bis 7,5. Torffilterung!
Fortpflanzungsverhalten: Bei der Balz schwimmt das Männchen oft so dicht über dem Weibchen, daß es förmlich auf ihm »reitet«. Zur Paarung drücken sich die Fische kurz mit den Bäuchen gegeneinander, die Eier fallen zwischen die Pflanzen. Ausnahme: Der Spitzmaul-Ziersalmler laicht an der Unterseite großer Pflanzenblätter.
Gelege: Umfaßt 30 bis 70 Eier.
Schlüpfen der Jungen: Nach etwa 30 bis 40 Stunden. 6 Tage nach dem Schlüpfen schwimmen sie frei und beginnen zu fressen.
Aufzucht: Erstfutter: *Artemia*-Nauplien; die sehr kleinen Jungen des Dreibinden-Ziersalmlers bekommen gereinigte Pantoffeltierchen und *Euglena*.- Achtung: In den ersten Lebenstagen sind die Jungen sehr lichtscheu.

---

**Nichtbrutpflegende Schlanksalmler**

Spitzmaul-Ziersalmler
(*Nannobrycon eques*) – 5 cm
Einbinden-Zierslamler
(*Nannobrycon unifasciatus*) – 6 cm
Längsband-Ziersalmler
(*Nannostomus beckfordi*) – 6,5 cm
Zweibinden-Ziersalmler
(*Nannostomus bifasciatus*) – 4 cm
Zweistreifen-Ziersalmler
(*Nannostomus digrammus*) – 4 cm
(sehr anspruchsvoll!)
Gebänderter-Ziersalmler
*Nannostomus espei*) – 3,5 cm
Zwergziersalmler
(*Nannostomus marginatus*) – 3,5 cm
Dreibinden-Ziersalmler
(*Nannostomus trifasciatus*) – 5,5 cm

## Brutpflegende Schlanksalmler

**Forellensalmler** (*Copeina guttata*) – 7–15 cm
Verbreitung: Amazonasbecken. Lebensraum:
Kleine, verkrautete Gewässer.
Geschlechtsunterschiede: Weibchen dicker als Männchen, oberer Teil der Schwanzflosse beim Männchen länger ausgezogen.
Haltungsbecken: Artbecken. Größe: 80 cm Kantenlänge und mehr. Einrichtung: Weicher Bodengrund, dichte Bepflanzung. Gut schließende Deckscheibe, Fische springen!
Wasser: Temperatur: 23 bis 26 °C. Wasserqualität: 8 bis 15 °dGH, pH-Wert 6,5 bis 7.
Futter: Lebend- und Trockenfutter aller Art.

---

**Brutpflegende Schlanksalmler**
Forellensalmler (*Copeina guttata*) – 7–15 cm
Spritzsalmler (*Copella arnoldi*) –
Männchen 8 cm, Weibchen 6 cm
Kopfbindensalmler (*Pyrrhulina vittata*) – 6 cm
(→ Zeichnung, Seite 63)
sonstige Arten der Gattung *Pyrrhulina*:
Schuppenflecksalmler *(Pyrrhulina brevis)* – 9 cm
Augenstrichsalmler
*(Pyrrhulina rachowiana)* – 5 cm

---

### Fortpflanzung und Aufzucht
Zuchtpaar in ein Zuchtbecken umsetzen. Nach dem Ablaichen Weibchen herausfangen, Männchen betreibt Brutpflege allein. Nach dem Schlüpfen der Jungen auch Männchen entfernen, es frißt sie sonst.
Zuchtbecken: Größe: 100 l Volumen und mehr. Einrichtung: Weicher Bodengrund aus feinem Sand, ein paar große, flache Steine, Bepflanzung möglich.
Wasser: Temperatur: 24 bis 28 °C. Wasserqualität: 6 bis 12 °dGH, pH-Wert 6 bis 6,8.
Fortpflanzungsverhalten: Die Fische laichen, während sie auf den Steinen oder am Boden umeinanderkreisen. Kreisen sie im Sand, entsteht eine Laichgrube. Die Eier kleben aneinander. Nach dem Ablaichen verjagt das Männchen das Weibchen, verteidigt das Territorium, fächelt dem Gelege Frischwasser zu und bewacht es, bis die Jungen schlüpfen. Während dieser Zeit sparsam mit gewaschenen Enchyträen füttern.

Gelege: Umfaßt je nach Größe der Fische zwischen 160 und 2500 Eier.
Schlüpfen der Jungen: Nach 24 bis 28 Stunden. 4 Tage nach dem Schlüpfen schwimmen sie frei.
Aufzucht: Erstfutter: Gereinigte Pantoffeltierchen, *Euglena,* Rädertierchen; nach etwa einer Woche: *Artemia-* und *Cyclops*-Nauplien. Reichlich füttern! Ansonsten Aufzucht wie bei anderen Salmlern (→ Seite 80).

---

**Kopfbindensalmler** (*Pyrrhulina vittata*) – 6 cm
→ Zeichnung, Seite 63.
Verbreitung: Südamerika. Lebensraum: Kleine, verkrautete Gewässer. Geschlechtsunterschiede: Weibchen dicker als Männchen, Männchen zur Laichzeit mit roten Bauch- und Afterflossen.
Haltungsbecken: Art- oder Gesellschaftsaquarium. Größe: 60 cm Kantenlänge und mehr. Einrichtung: Wie bei Echten Amerikanischen Salmlern (→ Seite 78).
Wasser: Temperatur: 22 bis 25 °C. Wasserqualität: 6 bis 15 °dGH (und mehr), pH-Wert 6 bis 7. Torffilterung!
Futter: Lebend- und Trockenfutter aller Art. Insektenlarven fördern den Laichansatz.

---

**Regenbogenfische.**                                                    ▷
Die Männchen der meisten Regenbogenfische balzen in den Morgenstunden und schalten dabei regelmäßig ihre prachtvolle Balzfärbung an, die am Nachmittag wieder verblaßt.
Oben: Männchen des Boeseman's Regenbogenfisches (*Melanotaenia boesemani*) balzt vor dem Weibchen.
Unten: Beim Lachsroten Regenbogenfisch (*Glossolepis incisus*) ist im Aquarium nur das größte (und vermutlich damit dominante Männchen tief lachsrot.)

# Zuchtanleitungen für Aquarienfische

**Fortpflanzung und Aufzucht**
Zuchtpaar in ein Zuchtbecken umsetzen. Nach dem Ablaichen Weibchen herausfangen, Männchen betreibt Brutpflege allein, wird nach dem Freischwimmen der Jungen in Haltungsbecken umgesetzt.
Zuchtbecken: Größe 20 l Volumen. Einrichtung: Sauberer, dunkler Sand als Bodengrund; dichte Bepflanzung, eine Cryptocoryne oder ein *Echinodorus* zur Eiablage.
Wasser: Temperatur: 24 bis 26 °C. Wasserqualität: 6 bis 10 °dGH (und mehr), pH-Wert um 6,5. Torffilterung!
Fortpflanzungsverhalten: Das Männchen putzt ein großes Pflanzenblatt in der Nähe der Wasseroberfläche. Es balzt unter Flossenspreizen und Körperzittern das Weibchen an. Wenn dieses ihm auf das Blatt folgt, drücken sich die Fische seitlich aneinander, und das Männchen schiebt seine Afterflosse unter das Weibchen. Es fängt damit die Eier auf, besamt sie und läßt sie auf das Blatt gleiten, wo sie mehr oder weniger fest haften. Nach dem Ablaichen verjagt es das Weibchen, befächelt das Gelege und entfernt manchmal auch abgestorbene Eier. Es bewacht die Eier und die geschlüpften Larven bis zum Freischwimmen. Während dieser Zeit Männchen sparsam mit gewaschenen Enchyträen füttern.
Gelege: Umfaßt bis zu 150 Eier, meist weniger.
Schlüpfen der Jungen: Nach etwa 30 Stunden. 5 Tage später schwimmen sie frei.
Aufzucht: Erstfutter: Gereinigte Pantoffeltierchen und kleine *Cyclops*-Nauplien; eine Woche später: *Artemia*-Nauplien.

**Zuchttip:** Wie der Kopfbindensalmler werden alle *Pyrrhulina*-Arten gezüchtet.

◁ **Lebendgebärende Zahnkarpfen.**
Bei Lebendgebärenden Zahnkarpfen tragen die Weibchen nach der Befruchtung die heranreifende Brut im Leib aus. Dazu ist eine innere Befruchtung nötig. Beim Männchen ist daher die Afterflosse zu einem Begattungsorgan, dem sogenannten Gonopodium, umgebildet. Hier die seltenere Art *Phallichthys pittieri* (oben das Männchen).

**Spritzsalmler** (*Copella arnoldi*) –
Männchen 8 cm, Weibchen 6 cm
Verbreitung: Heutiges Guayana. Lebensraum: Kleine, verkrautete Gewässer. Geschlechtsunterschiede: Männchen farbiger mit längeren Flossen und größer, Weibchen dicker.
Haltungsbecken: Art- oder Gesellschaftsbecken. Größe: 70 cm Kantenlänge und mehr. Einrichtung: Bodengrund möglichst dunkel, einige dichte Pflanzenbüschel als Verstecke, eine Pflanze mit Schwimmblättern *(Nymphaea)*. Helles Sonnenlicht. Deckscheibe, da Fische springen!
Wasser: Temperatur: 23 bis 26 °C. Wasserqualität: 6 bis 15 °dGH, pH-Wert 6,5 bis 7,5. Torffilterung!
Futter: Lebend- und Trockenfutter aller Art. Insektenlarven bevorzugt.

**Fortpflanzung und Aufzucht**
Zuchtpaar in ein Zuchtbecken umsetzen. Oft laichen Fische schon im Haltungs-/Artbecken. Männchen und Weibchen können bis nach dem Schlüpfen der Jungen im Zuchtbecken bleiben.
Zuchtbecken: Größe: 20 l Volumen. Einrichtung: Bodengrund und Bepflanzung beliebig.
Wichtig: Abdeckung des Beckens mit einer Milchglasscheibe. Rauhe Seite sollte nach unten zeigen, daran können sich die Fische besser festhalten. Abstand zur Wasseroberfläche: etwa 5 cm. Alternative: Ein Stück grünes Glas oder eine dunkel bemalte oder beklebte Stelle an der Außenseite der Deckscheibe täuscht ein Blatt vor.
Wasser: Temperatur: 25 bis 27 °C. Wasserqualität: 2 bis 12 °dGH, pH-Wert 6,5 bis 7. Torffilterung!
Fortpflanzungsverhalten: Spritzsalmler laichen über der Wasseroberfläche, in der Natur vermutlich an einer Uferwand oder einem großen, aus dem Wasser ragenden Pflanzenblatt, im Aquarium meist an der Deckscheibe. Beide Partner springen – dicht aneinandergedrückt – aus dem Wasser an die Scheibe und halten sich für einen Moment mit den Bauch- und Brustflossen und ihrem Unterkiefer daran fest. Das Weibchen klebt einige Eier an, das Männchen besamt sie und fällt nach dem Weibchen wieder ins Wasser zurück. Auf diese Weise können sie über 150 Eier ablegen.
Das Männchen bleibt etwa 2 Tage lang beim Gelege und spritzt immer wieder mit der Schwanzflosse Wasser auf die Eier. Nach dem Schlüpfen werden die Embryonen dadurch ins Wasser gespült. Die Deckscheibe muß gut schließen; die Eier sind empfindlich gegen Zugluft!

**Gelege:** Umfaßt meist 50 bis 80 Eier, gelegentlich bis zu 150.

**Schlüpfen der Jungen:** Nach etwa 24 bis 30 Stunden. 3 Tage nach dem Schlüpfen schwimmen sie frei.

**Aufzucht:** Erstfutter: Gereinigte Pantoffeltierchen und *Euglena*; nach 8 bis 11 Tagen *Artemia*-Nauplien.

**Zuchttip:** Spritzsalmler können auch im Gesellschaftsbecken an der Deckscheibe ablaichen. Man hebt dann die Eier vorsichtig mit einer Rasierklinge von der Deckscheibe ab und bringt sie in ein kleines Aquarium mit 4 bis 6 cm hohem Wasserstand. Wasserqualität und Temperatur wie im Haltungsbecken. Die Eier entwickeln sich auch unter Wasser.

## Echte Afrikanische Salmler
(*Alestidae*)

Die einzige Art dieser Familie, die regelmäßig im Aquarium nachgezogen wird, ist der Kongosalmler.

**Kongosalmler** (*Phenacogrammus interruptus*) – Männchen 8,5 cm, Weibchen 6 cm

**Verbreitung:** Zentralafrika. **Lebensraum:** Fließende und stehende Gewässer. **Geschlechtsunterschiede:** Männchen größer als Weibchen, mit länger ausgezogener Rücken- und Afterflosse.

**Haltungsbecken:** Art- oder Gesellschaftsaquarium. Größe: 80 cm Kantenlänge und mehr. Einrichtung: Dunkler Bodengrund, dichte Bepflanzung im Hintergrund und an den Seiten. Viel Schwimmraum in der Mitte. Schwimmpflanzen, die Licht dämpfen.

**Wasser:** Temperatur: 24 bis 27 °C. Wasserqualität: 6 bis 15 °dGH, KH möglichst niedrig, pH-Wert 6,2 bis 6,8. Torffilterung! Regelmäßiger Teilwasserwechsel, die Fische sind nitrit- und nitratempfindlich!

**Futter:** Lebendfutter aller Art, besonders Insektenlarven und Kleinkrebse. Auch Trockenfutter. Pflanzenflocken als Beikost. (Zarte Pflanzen und junge Triebe im Aquarium werden abgefressen!)

### Fortpflanzung und Aufzucht

Im Frühsommer zur Zucht ansetzen (im Freiland fällt die Laichzeit der Fische in den Mai und Juni). Kongosalmler laichen im Schwarm leichter als paarweise, deshalb nach Möglichkeit 3 bis 4 Paare in ein größeres Zuchtbecken bringen. Die Laichperiode dauert etwa 1 Woche. Bei guter Fütterung vergreifen sich die Eltern kaum an den Eiern. Wenn doch, Eier vorsichtig absaugen und in ein Aufzuchtbecken von etwa 20 l Volumen überführen.

**Zuchtbecken:** Größe: 80 cm Kantenlänge und mehr. Einrichtung: Laichrost nicht unbedingt nötig, aber robuste Ablaichpflanzen (zum Beispiel *Hygrophila*-Arten). Abdunkeln nicht nötig, aber Fische sind empfindlich gegen Störungen von außen.

**Wasser:** Temperatur: 23 bis 25 °C. Wasserqualität: Möglichst unter 3 °dGH, nur bei niedriger Karbonathärte höher, pH-Wert 6,2 bis 6,5. Kräftige Torffilterung.

**Fortpflanzungsverhalten:** Wie bei Amerikanischen Salmlern (→ Seite 80). Beim Ansatz im Schwarm lebhaftere Balz. Die Eier werden zwischen den Pflanzen abgegeben und fallen zu Boden.

**Gelege:** Umfaßt bis zu 100 Eier pro Tag. Eine Laichprobe dauert etwa 1 Woche.

**Schlüpfen der Jungen:** Nach etwa 6 Tagen. Da die Eier nicht alle gleichzeitig abgelegt werden, schlüpfen die ältesten Jungen etwa eine Woche eher als die jüngsten. Beim Füttern also die unterschiedlichen Größenklassen der Futtertiere (→ Seite 62) beachten.

**Aufzucht:** Erstfutter: Nach Aufzehren des Dottersakkes gereinigte Pantoffeltierchen und Rädertierchen. Eine Woche später *Artemia*-Nauplien möglich.

**Futter:** Lebendfutter aller Art, besonders Insektenlarven und Kleinkrebse. Auch Trockenfutter. Pflanzenflocken als Beikost.

## Karpfenfische
(*Cypriniformes*)

Die Ordnung der Karpfenfische umfaßt über 1400 Arten. Viele, meist kleine, tropische Schwarmfische lassen sich gut in Aquarien halten und nachziehen. Sie sind ausgesprochene Schwarmfische, die sich im Artbecken auch im Daueransatz vermehren lassen. Im folgenden wird die Zucht der bekanntesten Barben, Gattung *Barbus* (→ Seite 87) und Bärblinge, Gattungen *Brachydanio* und *Danio* (→ Seite 88), Gattung *Rasbora* (→ Seite 89) beschrieben.

# Zuchtanleitung für Aquarienfische

## Barben
### (Gattung *Barbus*)

Man unterscheidet anspruchsvolle und robustere Arten. Die anspruchsvollen Arten sind in der Tabelle rechts durch * gekennzeichnet. Ihr Laich und ihre Larven sind gegen Infusorien, Bakterien, Pilze und schmutziges Wasser sehr empfindlich.
Verbreitung: Süd- und Südostasien, Westafrika. Lebensraum: Hauptsächlich in stehenden oder langsam fließenden Gewässern verbreitet, manche Arten auch in kalten, schnellfließenden Gebirgsbächen. Geschlechtsunterschiede: Weibchen dicker und kräftiger; Männchen häufig intensiver gefärbt, manche Arten (zum Beispiel Prachtbarbe und Purpurkopfbarbe) zur Laichzeit außerordentlich bunt gefärbt. Viele entwickeln zur Laichzeit an Kopf, Vorderkörper und/ oder Flossen kleine weißliche Hornwarzen, den sogenannten Laichausschlag; bei Männchen ist er meist stärker ausgeprägt.
Haltungsbecken: Art- oder Gesellschaftsaquarium. Größe: 60 cm Kantenlänge für kleinere Barben-Arten (bis maximal 5 cm Körperlänge), 80 cm Kantenlänge und mehr für größere Arten. Einrichtung: Feiner Kies als Bodengrund, möglichst dunkel. Dichte Rand- und Hintergrundbepflanzung, viel freier Schwimmraum, lockere Schwimmpflanzendecke empfehlenswert. Nicht allzu viele feinfiedrige Pflanzen, da die meisten Arten gründeln. Kräftige Filter. Wasser: Temperatur: 20 bis 26 °C. Wasserqualität: Die robusten Arten gedeihen in nahezu jedem Leitungswasser: 10 bis über 25 °dGH, pH-Wert um 7. Für die anspruchsvollen Arten (→ Tabelle, rechts), die meist aus tropischen Waldgebieten stammen, mittelhartes, leicht saures Wasser mit möglichst niedriger Karbonathärte: 7 bis 10 °dGH, pH-Wert um 6,5; Torffilterung! Häufiger Teilwasserwechsel, besonders bei Arten, die stark gründeln oder extrem gefräßig sind (zum Beispiel Sumatrabarbe).
Futter: Anspruchslose Allesfresser, Lebendfutter in passender Größe, alle Trockenfutter-Sorten, auch Pflanzenflocken. Lebendfutter, besonders Mückenlarven, fördern den Laichansatz. Vorsicht: Zu reichliche Enchyträen-Fütterung führt zu Verfettung und zu Ablaichschwierigkeiten.

### Barben
Dreibandbarbe (*Barbus arulius*)
12 cm – Indien
* Blaustrichbarbe (*Barbus barilioides*)
5 cm – Afrika
* Zweifleckbarbe (*Barbus bimaculatus*)
7 cm – Sri Lanka
Prachtbarbe (*Barbus conchonius*)
6–9 cm
(im Freiland bis zu 15 cm) – Indien
Ceylonbarbe (*Barbus cumingi*)
5 cm – Sri Lanka
Clownsbarbe (*Barbus everetti*)
12 cm – Südostasien
Fleckenbarbe (*Barbus gelius*)
4 cm – Indien
* Jae-Barbe (*Barbus jae*)
4 cm – Afrika
Schwarzbandbarbe (*Barbus lateristriga*)
18 cm – Südostasien
* Bartellose-Linienbarbe (*Barbus lineatus*)
12 cm – Malaysia und Indonesien
Purpurkopfbarbe (*Barbus nigrofasciatus*)
5–6 cm – Sri Lanka
Eilandbarbe (*Barbus oligolepis*)
5 cm – Sumatra (→ Zeichnung, Seite 61)
* Sechsgürtelbarbe (*Barbus pentazona hexazona*)
5 cm – Südostasien
Zwergbarbe (*Barbus phutinio*)
5 cm – Südostasien
Messingbarbe (*Barbus semifasciolatus*)
10 cm – Südostchina
* Sumatrabarbe (*Barbus tetrazona tetrazona*)
7 cm – Indonesien
(→ Zeichnung, Seite 13)
Zweipunktbarbe (*Barbus ticto ticto*)
10 cm – Indien
Sonnenfleckbarbe (*Barbus ticto stoliczkanus*)
6 cm – Südostasien
* Bitterlingsbarbe (*Barbus titteya*)
5 cm – Sri Lanka
* anspruchsvolle Arten, deren Laich und Larven besonders empfindlich sind gegen Infusionen, Bakterien, Pilze und schmutziges Wasser.

### Fortpflanzung und Aufzucht
Fische paarweise in Zuchtbecken umsetzen. Bei lebhaften Arten (zum Beispiel Prachtbarbe) besser 1 Männchen 2 Weibchen zuordnen. Nach dem Ablai-

chen sofort wieder zurück ins Haltungsbecken, denn die meisten Arten sind starke Laichräuber.

**Zuchttip:** Fische abends ins Zuchtbecken einsetzen, meist laichen sie am nächsten Morgen. Die robusteren Arten können mit einigen gewaschenen Enchyträen gefüttert werden, die anspruchsvollen nicht. Am besten setzt man das Weibchen ein paar Stunden (oder einen Tag) vor dem Männchen ins Zuchtbekken. Es kann sich dann eingewöhnen und die Verstecke erkunden, in die es sich vielleicht vor dem Männchen zurückziehen muß.

Zuchtbecken: Größe: 15 l Inhalt für Arten bis 4 cm Länge. 25 l Inhalt für Arten bis 5 cm Länge. 60 l bis 80 l Inhalt für Arten bis 12 cm Länge oder für sehr lebhafte Fische (zum Beispiel Sumatrabarbe). 200 l Inhalt für Arten über 12 cm Länge. Einrichtung: Kein Bodengrund, aber große Kiesel, Glasmurmeln oder Laichroste zum Schutz der Eier. Viele dichte, feinfiedrige Pflanzen, durch die sich die Fische beim Ablaichen hindurchdrängen (die Eier bleiben daran hängen). Für die empfindlichen *Barbus*-Arten (→ Tabelle, Seite 87) Bodengrund und Pflanzen desinfizieren (→ Seite 72). Kieselsteine ausglühen. Wasser: Temperatur: 24 bis 26 °C für die meisten Arten; 26 bis 28 °C (also wärmer) wollen es Clownsbarben, Bitterlingsbarben und Bartellose Linienbarben. Bei 22 bis 25 °C, also kühler, laichen Prachtbarben, Messingbarben, Zweipunktbarben und Zwergbarben. Wasserqualität: Für robuste Arten ist Wasserhärte nahezu bedeutungslos; bei Härten über 15 °dGH sollte Karbonathärte jedoch nicht allzu hoch sein. PH-Wert um 7. Die anspruchsvollen *Barbus*-Arten (→ Tabelle, Seite 87) züchtet man in Wasser von 1 bis 5 °dGH, pH-Wert 5,5 bis 6 und Torffilterung. Fortpflanzungsverhalten: Barben sind Freilaicher. Die Männchen treiben die Weibchen sehr heftig, die Paarung ist nur kurz. Die Partner drücken sich während des Schwimmens kurz aneinander und geben Eier und Spermien ab. Bei manchen Barben-Arten, zum Beispiel Sumatrabarbe (→ Zeichnung, Seite 13) und Sechsgürtelbarbe, umschlingt das Männchen das Weibchen von oben, in dem es seinen Schwanz über den Schwanzstiel des Weibchens legt. Die Eier werden den und zwischen den Pflanzen ausgestoßen und fallen zu Boden. Gelege: Je nach Art verschieden (Bitterlingsbarbe zum Beispiel 40 bis 60 Eier, Fleckenbarbe 70 bis 100, Sumatrabarbe etwa 500).

Schlüpfen der Jungen: Je nach Art nach 24 bis 45 Stunden. 3 bis 4 Tage nach dem Schlüpfen schwimmen sie frei. Aufzucht: Erstfutter: Die Jungen fressen alles, was sie bewältigen können: feinstes Trockenfutter (Micro-min), *Cyclops-, Diaptomus-* und *Artemia*-Nauplien (außer *Barbus cumingi*). Erstfutter für die anspruchsvollen *Barbus*-Arten (→ Tabelle, Seite 87): *Artemia*-Nauplien, weil dadurch keine Infusorien in das Wasser gelangen. Nach 4 bis 7 Tagen können die Jungen auch Mikro-Älchen fressen; sobald sie 8 bis 12 mm lang sind, auch Pflanzenflocken. Hinweis: Junge Barben wachsen oft in Etappen; eine Zeitlang bleiben sie unverändert, dann wachsen sie einige Tage lang so schnell, daß man die Größenzunahme fast sehen kann. Nach 3 bis 4 Wochen können sie in andere Aquarien mit gleicher Temperatur und gleicher Wasserqualität umgesetzt werden.

**Zuchttip:** Der Laich der Barben ist nicht so lichtempfindlich wie der der meisten Salmler. Trotzdem sollte kein grelles Licht darauffallen. Für die anspruchsvollen Arten ist eine leichte Abdunkelung mit Zeitungspapier zu empfehlen.

## Bärblinge aus Vorder- und Hinterindien
### (Gattungen *Brachydanio* und *Danio*)

Verbreitung: Süd- und Südostasien. Lebensraum: Besonnte Flüsse, Bäche, kleine Gewässer aller Art, auch Reisfelder. Geschlechtsunterschiede: Weibchen dicker. Männchen der Gattung *Brachydanio* besonders schlank.

| Bärblinge der Gattungen *Brachydanio* und *Danio* |
| --- |
| Schillerbärbling (*Brachydanio albolineatus*) 6 cm – Südostasien |
| Inselbärbling (*Brachydanio kerri*) 5 cm – Thailand |
| Tüpfelbärbling (*Brachydanio nigrofasciatus*) 4,5 cm – Burma |
| Zebrabärbling (*Brachydanio rerio*) 6 cm – Indien (→ Foto, Seite 120) |
| Malabarbärbling (*Danio aequipinnatus*) 10 cm – Indien, Sri Lanka |
| Devario-Bärbling (*Danio devario*) 15 cm – Indien |

Haltungsbecken: Art- oder Gesellschaftsaquarium. Größe: 60 bis 80 cm Kantenlänge und mehr. Einrichtung: Wie bei Barben (→ Seite 87).
Wasser: Temperatur: 20 bis 24 °C. Wasserqualität: Bis über 25 °dGH, pH-Wert um 7 (wie bei robusten Barben, → Seite 87).
Futter: Wie *Barbus*-Arten (→ Seite 87).

## Fortpflanzung und Aufzucht

Fische paarweise (oder 1 Männchen mit 2 Weibchen) zur Zucht ansetzen. Weibchen einen Tag vor dem Männchen ins Zuchtbecken bringen. Nach dem Ablaichen Elterntiere aus dem Zuchtbecken entfernen (Laichräuber!).
Zuchtbecken: Größe: 25 bis 60 l Inhalt für kleine Arten (wie Zebrabärbling, → Foto, Seite 120). 200 l Inhalt für große und/oder produktive Arten (wie Malabarbärbling). Einrichtung: Bodengrund feiner Sand, besser Kiesel oder Glasmurmeln. *Myriophyllum*- oder *Cabomba*-Büschel, die man oben zusammenbindet. (Beim Ablaichen drängen die Fische hindurch, und die Eier bleiben an den Pflanzen hängen.) Wasserstand oberhalb der Pflanzen sollte nicht mehr als 15 cm betragen, damit die Eier schnell im Pflanzendickicht geborgen sind. Desinfektion des Zuchtbeckens und der Einrichtung nicht nötig.
Wasser: Temperatur: 22 bis 25 °C. Wasserqualität: Wie bei robusten Barben (→ Seite 87).
Fortpflanzungsverhalten: Die Fische laichen morgens. Das Männchen treibt das Weibchen sehr heftig. Bei der Paarung drücken sich die Partner während des Schwimmens kurz gegeneinander und geben Eier und Spermien ab. Die Fische sind Laichräuber, deshalb nach dem Ablaichen sofort herausfangen!
Gelege: Je nach Art verschieden; zwischen 200 und 500; beim Malabarbärbling über 1000.
Schlüpfen der Jungen: Nach etwa 90 Stunden. 3 bis 4 Tage später schwimmen die Jungen frei.
Aufzucht: *Artemia*-Nauplien, Mikro-min, Infusorien (Protogen-Granulat kann ins Wasser gestreut werden).

Zuchttip: *Brachydanio*- und *Danio*-Arten lassen sich auch im Daueransatz züchten. In einem speziell dafür eingerichteten Aquarium (→ rechts) hält man mehrere Männchen und Weibchen einer Art. Sie laichen bei guter Fütterung regelmäßig ab. Aus den Eiern, die nicht gefressen werden, entwickeln sich Jungfische. Sie ernähren sich von Mikroorganismen, den Futterresten der Eltern und Aufzuchtfutter, zum Beispiel *Artemia*-Nauplien. Die Jungen sind natürlich

verschieden alt, nach Bedarf fischt man sie ab und zieht sie in Aufzuchtbecken groß.

Zuchtbecken für Daueransatz: Größe: Ab 80 cm Kantenlänge für 8 oder mehr Fische.
Einrichtung: Als Bodengrund Glasmurmeln oder Kieselsteine in der vorderen Hälfte des Beckens, den hinteren Teil durch einen etwa 10 cm hohen Glasstreifen abteilen (mit Silikonkautschuk ankleben). Dieses Abteil mit normalem Bodengrund füllen und dicht bepflanzen mit feinfiedrigen Arten, passend zur Wasserqualität. Kräftiger Filter, regelmäßiger Teilwasserwechsel. Temperatur und Wasserqualität: → linke Spalte.
Achtung: In solchen Becken dürfen sich weder Schnecken noch Planarien ansiedeln, sie würden die Eier fressen. Auch *Cyclops*-Nauplien dürfen nicht verfüttert werden, denn die *Cyclops*, die sich aus nicht gefressenen Nauplien entwickeln, fallen die jeweils frisch geschlüpften Jungen an.

## Bärblinge aus Südostasien und Indonesien (Gattung *Rasbora*)

Arten, deren Laich stark lichtempfindlich ist, sind in der Tabelle auf Seite 90 durch * gekennzeichnet.
Verbreitung: Südostasien. Lebensraum: Meist kleine Gewässer in Regenwaldgebieten (»Schwarzwassertyp«). Geschlechtsunterschiede: Weibchen etwas dicker als Männchen, Männchen oft intensiver gefärbt.
Haltungsbecken: Art- oder Gesellschaftsbecken. Größe: 30 cm Kantenlänge für Arten bis 3,5 cm Länge; 60 cm Kantenlänge für Arten bis 5 cm Länge; 80 cm Kantenlänge und mehr für größere Arten über 5 cm Länge. Einrichtung: Wie für Barben (→ Seite 87); zusätzliche Schwimmpflanzendecke, die das Licht dämpft.
Wasser: Temperatur: 23 bis 27 °C. Wasserqualität: 6 bis 10 °dGH, pH-Wert 6,5; möglichst niedrige Karbonathärte. Torffilterung.
Futter: Wie für Barben (→ Seite 87). Mückenlarven und *Drosophila* sind besonders empfehlenswert.

**Rasbora-Arten**

Rotschwanzrasbora (*Rasbora borapetensis*)
5 cm – Südostasien

* Hengel's Bärbling (*Rasbora hengeli*)
3,5 cm – Indonesien

* Keilfleckbärbling (*Rasbora heteromorpha*)
4,5 cm – Südostasien

* Zwergbärbling (*Rasbora maculata*)
2,5 cm Südostasien

Rotstreifenbärbling (*Rasbora pauciperforata*)
7 cm – Südostasien

Glasrasbora (*Rasbora trilineata*)
15 cm – Südostasien

* Schwanzfleckbärbling (*Rasbora urophthalma*)
3,5 cm – Indonesien

* Perlmuttbärbling (*Rasbora vaterifloris*)
4 cm – Sri Lanka

* Arten mit sehr lichtempfindlichem Laich.

## Fortpflanzung und Aufzucht

Möglichst ein Paar ins Zuchtbecken einsetzen, das schon im Haltungsbecken miteinander gebalzt hat. Beim Keilfleckbärbling am besten ein 1jähriges Weibchen mit einem 1½ bis 2jährigen Männchen zusammenbringen. Nach dem Ablaichen beide zurück ins Haltungsbecken setzen (Laichräuber!).
Zuchtbecken: Größe: 15 l Inhalt für Arten bis 3 cm Länge; 25 l Inhalt für Arten bis 5 cm Länge; 60 bis 80 l Inhalt für Arten über 5 cm Länge. Einrichtung: Kein Bodengrund, Laichrost nötig (Laichräuber!). Bündel feinfiedriger Pflanzen mit Glasstäben am Boden beschweren. Für Hengels Bärbling und Keilfleckbärbling in Beckenmitte nur eine Cryptocoryne oder eine andere breitblättrige Pflanze mit Glasstab beschweren. Diese Arten kleben ihre Eier an der Unterseite größerer Pflanzenblätter ab. Bei Arten mit lichtempfindlichem Laich (→ Tabelle, oben) Becken mit Papier abdunkeln. Da Eier und Junge infusorienempfindlich sind, Becken und Einrichtung vor Zuchtbeginn desinfizieren (→ Seite 72).
Wasser: Temperatur: 26 bis 28 °C. Ausnahme: Perlmuttbärbling: 22 bis 25 °C. Wasserqualität: 5 bis 12 °dGH (am besten um 6 °dGH) und pH-Werte zwischen 6 und 7.
Die Bärblinge mit lichtempfindlichem Laich (→ Tabelle, oben) verlangen andere Wasserverhältnisse: 2 bis 5 °dGH, pH-Werte zwischen 5,3 und 6 sowie Torffilterung.

Fortpflanzungsverhalten: Freilaicher. Männchen treiben Weibchen mehr oder weniger heftig. Die Paarung ist kurz. Bei den meisten Arten umschlingt das Männchen das Weibchen von oben, indem es seinen Schwanz über den Schwanzstiel des Weibchens legt. Keilfleckbärbling und Hengel's Bärbling kleben beim Ablaichen ihre Eier unter größere Pflanzenblätter, das Weibchen wendet sich dazu auf den Rücken und wird von dem ebenfalls auf dem Rücken liegenden Männchen umschlungen.
Gelege: Je nach Art verschieden: etwa 40 Eier bei Rotschwanzrasbora und Zwergbärbling; andere Arten sind produktiver.
Schlüpfen der Jungen: Bei den meisten Arten nach 24 bis 45 Stunden; bei Zwergbärbling und Schwanzfleckbärbling bereits nach 24 Stunden. 3 bis 4 Tage später schwimmen die Jungen frei.
Aufzucht: Erstfutter: Die Jungen der kleinen Arten (unter 4 cm) müssen in den ersten Tagen mit Mikromin, Liqui-fry, gereinigten Pantoffeltierchen oder *Euglena* gefüttert werden. Für die größeren Arten *Artemia*-Nauplien; später Allesfresser. Vorsicht: Wassertrübung bei zu reichlicher Fütterung! Nach dem Füttern das nicht gefressene Futter absaugen. Nach 3 bis 4 Wochen können die Jungfische in andere Aquarien (gleiche Temperatur und Wasserqualität) umgesetzt werden.

## Welse
## (*Siluriformes*)

Die Ordnung der Welse und Welsähnlichen umfaßt etwa 15 Familien mit weit über 1000 Arten. Für die Zucht sind folgende Familien interessant:
• Schwielenwelse, *Callichthyidae* (→ Seite 91) Beschrieben ist die Zucht der Schwielenwelse, (Gattungen *Callichthys, Dianema, Hoplosternum*) und der Panzerwelse (Gattung *Corydoras*).
• Harnischwelse, *Loricariidae* (→ Seite 93)
• Fiederbartwelse, *Mochocidae* (→ Seite 98)

Zuchttip: Größere Welse beim Umsetzen nicht mit den handelsüblichen Netzen einfangen, sondern mit Gläsern oder einem grobfädigen Kescher (erhältlich in Geschäften für Anglerbedarf). In feinmaschigen Netzen verhaken sie sich mit den Flossenstacheln, so daß man die Netze zerschneiden muß, um sie freizubekommen. Verletzungen durch Brust- und Rückenflossenstacheln mancher Welse können beim Menschen allergische Reaktionen hervorrufen.

# Zuchtanleitungen für Aquarienfische

## Schwielenwelse
## (*Callichthyidae*)

Die Familie *Callichthyidae* umfaßt die Schwielenwelse der Gattungen *Callichthys, Dianema* und *Hoplosternum* sowie die Panzerwelse der Gattungen *Aspidoras, Brochis* und *Corydoras*. Vertreter aller Gattungen werden im Aquarium gezüchtet, besonders häufig die *Corydoras*-Arten (→ Seite 92).

### Schwielenwelse

(Gattungen *Callichthys, Dianema, Hoplosternum*)
Die Fische dieser Gattungen (→ Tabelle) pflanzen sich alle auf sehr ähnliche Weise fort.
Verbreitung: Südamerika. Lebensraum: Fließende und stehende Gewässer mit weichem Bodengrund und Versteckmöglichkeiten. Geschlechtsunterschiede: Männchen mit stärkeren Brustflossenstacheln (Gattungen *Callichthys* und *Hoplosternum*). Bei Gattung *Dianema* Weibchen zur Laichzeit voller.

### Schwielenwelse

Schwielenwels (*Callichthys callichthys*) – 8 cm
Gemalter Schwielenwels
(*Hoplosternum thoracatum*) – 20 cm
die anderen *Hoplosternum*-Arten
Schrot-Schwielenwels
(*Dianema longibarbis*) – 9 cm
die anderen *Dianema*-Arten

Haltungsbecken: Artaquarium, Gesellschaftsbecken möglich. Größe: 80 cm Kantenlänge und mehr. Einrichtung: Weicher Bodengrund, viele Versteckmöglichkeiten in Höhlen und unter Wurzeln.
Wasser: Temperatur: 25 bis 27 °C. Wasserqualität: Wasserhärte spielt bei *Callichthys* und *Hoplosternum* keine Rolle, bis 30 °dGH werden vertragen, die Karbonathärte sollte allerdings nicht zu hoch sein. PH-Wert 5,8 bis 8,3.
*Dianema*-Arten sollen etwas empfindlicher sein: Härte bis 20 °dGH, pH-Wert 5,5 bis 7,5, die Fische sind auch nitratempfindlich!
Futter: Lebendfutter aller Art; jedes Trockenfutter, Futtertabletten. Insektenlarven, besonders Rote Mückenlarven, regen die Laichbereitschaft an.

## Fortpflanzung und Aufzucht

Normalerweise laichen Schwielenwelse im Artbecken (Größe und Einrichtung → Haltungsbecken). Der Wasserstand kann auf 20 cm gesenkt werden. Ein großes Blatt auf der Wasseroberfläche (*Aspidistra, Philodendron*) oder eine dunkel gestrichene Styroporplatte von 10 cm Durchmesser dient dem Männchen beim Bau des Schaumnests als Dach und Halterung. Nach dem Ablaichen wird das Weibchen meist vertrieben (deshalb herausfangen!). Nach Beendigung der Brutpflege auch das Männchen entfernen. Alternative: Wer nicht speziell am Brutpflegeverhalten des Männchens interessiert ist, fischt besser das ganze Nest am zweiten oder dritten Tag nach dem Ablaichen mit einem Suppenteller oder einer flachen Schüssel aus dem Aquarium und bringt es in einem Aufzuchtbecken oder einer Fotoschale unter, denn häufig frißt das Männchen die Jungen auf, kurz bevor diese das Nest verlassen.
Aufzuchtbecken: Größe: 10 bis 20 l Volumen. Einrichtung: Kein Bodengrund zur besseren Kontrolle der Jungen. Belüftung mit einem feinperlenden Ausströmer.
Große Bruten nach einigen Tagen auf mehrere Behälter von etwa 50 l Volumen verteilen; die Jungen wachsen dann gleichmäßiger!
Wasser: Temperatur: 26 bis 28 °C. Wasserqualität: 10 bis 20 °dGH, pH-Wert um 7. Zusatz von Methylenblau oder Trypaflavin verhindert das Verpilzen der Eier (→ Seite 76). Wasser 1–2 mal täglich zu 80% abziehen, nicht gefressenes Futter sorgfältig absaugen. Mit frischem, Methylenblau- oder Trypaflavinversetztem Wasser auffüllen.
Fortpflanzungsverhalten: Das Männchen baut ein Schaumnest, indem es Luft ins Maul nimmt und sie, mit Speichel umhüllt, gegen das Blatt beziehungsweise die Platte spuckt. Das Nest kann etwa 3 cm hoch werden. *Hoplosternum*-Männchen bauen auch Pflanzenteile in das Nest ein. Nach kurzer Balz, bei der das Männchen das Weibchen mit den Barteln am Bauch betastet, klemmt es die Barteln des Weibchens mit einer Brustflosse fest, das Weibchen läßt ein paar Eier zwischen seine zur Tasche zusammengefalteten Bauchflossen fallen und klebt die Eier von unten an das Nestdach. Nach dem Ablaichen vertreibt das Männchen das Weibchen (Weibchen herausfangen!), bewacht das Nest und erneuert immer wieder den Schaum.
Gelege: Umfaßt 300 bis 400 Eier, oft mehr.
Schlüpfen der Jungen: Nach 4 bis 5 Tagen. 1 Tag später schwimmen sie frei.

# *Zuchtanleitungen für Aquarienfische*

Aufzucht: Erstfutter: *Artemia*-Nauplien, Rädertierchen, feines Trockenfutter und gefrostete *Cyclops*-Nauplien; auch feinzerriebenes Eigelb möglich. Nach 2 Wochen können bereits gehackte, gewaschene Tubifex, Grindalwürmchen, Mikro-Älchen, kleine *Cyclops* und anderes Tümpelfutter gereicht werden.

Achtung: Aufzuchtbecken und -schalen sauberhalten! Auf Boden und an Wänden darf sich kein Bakterienrasen bilden. Die Jungen sterben schnell, wenn sie in Bakterienkulturen liegen müssen!

**Zuchttip:** Die Fische laichen vorzugsweise bei fallendem Luftdruck (Gewitter) und lassen sich durch die Imitation von Regen und Temperatursenkung um 2 bis 3 °C schnell zum Ablaichen anregen.

## Panzerwelse (Gattung *Corydoras*)

Arten, die besonders häufig gezüchtet werden, sind in der Tabelle unten durch * gekennzeichnet.

Verbreitung: Südamerika. Lebensraum: Fließende und stehende Gewässer. Geschlechtsunterschiede: Weibchen größer und erheblich dicker als Männchen.

---

**Panzerwelse**

* Metall-Panzerwels (*Corydoras aeneus*) – 7 cm (→ Zeichnung, Seite 14)

Schabracken-Panzerwels (*Corydoras barbatus*) – 12 cm

Sichelfleck-Panzerwels (*Corydoras hastatus*) – 3 cm

* Gefleckter-Panzerwels (*Corydoras paleatus*) – 7 cm

Zwergpanzerwels (*Corydoras pygmaeus*) – 3 cm

Rostpanzerwels (*Corydoras rabauti*) – 6 cm andere *Corydoras*-Arten

* besonders häufig gezüchtete Arten.

---

Haltungsbecken: Art- oder Gesellschaftsbecken. Größe: 50 cm Kantenlänge und mehr. Einrichtung: Weicher Bodengrund, Verstecke aus Wurzeln und Steinen, auch aus Kokosnußschalen und Blumentöpfen. Dichte Rand- und Hintergrundbepflanzung, Schwimmpflanzen zur Dämpfung des Lichts.

Wasser: Temperatur 25 bis 27 °C, für den Gefleckten Panzerwels und den Metall-Panzerwels genügen 23 °C. Wasserqualität: um 6 °dGH, pH-Wert 6 bis 7; viele Arten vertragen auch härteres Wasser. Torffil-

terung möglich, bei Arten aus Urwaldgewässern sehr empfehlenswert.

Futter: → Schwielenwelse, Seite 91.

### Fortpflanzung und Aufzucht

Panzerwelse laichen normalerweise im Artbecken nach einer Temperaturerhöhung. Mit Eiern besetzte Pflanzenblätter schneidet man ab und überführt sie in einem mit Aquarienwasser gefüllten Gefäß in ein kleines Aufzuchtbecken.

Zuchtbecken: Größe und Einrichtung wie Haltungsbecken.

Wasser: Temperatur 27 bis 30 °C; für Gefleckten Panzerwels und Metall-Panzerwels 25 bis 26 °C. Wasserqualität: um 6 °dGH; bei niedriger Karbonathärte laichen viele Arten auch in härterem Wasser. Für Arten aus Urwaldgewässern um 3 °dGH.

Aufzuchtbecken: Größe: 10 bis 20 l Volumen. Einrichtung: Keine, außer feinperlendem Belüfter.

Wasser: Wie Zuchtbecken.

Das Wasser wird mit Methylenblau versetzt, so daß man die Eier gerade noch sehen kann. 1- bis 2mal täglich etwa 80% des Wassers abziehen, mit temperiertem, frischem Wasser und Methylenblau wieder auffüllen.

Fortpflanzungsverhalten: Panzerwelse laichen in Gruppen, nur im Notfall paarweise. Jedes Weibchen braucht 2 bis 3 Männchen. Wenn die Weibchen beginnen, ruhelos umherzuschwimmen, werden sie von den Männchen verfolgt. Vermutlich sondern sie Duftstoffe ab. Zur Paarung klemmt ein Männchen die Barteln des Weibchens mit einer Brustflosse fest, und die Tiere zerren einander durch das Becken. Manchmal hält sich ein zweites Männchen oder sogar ein drittes an einer Flosse des Weibchens oder eines Männchens fest. Das oder die Männchen stoßen dann Sperma aus, das Weibchen legt ein oder mehrere Eier und fängt sie mit den zu einer Tasche gefalteten Bauchflossen auf. Wenn das Männchen das Weibchen loslassen, schwimmt dieses durch die Spermawolke, und die Eier werden befruchtet. Das Weibchen putzt dann mehr oder weniger intensiv ein Blatt, einen Stein oder eine Stelle an der Aquarienscheibe (von Art zu Art und individuell verschieden) und klebt die Eier dort an.

**Zuchttip:** In den Ablaichpausen fressen die Fische manchmal ihre Eier. Deshalb Enchyträen oder Tubifex füttern. Eier, die an die Scheiben beklebt wurden, hebt man vorsichtig mit einer Rasierklinge ab und klebt sie im Aufzuchtbecken wieder an. Man kann sie auch mit dem Fingernagel schiebend von der Scheibe ablösen. Franke empfiehlt, schmale Glasplatten schräg gegen die Aquarienwände zu lehnen. Die Welse laichen gerne daran, und die Gelege lassen sich problemlos umsetzen.

Gelege: Umfaßt je nach Art zwischen 20 und mehrere 100 Eier.
Schlüpfen der Jungen: Nach 5 bis 6 Tagen. 2 Tage später schwimmen sie frei. Sie sehen nach dem Schlüpfen aus wie Schreibmaschinen-Kommas und halten sich zuerst nur am Boden auf.
Aufzucht: Erstfutter: Räder- oder Pantoffeltierchen, *Artemia-* und *Cyclops*-Nauplien, einige Tage später: Essig-Älchen und feines Trockenfutter. Nach etwa 2 Wochen: Feingehackte und gewaschene Tubifex, andere gehackte Würmer und Insektenlarven, kleine *Cyclops* und anderes Tümpelfutter.
Hinweis: Sichelfleck-Panzerwelse und Zwergpanzerwelse fressen in den ersten Lebenstagen nur Infusorien!

**Zuchttip:** *Aspidoras-* und *Brochis*-Arten werden genauso gezüchtet.

# Harnischwelse
## (*Loricariidae*)

Harnischwelse sind im tropischen Südamerika verbreitet, und zwar in Gewässern mit stärkerer Strömung, in Überschwemmungsgebieten und Seen. Mit dem unterständigen, von starken Sauglippen umgebenen Maul saugen sie sich am Substrat fest, so daß sie von der Strömung nicht fortgespült werden oder raspeln Aufwuchs von verschiedenen Substraten ab. Die in der Tabelle rechts mit * gekennzeichneten Arten oder Gattungen werden regelmäßig gezüchtet, alle anderen seltener.

**Zuchttip:** Keine Schaumstoffwände zur Dekoration benutzen und keine Filter mit offenliegenden Schaumstoffpatronen! Die Welse können den Kunststoff abraspeln und auffressen. Große Schilderwelse raspeln sogar manchmal den Kunststoffüberzug von Heizerkabeln und anderen Elektroleitungen ab und verursachen dadurch Kurzschlüsse. Leitungen in Röhren aus Hart-PVC verlegen!

**Antennen-Harnischwelse**
(*Ancistrus spec.*, meist pauschal als *dolichopterus* bezeichnet) – etwa 10 bis 15 cm
→ Foto, Seite 102, Zeichnungen, Seite 16 und 47
Viele ähnliche Arten. Bestimmung selten möglich.
Verbreitung: Brasilien, Amazonas-Zuflüsse. Lebensraum: Bäche, Flüsse, Urwaldseen. Geschlechtsunterschiede: Männchen mit gegabelten oder dreigeteilten Tentakeln am Kopf, Weibchen mit einfachen Tentakeln in einer Reihe am Kopfrand, bei beiden zur Laichzeit stärker ausgeprägt.
Haltungsbecken: Art- oder Gesellschaftsaquarium. Größe: 60 cm Kantenlänge und mehr. Einrichtung: Große Wurzeln als Ruheplätze und Unterstände, Höhlen aus Steinen, Kokosnuß-Schalen, Bambusröhren, Röhren aus Ton oder Kunststoff, in die die Fische gerade hineinpassen (etwa 3,5 bis 4 cm Durchmesser). Großblättrige Pflanzen, gedämpftes Licht durch Schwimmpflanzen. Die nachtaktiven Fische sitzen bei Tag meist an der Unterseite der Wurzeln.
Wasser: Temperatur: 23 bis 27 °C. Wasserqualität: 2 bis 30 °dGH, pH-Wert 5,8 bis 7,8. Kräftige Filterung, regelmäßiger Teilwasserwechsel.
Futter: Algen im Aquarium; Salat, Spinat, Chinakohl, Vogelmiere, Weizenkeime, alles überbrüht oder angefroren und wieder aufgetaut, damit es weich genug ist. Aufgetaute Frosterbsen; lebende und gefrorene (und aufgetaute) Futtertiere aller Art (also Tubifex, Enchyträen, Mückenlarven, Daphnien, *Cyclops*, Muschelfleisch, Mysis und so weiter). *Ancistrus* brauchen wie alle Harnischwelse Ballaststoffe (Zellulose). Mit ihrem dicklippigen, mit Raspelzähnen versehenen Saugmaul raspeln sie an Wurzeln herum und fressen das Holz. Abends futtern!

---

**Harnischwelse**

* Antennen-Harnischwelse (Gattung *Ancistrus*): → oben

Schnabel- oder Nadelwelse (Gattung *Farlowella):* → Seite 95

* Ohrgitter-Harnischwelse (Gattung *Otocinclus*): → Seite 95

* Hexenwelse (Gattung *Rineloricaria*): → Seite 94

Stör- oder Bartwelse (Gattung *Sturisoma*): → Seite 96

Größere Schilderwelse (Gattung *Hypostomus*): → Seite 97

* regelmäßig gezüchtete Arten

## Fortpflanzung und Aufzucht

Zuchtpaar in Zuchtbecken setzen und nach dem Schlüpfen der Jungen zurück ins Haltungsbecken bringen.

Alternative 1: Zucht im Haltungsbecken und geschlüpfte Junge in Aufzuchtschalen oder -becken (→ Künstliche Aufzucht, Seite 97) großziehen.

Alternative 2: Zucht im Haltungsbecken, Männchen mit Gelege in Röhre ins Aufzuchtbecken setzen, nach dem Schlüpfen der Jungen entfernen.

Zuchtbecken: Größe: 60 cm Kantenlänge oder mehr. Einrichtung: Kein Bodengrund, sonst wie Haltungsbecken. Wichtig: Laichhöhlen anbieten (Durchmesser 3 bis 4 cm)!

Wasser: Temperatur: 24 bis 27 °C. Wasserqualität: 4 bis 10 °dGH, pH-Wert 6,5.

Fortpflanzungsverhalten: Die Männchen bilden Reviere um die Höhlen, die sie gegen Männchen, manchmal auch gegen nicht laichbereite Weibchen, verteidigen. Im Kampf drängeln sie mit abgespreizten Brustflossenstacheln und schlagen einander seitlich mit den Köpfen. Dabei können sie einander mit den Hakenstacheln auf den Kiemendeckeln verletzen. Sie beraspeln einander auch manchmal mit dem Saugmaul.

Das laichbereite Weibchen sucht das Männchen auf. Die Tiere betasten einander mit dem Maul, dann führt das Männchen das Weibchen in die Höhle. Hier laichen die Fische, das Männchen übernimmt die Pflege der Eier. In kleinen Becken wird das Weibchen meist vertrieben, es muß dann herausgefangen werden. Das Männchen fächelt in der Höhle Frischwasser über den Laichklumpen, packt ihn auch ab und zu mit dem Maul und wälzt ihn herum. Wenn die Jungen schlüpfen, hilft es ihnen durch Saugen an den Eihüllen. Es kann die Jungen noch tagelang nach dem Schlüpfen betreuen.

Gelege: Bis zu 120 Eier, die zu einem festen Klumpen zusammengeballt in der Höhle liegen.

Schlüpfen der Jungen: Nach 4 bis 5 Tagen. Sie verlassen die Höhle etwa 9 Tage später. Gefüttert wird, sobald der Dottersack aufgezehrt ist (meist beim Verlassen der Höhle).

Aufzucht: Alle Harnischwelse sind sehr empfindlich gegen Bakterien und Infusorien. Wasserreinhaltung ist daher oberstes Gebot.

Aufzucht im Zuchtbecken: Das breiartige Aufzuchtfutter (→ Futter, rechts) belastet das Wasser im Bekken stark; deshalb täglich mindestens 80% gegen frisches Wasser (gleiche Temperatur und Zusammensetzung) austauschen und Kot absaugen!

Aufzucht in Fotoschalen (→ Künstliche Aufzucht, Seite 97) ist weniger aufwendig. Der Wasserstand in der Schale beträgt 5 cm, Temperatur und Wasserqualität wie im Zuchtbecken. Man benutzt mehrere Schalen, die Jungen werden täglich vorsichtig in eine Schale mit frisch aufbereitetem Wasser umgesetzt. Die alte Schale muß gründlich gereinigt werden.

Futter: Weiche, feinzerriebene oder gemahlene Pflanzennahrung, zum Beispiel veraltes Wurzelholz oder veralgte glatte Steine (in flachen Wasserschüsseln in die Sonne stellen und veralgen lassen) als Weideplätze anbieten, Algen aus anderen Becken, Schwebealgen, Algenmehl, zerriebene oder durch ein Sieb gestrichene junge Erbsen, überbrühte, zerquetschte Salatblätter, Löwenzahn, gehackte und zerquetschte Blätter von zarten Wasserpflanzen. Dazu bekommen die Jungen kleine oder zerhackte und zerriebene Futtertiere sowie zerhacktes, eventuell zerkleinertes Frostfutter, zum Beispiel Rädertierchen (lebend oder gefroren und aufgetaut), *Artemia*- oder *Cyclops*-Nauplien, zerhackte und gespülte Tubifex, eventuell durch ein *Artemia*-Sieb gestrichen. Sie fressen von Anfang an auch feines Aufzuchtfutter wie Mikro-min, Liqui-fry und Liqui-fry grün (für Pflanzenfresser), zerquetschte Futtertabletten und Trockenfutter aller Art. Morgens und abends füttern.

**Zuchttip:** Am leichtesten gelingt die Aufzucht in einem völlig veralgten Becken, in dem keine anderen Fische leben. Temperatur und Wasserqualität wie im Zuchtbecken, langsam laufender Filter. Die Jungen ernähren sich von Algen und Kleinlebewesen. Nur wenig zusätzlich füttern.

## Schokoladenbrauner Hexenwels

(*Rineloricaria lanceolata*) – 13 cm

Verbreitung: Ostperu, Amazonas-Einzugsgebiet.

Lebensraum: Bäche, kleine Flüsse. Geschlechtsunterschiede: Männchen mit Borstenfeldern an den Kopfseiten, der Nackenregion und den Brustflossen.

Haltungsbecken: Artbecken oder sauberes Gesellschaftsaquarium. Größe: 60 cm Kantenlänge und mehr. Einrichtung (→ Antennen-Harnischwelse, → Seite 93): Enge Höhlen, in die sie gerade hineinpassen (3 bis 4 cm).

Wasser: Temperatur: 24 bis 28 °C. Wasserqualität: 2 bis 20 °dGH, pH-Wert 5,8 bis 7,8. Kräftige Filterung und Wasserströmung. Regelmäßig einen Teilwasserwechsel durchführen.

Futter: → Antennen-Harnischwelse, Seite 93.

## Fortpflanzung und Aufzucht

Zuchtverfahren wie bei Antennen-Harnischwelsen
(→ Seite 94). <u>Wasser:</u> Temperatur: 24 bis 28 °C. Wasserqualität:
4 bis 10 °dGH, pH-Wert 6 bis 6,8.
<u>Fortpflanzungsverhalten:</u> Das Männchen bewacht
und pflegt den Laich und lutscht die Jungen beim
Schlüpfen aus den Eihüllen (→ Antennen-Harnischwelse, Seite 94).
<u>Gelege:</u> Umfaßt etwa 100 bis 150 Eier, die zu einem
festen Klumpen vereinigt sind.
<u>Schlüpfen der Jungen:</u> Bei 26 bis 28 °C nach etwa 9
Tagen; nach Aufzehren des Dottersacks werden sie
gefüttert.
<u>Aufzucht:</u> Wie Antennen-Harnischwelse (→ Seite
94), aber als Erstfutter lebende *Artemia*-Nauplien.
Nach etwa einer Woche allmählich anderes Aufzuchtfutter zufüttern.

## Gestreifter Ohrgitter-Harnischwels

(*Otocinclus affinis*) – 4 cm
<u>Verbreitung:</u> Südostbrasilien. <u>Lebensraum:</u> Schnell-
fließende kleine Bäche mit klarem Wasser, dicht mit
Algen und Pflanzen bewachsen. <u>Geschlechtsunter-
schiede:</u> Männchen kleiner und schlanker als Weibchen.
<u>Haltungsbecken:</u> Art- und Gesellschaftsaquarium.
Nur mit kleinen, ruhigen Fischen vergesellschaften.
Größe: 40 cm Kantenlänge und mehr. Einrichtung:
Wurzeln als Versteck- und Ruheplätze, dichte Bepflanzung, leicht gedämpftes Licht.
<u>Wasser:</u> Temperatur: 22 bis 26 °C. Wasserqualität:
2 bis 15 °dGH, pH-Wert 5 bis 7,5. Klares, gut gefil-
tertes Wasser, regelmäßiger Teilwasserwechsel, Torffilterung oder Zusatz von Torfextrakt möglich.
<u>Futter:</u> Algen (im Aquarium oder auf Steinen)
(→ Antennen-Harnischwelse, Seite 93), Salat (ge-
brüht oder angefroren), Futtertabletten, Trockenfutter, gehackte, gespülte Tubifex, Enchyträen, lebende
und aufgetaute Kleinkrebse und Mückenlarven.

## Fortpflanzung und Aufzucht

Die Fische laichen meist im Haltungsbecken. Das
Zuchtpaar kann aber auch in ein Zuchtbecken gesetzt
und nach dem Ablaichen ins Haltungsbecken zurückgebracht werden.
<u>Zuchtbecken:</u> Größe und Einrichtung wie Haltungs-
becken (→ oben).
<u>Wasser:</u> Temperatur: 24 bis 26 °C. Wasserqualität:
Wie Haltungsbecken (→ oben).

<u>Fortpflanzungsverhalten:</u> Das Weibchen schwimmt
ruhelos umher, ähnlich wie Panzerwelse, während
das Männchen es umschwimmt und balzt. Das Weibchen sucht einen Laichplatz an großblättrigen Pflanzen. Das Männchen legt sich halbkreisförmig vor das
Weibchen, das Weibchen saugt sich an seiner Bauchflosse fest und klebt 3 bis 6 Eier an das Blatt (meist an
die Unterseite). Das Paar kann aber auch an den
Aquarienscheiben laichen.
<u>Gelege:</u> Kann mehr als 60 Eier umfassen.
<u>Schlüpfen der Jungen:</u> Nach 2 bis 3 Tagen; sie werden
gefüttert, sobald ihr Dottersack aufgezehrt ist.
<u>Aufzucht:</u> Aufgetaute Frost-Rädertierchen; falls es
möglich ist, die Jungen in ein veraltges, unbewohntes
Aquarium zu bringen, fressen sie die Rädertierchen
an den Scheiben. Trockenfutter, gebrühter, zer-
quetschter Salat. Veraltge Steine oder Wurzeln anbieten.
<u>Wasserpflege:</u> Wie bei Antennen-Harnischwelsen
(→ Seite 94).

**Zuchttip:** Wenn die Fische im Haltungsbecken lai-
chen, schneidet man nach dem Ablaichen die mit
Eiern besetzten Blätter ab und überführt sie in ein
Aufzuchtbecken (→ Künstliche Aufzucht, Seite 97).

## Nadelwelse

(*Farlowella*-Arten) – 15 bis über 20 cm
Die verschiedenen *Farlowella*-Arten werden im Freiland in sehr unterschiedlichen Biotopen bei unterschiedlichen Temperaturen und Wasserqualitäten ge-
fangen. Temperaturen zwischen 21 und 32 °C und
Wasserhärten von 1 bis über 11 °dGH wurden gemessen. Da die im Handel angebotenen Tiere häufig Im-
porte sind und oft nicht unter dem richtigen Namen
verkauft werden, weiß der Aquarianer oft nicht, bei
welchen Temperaturen und Wasserwerten sich seine
Fische am wohlsten fühlen. Hier muß man ein wenig
experimentieren! Bei guter Filterung und Durchlüftung vertragen sie auch im Aquarium über 28 °C und
nach Gewöhnung bis 17 °dGH.
<u>Verbreitung:</u> Südliches Einzugsgebiet des Amazonas.
<u>Lebensraum:</u> Flüsse, Teiche, Überschwemmungs-
tümpel. <u>Geschlechtsunterschiede:</u> Männchen schlanker, die stark verlängerte Schnauze breiter als die des
Weibchens, Borsten an der Schnauze, die zur Laichzeit länger und dichter werden können.

Haltungsbecken: Artbecken. Größe: 80 cm Kantenlänge und mehr. Einrichtung: Besser ohne Bodengrund (leichter zu reinigen!). Viele Wurzeln als Verstecke und als Nahrung, einige Steinplatten, schräg gegen die Aquarienwände gelehnt, großblättrige Pflanzen in Töpfen, kein helles Licht! Schwimmpflanzendecke möglich.
Wasser: Temperatur: 24 bis 26 °C. Wasserqualität: 2 bis 8 °dGH, pH-Wert 6 bis 7. Torffilterung, leistungsfähiger Filter, der das Wasser frei von Stickstoff-Abbauprodukten hält. *Farlowella*-Arten sind empfindlich gegen Nitrit, Nitrat, Infusorien- und Bakterienbildung und Schwermetalle. Der Fischkot muß täglich abgesaugt werden, das abgesaugte Wasser wird durch frisches der gleichen Zusammensetzung ersetzt.
Futter: Wie Antennen- Harnischwelse (→ Seite 93). Sehr abwechslungsreich und trotz der Schlankheit der Fische reichlich füttern! Sie fressen nachts, daher abends füttern. Tagsüber gefütterte *Farlowella* können verhungern! (Wenn die Fische unruhig herumwandern und zu Stäbchen abgemagert sind, leiden sie Hunger!)
Wurzelholz zum Beraspeln ist für *Farlowella*-Arten noch wichtiger als für die anderen Harnischwelse. Sie lassen sich nur am Leben erhalten, wenn sie Holz als Ballaststoff aufnehmen können.

## Fortpflanzung und Aufzucht
Nur ein Paar im Zuchtbecken zur Zucht ansetzen. Die Männchen sind territorial und hindern unterlegene Männchen am Fressen. Damit Männchen ungestört der Brutpflege nachgehen kann, Weibchen nach Ablaichen entfernen.
Zuchtbecken: Größe und Einrichtung wie Haltungsbecken.
Wasser: Temperatur: 21 bis 26 °C. Wasserqualität: 2 bis 5 °dGH, pH-Wert um 6,5. Torffilterung, saubes, sauerstoffreiches Wasser, täglich Kot absaugen!
Fortpflanzungsverhalten: Die Partner putzen, eng aneinandergeschmiegt, gemeinsam das Laichsubstrat (Aquarienscheibe). Eier und Spermien werden gemeinsam bei engem Körperkontakt abgegeben. Bei jeder Paarung erscheinen etwa 5 Eier, die an der Scheibe kleben bleiben. Das Männchen kann zwischendurch auch herumschwimmen, fressen und Holz abraspeln. Sind alle Eier abgelegt, übernimmt das Männchen die Brutpflege. Es fächelt dem Gelege Frischwasser zu, pflegt bei Nacht allerdings viel intensiver als bei Tage. Es hilft den Jungen beim Schlüpfen, indem es sie aus den Eihüllen saugt.

Gelege: Umfaßt etwa 40 bis 60 Eier, die in weichem Wasser (unter 8 °dGH) weit besser am Substrat haften als in hartem Wasser. In Wasser von 15 °dGH fallen die meisten Eier von den Scheiben ab und müssen künstlich aufgezogen werden (→ Seite 97).
Schlüpfen der Jungen: Die Jungen schlüpften bei verschiedenen Zuchten zu sehr unterschiedlichen Zeiten. Bei Temperaturen von 21 bis 23 °C schlüpften aus manchen Gelegen die Jungen nach 6 oder 7 Tagen mit großem Dottersack, aus anderen nach 11 Tagen Junge ohne Dottersack. (Das liegt wahrscheinlich daran, daß unterschiedliche Arten gezüchtet wurden.) Die weitentwickelten Jungen können sofort, die früh geschlüpften erst nach Aufzehren der Dottersäcke (ebenfalls am 11. Tag) gefüttert werden.
Aufzucht: Die jungen *Farlowella* sind gegen Bakterien und Infusorien nicht empfindlicher als andere Harnischwelse. Aufzuchtmöglichkeiten wie bei Antennen-Harnischwelsen (→ Seite 94).
Futter: Wie *Ancistrus* (→ Seite 94). Futterbrei auf Agar-Agar-Basis (→ Seite 62) belastet das Wasser für die empfindlichen *Farlowella* am wenigsten. Mindestens zweimal am Tag füttern. Die Jungen fressen auch tagsüber.

## Panama-Bartwels
(*Sturisoma panamense*) – 18 cm
Verbreitung: Panama. Lebensraum: Schnellfließende Gewässer. Geschlechtsunterschiede: Männchen mit Stacheln oder Tentakeln an der Schnauze.
Haltungsbecken: Artbecken (einige kleine, sehr ruhige Oberflächenfische können eingesetzt werden). Größe: 100 cm Kantenlänge und mehr. Einrichtung: Wie bei Nadelwelsen (→ linke Spalte). Becken gut abdecken, denn die Fische springen, wenn sie erschreckt werden.
Wasser: Temperatur: 20 bis 26 °C. Wasserqualität: Bis 18 °dGH, pH-Wert 6,5 bis 7,2. Starke Filterung, starke Strömung, klares, sauerstoffreiches Wasser, Torffilterung. Täglich Kot absaugen (→ Nadelwelse, linke Spalte)!
Futter: Wie bei Antennen-Harnischwelsen (→ Seite 93) und Nadelwelsen (→ linke Spalte).

## Fortpflanzung und Aufzucht
Zuchtverfahren wie bei Nadelwelsen (→ links).
Zuchtbecken: Größe und Einrichtung wie Haltungsbecken (→ oben).
Wasser: Temperatur: 24 bis 28 °C. Wasserqualität: 2 bis 8 °dGH, pH-Wert 6,5 bis 7.

# *Zuchtanleitungen für Aquarienfische*

Fortpflanzungsverhalten: Die Fische laichen meist nachts, das Männchen putzt allein den Laichplatz (Beckenboden oder dunkelste Stelle an den Aquarienscheiben). Bei anderen *Sturisoma*-Arten putzen beide Partner. Zum Ablaichen legt sich das Männchen quer vor dem Kopf des Weibchens schräg auf die Seite und entläßt dabei offenbar Spermien. Das Weibchen scheint sich dann an seiner Bauchflosse festzusaugen und preßt einige Eier heraus, die hinter den Fischen auf dem Laichplatz kleben bleiben. Das Männchen übernimmt die Brutpflege, es liegt tagsüber auf dem Gelege, soweit es dieses bedecken kann und fächelt Frischwasser darüber. Abends und nachts ist es aktiver als tagsüber. Schlupfhilfe wie bei Nadelwelsen (→ Seite 96).

Gelege: Umfaßt bis 200 Eier. In hartem Wasser fallen sie vom Substrat ab (→ Nadelwelse, Seite 96).

Schlüpfen der Jungen: Je nach Temperatur nach 6 bis 9 Tagen. Etwa 3 Tage später schwimmen sei frei.

Aufzucht: Wie bei Nadelwelsen (→ Seite 96).

Hinweis: Genauso werden die anderen *Sturisoma*-Arten gezüchtet.

## Punktierte Schilderwelse

(*Hypostomus*-Arten) – über 30 cm

Verbreitung: Südamerika. Lebensraum: Flüsse, Seen. Geschlechtsunterschiede: Unbekannt.

Haltungsbecken: Art- oder sauberes Gesellschaftsaquarium. Größe: 120 cm Kantenlänge und mehr.

Einrichtung: Wie Antennen-Harnischwelse (→ Seite 93) Aber Höhlen für größere Tiere anbieten (ab 10 cm Durchmesser).

Wasser: Temperatur: 22 bis 28 °C. Wasserqualität: 1 bis 25 °dGH, pH-Wert 5 bis 8.

Futter: Wie bei Antennen-Harnischwelsen (→ Seite 93), aber auch Fisch- und Säugetierfleisch, Forellenpellets, Hundekuchen, Katzen-Trockenfutter, Garnelen, Haferflocken.

### Fortpflanzung und Aufzucht

Zuchtverfahren wie bei Antennen-Harnischwelsen (→ Seite 94).

Zuchtbecken: Größe: 100 cm und mehr. Einrichtung: Wie Antennen-Harnischwelse (→ Seite 94).

Wasser: Temperatur: 24 bis 26 °C. Wasserqualität: 2 bis 10 °dGH, pH-Wert 6 bis 7.

Fortpflanzungsverhalten: Die Fische laichen in einer Höhle. Das Männchen saugt sich dabei auf dem Schwanzstiel des Weibchens fest und stimuliert es durch zuckende und wedelnde Körperbewegungen

zum Ablaichen. Der Vater pflegt die Eier (aus kleinen Becken Weibchen herausfangen), befächelt und belutscht sie und rollt ab und zu den Laichklumpen herum.

Gelege: Umfaßt etwa 260 Eier.

Schlüpfen der Jungen: 5 Tage nach dem Ablaichen mit Hilfe des Vaters. 9 Tage später beginnen sie zu fressen.

Aufzucht: Wie bei Antennen-Harnischwelsen (→ Seite 94).

## Künstliche Aufzucht von Harnischwelsen

Die *Otocinclus*-Arten treiben keine Brutpflege, und auch bei den anderen Gattungen kann es vorkommen, daß ein Männchen nicht pflegt oder beginnt, die Eier zu fressen. Sie müssen dann künstlich aufgezogen werden, ebenso wie die Eier, die bei der Zucht von *Farlowella*- und *Sturisoma*-Arten in hartem Wasser vom Substrat fallen. Man bringt die Gelege in ein kleines Aufzuchtaquarium oder eine Fotoschale mit feinperlendem Ausströmer und etwa 5 cm Wasserstand. Die Gelege der Höhlenbrüter setzt man, wenn möglich, mit der Höhle ins Wasser. Lose Eier von *Sturisoma* und *Farlowella* werden mit einem Schlauch aus dem Zuchtbecken abgesaugt und in die Aufzuchtschale gegeben. Wenn das Männchen nicht pflegt, hebt man auch die noch haftenden Eier vorsichtig mit einer Rasierklinge vom Substrat ab. Blätter mit *Otocinclus*-Laich werden abgeschnitten und im ganzen in die Aufzuchtschale gebracht.

Das Wasser wird mit Methylenblau versetzt, so daß man die Eier gerade noch sehen kann. Zweimal am Tag werden etwa 80% des Wassers gegen frisches, Methylenblau-haltiges ausgewechselt. Sobald man bemerkt, daß die Jungen zu schlüpfen beginnen, beziehungsweise einige Stunden vor dem errechneten Schlupftermin, imitiert man den pflegenden Vater, indem man mit einer Pipette oder einem dünnen Gummischlauch das Gelege (vorsichtig!!!) besaugt, bis die Jungen aus den Eihüllen rutschen. Das gleiche erreicht man, wenn man die Eier sanft mit einem Borstenpinsel bürstet.

# *Zuchtanleitungen für Aquarienfische*

## Fiederbartwelse
## (*Mochocidae*)

Am bekanntesten sind der Rückenschwimmende Kongowels (*Synodontis nigriventris*) und der Kuckuckswels (*Synodontis petricola*).

### Rückenschwimmender Kongowels
### (*Synodontis nigriventris*)

Weibchen 10 cm, Männchen 8 cm
Verbreitung: Afrika. Lebensraum: Fließende und stehende, deckungsreiche Gewässer. Geschlechtsunterschiede: Weibchen größer und dicker als Männchen.
Haltungsbecken: Art- oder Gesellschaftsbecken. Größe: 80 cm Kantenlänge und mehr. Einrichtung: Weicher Bodengrund, großblättrige Pflanzen, Höhlen, Verstecke, Wurzelholz.
Wasser: Temperatur: 24 bis 27 °C. Wasserqualität: 6 °dGH, 2 °KH und pH-Wert 6,5.
Futter: Lebendfutter aller Art, besonders Insektenlarven und Würmer. Der Fisch schwimmt gern in Rückenlage unter der Wasseroberfläche und saugt die dort hängenden Stechmückenlarven ein. Reichliche Fütterung mit Schwarzen Mückenlarven regt die Laichbereitschaft an.

### Fortpflanzung und Aufzucht

Die Fische laichen im Haltungsbecken (Artbecken). Vermutlich lassen sie sich durch Nachahmung von Gewitterregen (→ Seite 70 und 72) zum Laichen anregen.
Zuchtbecken: Nicht nötig.
Fortpflanzungsverhalten: Balz und Ablaichen wurden offenbar noch nicht beobachtet.
Gelege: Wird an Aquarienscheiben geheftet; umfaßt mehrere 100 bis zu 1000 Eier.
Schlüpfen der Jungen: Bei 24 °C am 7. oder 8. Tag, bei 27 °C nach dem 4. bis 5. Tag. 5 Tage nach dem Schlüpfen haben die Jungen ihren Dottersack aufgezehrt und beginnen zu fressen.
Aufzucht: Erstfutter: *Artemia*-Nauplien, Rädertierchen, feinste *Cyclops*-Nauplien, später Mikro-Älchen. Nach 2 bis 3 Wochen: Futtertabletten und feinzerriebenes Trockenfutter als Beifutter. Ab der 7. bis 8. Lebenswoche beginnen die Jungen wie ihre Eltern auf dem Rücken zu schwimmen.

### Kuckuckswels (*Synodontis petricola*) – 12 cm

Die aus dem Tanganjika-See stammenden Welse gehören zu den interessantesten Fischen überhaupt. Wer sie züchten will, muß sie gemeinsam mit maulbrütenden Cichliden aus dem Tanganjika- oder Malawi-See halten, die sich nach der Eierfleck-Methode (→ Seite 52) vermehren.
Verbreitung: Afrika (Tanganjika-See). Lebensraum: Felsige Uferregionen. Geschlechtsunterschied: Laichbereite Weibchen sind dicker als Männchen.
Haltungsbecken: Gesellschaftsbecken mit maulbrütenden Cichliden aus dem Tanganjika-See. Größe: 120 cm Kantenlänge und mehr. Einrichtung: Wie für Maulbrüter aus dem Tanganjika- und Malawi-See (→ Seite 127).
Wasser: Temperatur: 25 bis 27 °C. Wasserqualität: 15 bis 35 °dGH, pH-Wert 7,5 bis 8,2; die Fische sind an relativ hohe Karbonathärte-Anteile angepaßt (Tanganjika-Wasser!).
Futter: Lebendfutter aller Art, besonders Insektenlarven, Würmer und kleinere Fische.

### Fortpflanzung und Aufzucht

Die Zucht erfolgt im Haltungsbecken. Wassertemperatur und -qualität brauchen nicht verändert zu werden. Die Eltern müssen nach dem Ablaichen nicht entfernt werden.
Zuchtbecken: Nicht nötig.
Fortpflanzungsverhalten: Laichbereite Kuckuckswelse belauern Maulbrüter mit Eierflecken, die gerade beginnen, abzulaichen. Sobald das Cichliden-Weibchen ein paar Eier in die Laichgrube des Männchens gelegt hat und sich umdreht, um sie ins Maul zu nehmen, schießt das Welspaar blitzschnell unter den Cichliden durch, schnappt die Eier, paart sich, und das Weibchen läßt ein paar Welseier in die Grube fallen. Das Cichliden-Weibchen nimmt sie ahnungslos ins Maul und pflegt sie zusammen mit den eigenen »Kindern«.
Junge Welse, die ihre Entwicklung im Maul einer Cichliden-Mutter durchmachen können und nach dem Ausschwimmen noch tagelang von einem so wehrhaften Tier beschützt werden, haben gute Überlebenschancen.
Im Aquarium wurde das Verhalten zum erstenmal beim gemeinsamen Halten von Kuckuckswelsen und den Buntbarschen der *Haplochromis*-Verwandtschaft aus dem Malawi-See beobachtet.
Aus Freilandbeobachtungen kennt man inzwischen noch zwei weitere Fiederbartwels-Arten (*Synodontis*

*eurystomus*) und den Vielpunkt-Fiederbartwels (*Synodontis multipunctatus*), die ebenfalls ihre Kinder auf verschiedene Maulbrüter-Arten der *Haplochromis*-Verwandtschaft verteilen.
Gelege: Umfaßt über 20 Eier.
Schlüpfen der Jungen: Der Schlupftermin ist unbekannt; nach etwa einem Monat werden die Jungen aus dem Maul der Cichliden entlassen.
Aufzucht: Wird von den Cichliden übernommen. Die Welse fressen *Artemia*-Nauplien und anderes Aufzuchtfutter wie junge Cichliden. Auch die Kleinlebewesen (Bakterien, Rädertierchen, Protozoen, Algen), die in eingerichteten Aquarien immer vorhanden sind, dienen ihnen zur Nahrung. Sie verzehren auch oft ihre »Stiefgeschwister«, die langsamer wachsen. Spätestens, wenn die Cichliden-Eltern sich nicht mehr um den Nachwuchs kümmern, sind die jungen Welse selbständig.

## Glaswelse
### (*Schilbeidae*)

Nachgezüchtet wurde der Schwalbenschwanz-Glaswels (*Eutropiellus vanderweyeri*). Er wird häufig mit *Eutropiellus debauwi* verwechselt, von dem jedoch keine gesicherten Zuchtdaten vorliegen.

### Schwalbenschwanz-Glaswels
#### (*Eutropiellus vanderweyeri*) – 8 cm

Verbreitung: Afrika. Lebensraum: Fließende und stehende Gewässer. Geschlechtsunterschied: Laichreife Weibchen sind dicker als Männchen.
Haltungsbecken: Art- oder Gesellschaftsbecken mit ruhigen, zarten Fischen (zum Beispiel Salmler, Bärblinge, Glasbarsche). Größe: 100 cm Kantenlänge und mehr. Einrichtung: wie für Salmler (→ Seite 78) und Barben (→ Seite 87). Feinfiedrige Pflanzen, großer Schwimmraum, einige Schwimmpflanzen. Kräftige Strömung durch Kreiselpumpe oder Motorfilter (Fische stehen gern in der Strömung!).
Wasser: Temperatur: 12 bis 27 °C. Wasserqualität: Bis 18 °dGH; Karbonathärte möglichst niedrig. Ph-Wert 6,5 bis 7,2.
Futter: Lebendfutter (Rote und Schwarze Mückenlarven!), Futterflocken und Frostfutter.

## Fortpflanzung und Aufzucht
Zur Zucht zwei Männchen und ein Weibchen in Zuchtbecken setzen. Nach dem Ablaichen Eltern ins Haltungsbecken zurückbringen.
Zuchtbecken: Größe: 60 cm Kantenlänge. Einrichtung: Kein Bodengrund; feinfiedrige Ablaichpflanzen.
Wasser: Temperatur: 24 bis 26 °C. Wasserqualität: 4 bis 8 °dGH, pH-Wert 6 bis 7.
Fortpflanzungsverhalten: Die Fische laichen meist in den Morgenstunden. Die Eier werden zwischen feinfiedrigen Pflanzen verstreut.
Gelege: Umfaßt etwa 100 Eier.
Schlüpfen der Jungen: Nach etwa 3 Tagen.
Aufzucht: Erstfutter: Infusorien und Rädertierchen, frisch geschlüpfte *Artemia*-Nauplien, später Micromin, gefrorene Futtertiere und Trockenfutterpräparate.
Hinweis: Der Indische Glaswels, *Kryptopterus bicirrhis*, konnte mit der Kirschbaum-Methode (→ Literatur, Seite 144) zum Laichansatz, aber nicht zum Ablaichen gebracht werden.

## Eierlegende Zahnkarpfen, Killifische
### (*Cyprinodontidae*)

Die Eierlegenden Zahnkarpfen sind eine erdgeschichtlich recht junge Fischfamilie, die weltweit – außer in Australien – zu finden ist. Sie spaltet sich offenbar in immer neue Arten auf. Viele Unterarten und Lokalformen kreuzen sich untereinander im Aquarium, da die Weibchen vieler Arten einander stark ähneln und die Männchen auch Weibchen fremder Arten anbalzen und mit ihnen ablaichen, wenn arteigene Geschlechtspartner fehlen. Nach ihrem Fortpflanzungsmechanismus unterscheidet man bei Eierlegenden Zahnkarpfen Bodenlaicher und Pflanzenlaicher (Haftlaicher).

### Bodenlaicher
Sie sind fast ausschließlich sogenannte Saisonfische und leben meist in kleinen Tümpeln, die nur in der Regenzeit mit Wasser gefüllt sind. Beim Laichen drücken sie ihre Eier in den Bodengrund, die Vertreter der Gattungen *Austrofundulus, Cynolebias* und *Pterolebias* tauchen beim Ablaichen sogar völlig in den Bodengrund ein (→ Foto, Seite 37).

Wenn in der Trockenzeit die Tümpel austrocknen, sterben die erwachsenen Fische, aber die Eier überdauern im Schlamm. Beim nächsten Regen füllen sich die Tümpel wieder, die Jungfische schlüpfen, entwickeln sich in wenigen Wochen zu erwachsenen Fischen und laichen bis zur nächsten Regenzeit. Sie werden also im Freiland höchstens 8 Monate alt und leben im Aquarium meist nur eineinhalb Jahre lang.

Die Entwicklung der Eier wird vom Sauerstoffgehalt des Bodens gesteuert. Wenn die Tümpel gefüllt sind und die Saisonfische laichen, leben Bakterien und andere Mikroorganismen im Bodengrund, die viel Sauerstoff verbrauchen. Die Eier durchlaufen in diesem sauerstoffarmen Milieu nur die ersten Entwicklungsschritte bis zur Bildung des Dottersackes (→ Entwicklung der Eier, Seite 58). Nun tritt ein Entwicklungsstillstand ein. Trocknen die Tümpel aus, sterben auch die Mikroorganismen im Bodengrund ab, und dieser wird durch die Trockenheit rissig, so daß der Sauerstoffgehalt des Bodens wieder ansteigt. Nun entwickeln sich die Eier weiter, bei manchen Arten mit einer weiteren Pause, bis der schlupfbereite Embryo im Ei liegt. Jetzt tritt ein erneuter Stillstand ein, bis es regnet und der Tümpel sich langsam füllt. Wieder entwickeln sich Bakterien und Einzeller, die von den abgestorbenen Blättern, den toten Fischen und so weiter vom Vorjahr leben – auch der Sauerstoffgehalt des Bodens nimmt wieder ab. Das ist für die Jungen das Signal zum Schlüpfen. Drüsen an ihrem Kopf scheiden Enzyme aus, die die Eihülle ablösen, und Unterschiede im osmotischen Druck (→ Seite 28) blähen das Ei auf, so daß die Jungen leicht herausschlüpfen können.

## Pflanzenlaicher/Haftlaicher

Sie leben in beständigen Gewässern und schleudern beim Ablaichen ihre Eier in Pflanzendickichte, an Wurzeln oder in Gesteinsspalten. Einige laichen auch am Boden, tauchen aber nie in den Bodengrund ein. Die Eier brauchen keine Trockenperiode, um sich zu entwickeln. Diese Fische werden auch im Freiland mehrere Jahre alt.

## Haltung der Boden- und Pflanzenlaicher

Haltungsbecken: Vorzugsweise Artaquarium. Größe: 50 bis 60 cm Kantenlänge für Arten unter 10 cm Länge; Beckenlänge von 70 cm und darüber für Arten von über 10 cm Länge. Einrichtung für Arten (Boden- und Haftlaicher) aus Urwald- und Savannengewässern (viele Vertreter der Gattungen *Aphyosemion, Aplocheilichthys, Aplocheilus, Cynolebias,*

*Nothobranchius* und *Roloffia*): Bodengrund dunkler, feiner, rundkörniger Kies oder ausgekochter Torf. Verstecke aus Wurzelholz und Steinen (die meisten Killifische sind territorial, die Weibchen werden häufig gejagt!). Bepflanzung mit wenig lichtbedürftigen Arten, zum Beispiel Cryptocorynen, Javafarn und Javamoos. Eine Schwimmpflanzendecke zur Dämpfung des Lichtes.

Einrichtung für Arten (Haftlaicher) aus besonnten Bächen, Wüstentümpeln und Brackwässern (verschiedene Vertreter der Gattungen *Cyprinodon, Aphanius, Fundulus, Rivulus* und *Oryzias*): Bodengrund hellerer Sand oder Kies, Versteckplätze zwischen Steinen und Pflanzen. Wasserpflanzen, die hartes Wasser vertragen (zum Beispiel *Sagittaria, Vallisneria, Egeria, Elodea*). Für pflanzenfressende Arten helleres Licht zur Förderung des Algenwuchses.

Wasser: Temperatur: 18 bis 22 °C für Fische aus gemäßigten Zonen (Europa, Nordamerika) und aus tropischen Bergregionen (*Epiplatys*- und *Aphyosemion*-Arten aus den Gebirgen Westafrikas, *Cynolebias*-Arten aus dem südlichen Südamerika).

22 bis 24 °C für andere Arten,

26 °C für Saisonfische,

30 °C für Wüstenfische, die aber bei Nacht eine Abkühlung um mindestens 10 °C brauchen. Wasserqualität: Die Eierlegenden Zahnkarpfen haben sich an sehr unterschiedliche Gewässertypen angepaßt, an Urwaldbäche, Regentümpel, Savannengewässer mit sehr weichem und saurem Wasser, an Brackwasser in Flußmündungen, an mittelharte und harte, neutrale bis alkalische Flüsse und Seen und an stark salzhaltige

**Zwergfadenfisch-Pärchen kurz vor dem Ablaichen.** ▷
Die Männchen dieser Labyrinthfische bauen das Schaumnest aus schleimumhüllten Luftblasen gern zwischen Schwimmpflanzen. Die Balz und das Ablaichen finden immer unter dem Nest statt.

Wüstentümpel und Mineralquellen. Die meisten Arten lassen sich bei etwa 8 bis 10 °dGH (oft auch in härterem Wasser) halten. Viele Killifische sind beim Umsetzen in Wasser von anderer Zusammensetzung – besonders von anderem pH-Wert – sehr empfindlich: Die Wasserwerte müssen deshalb sorgfältig kontrolliert und langsam aneinander angeglichen werden. Alle Killifische brauchen sauberes Wasser; Stickstoffverbindungen, besonders Nitrit, vertragen sie nicht. Regelmäßiger Teilwasserwechsel!

Futter: In der Natur leben die meisten Killifische von Anflugnahrung und Moskitolarven. Deshalb ist Lebendfutter nötig, Trockenfutter nur als Zusatznahrung. Gut geeignet sind Mückenlarven, besonders Stechmückenlarven, *Drosophila*, Insekten passender Größe und Insektenlarven. Für Brackwasserarten (→ Tabelle, Seite 107) auch Kleinkrebse, Enchyträen, Grindalwürmchen, aufgetautes Frostfutter und Mysis. Geschabtes Rinderherz nur nach Gewöhnung. Nordamerikanische und südeuropäische Arten brauchen ferner Algen und anderes pflanzliches Futter.

### Zu zweit – oder doch allein?

Oben: Bei den meisten Buntbarschen betreiben beide Eltern Brutpflege. Wenn es – wie hier beim *Lamprologus obscurus*, einem Buntbarsch aus dem Tanganjika-See – zu Paarstreitigkeiten kommt, ist das Gelege gefährdet. Das geschieht im Aquarium relativ häufig.

Unten: Paarstreitigkeiten gibt es bei den meisten brutpflegenden Welsen nicht, denn hier übernimmt in der Regel das Männchen die Brutpflege. Hier ein Harnischwels-Männchen (*Ancistrus spec.*). Die Eier werden an der Aquarienscheibe befestigt, das Männchen liegt angesaugt darüber und fächelt ihnen frisches, sauerstoffreiches Wasser zu. Es erkennt sogar unbefruchtete oder abgestorbene Eier und frißt diese auf. Zurück bleibt die leere Eihülle (im Bild eine, weißlich).

## Fortpflanzung und Aufzucht von Bodenlaichern

Ein Paar oder ein Männchen mit zwei Weibchen in Zuchtbecken einsetzen. Die meisten Killifische sind Dauerlaicher, die über längere Zeit immer wieder Eier ablegen. Nach 8 bis 14 Tagen Fische herausfangen und Wasser des Zuchtbeckens ablassen. (Die Fische können in einem anderen Zuchtbecken erneut zur Zucht angesetzt werden. Oder: Fische nach Geschlechtern getrennt eine Woche lang gut füttern, danach erneut zur Zucht ansetzen.)

Den Bodengrund (Torf), in dem sich die Eier befinden, in ein Netz geben und vorsichtig ausdrücken, so daß er nur noch feucht ist. Anschließend in Plastiktüte aufbewahren und mit dem Namen der Fische, dem Ablaichdatum und dem voraussichtlichen Schlupfdatum etikettieren. Um Schimmelbildung vorzubeugen, den Beutel anstechen oder ab und zu öffnen, damit Luft eindringt. Diese »Trockenzeit« benötigen die Eier zu ihrer Entwicklung. Sie dauert bei den verschiedenen Arten unterschiedlich lange. Deshalb ab und zu Fischeier aus dem Torf heraussuchen (sie sind hartschalig, man kann sie ruhig anfassen) und nachsehen, wie weit sich die Embryonen entwickelt haben. Wenn die silbrigen Augen durch die Eihülle schimmern, sind sie im allgemeinen reif zum Schlüpfen. Nun Torf in eine flache Schale schütten und mit Wasser von etwa 18 bis 20 °C begießen, dessen Zusammensetzung dem Zuchtwasser entspricht. Die ersten Jungen schlüpfen bereits nach einigen Stunden. Wenn nichts geschieht, Torf nach etwa 2 Tagen noch einmal ausdrücken und weitere 2 bis 4 Wochen aufheben. Dann das Ganze erneut probieren. Auch wenn Junge schlüpften, muß Torf in Abständen von 2 bis 4 Wochen noch einige Male aufgegossen werden, da Saisonfische Eier mit unterschiedlicher Entwicklungsdauer produzieren.

Wenn die Jungen gar nicht schlüpfen (auch wenn man sie schon lange im Ei sehen kann), läßt sich der Sauerstoffmangel künstlich erzeugen, der in der Natur das Signal zum Schlüpfen ist: Man bläst mit einem Strohhalm sauerstoffarme Atemluft in das Wasser, oder man streut etwas Trockenfutter auf die Wasseroberfläche, dann entwickeln sich Infusorien, die auch in der Natur den Sauerstoff verbrauchen. Das Wasser wird trübe, die Jungen schlüpfen. Man kann auch die Schale kurz in den Kühlschrank stellen und das Wasser auf 15 bis 16 °C abkühlen. Geschlüpfte Junge sofort abfischen und in ein sauberes Aufzuchtbecken (Temperatur und Wasserqualität wie im Schlupfbecken) überführen.

**Zuchttip:** Der angetrocknete Torf schwimmt beim Einweichen zunächst auf dem Wasser. Rühren Sie ihn gut durch, die schlupfreifen Eier fallen heraus. Dann den Torf ausdrücken und wieder im Beutel aufheben. Die geschlüpften Jungen lassen sich leichter fangen, wenn sie sich nicht im Torf verstecken können.
Alternative: Sie brauchen weniger Torf, wenn Sie ins Becken nur torfgefüllte Plastikbehälter (zum Beispiel für Lebensmittel) geben. Die Fische nehmen sie zum Ablaichen an.

Zuchtbecken: Größe: Für Fische bis 10 cm Länge 12 l Inhalt; für größere Fische 30 l Inhalt und mehr. Einrichtung: Vor dem Einrichten Becken desinfizieren. Als Bodengrund eine Schicht von ausgekochtem, gut gespültem Torf (Fasertorf, krümeliger Filtertorf aus dem Zoofachgeschäft, auch Gartentorf ohne Zusätze ist möglich, → Prüfung von Torf, Seite 35). Für Arten, die sich beim Ablaichen in den Boden eingraben, muß Torfschicht dicker sein als die Gesamtlänge des Fisches. Für gejagte Weibchen sind Verstecke notwendig: Wurzeln, Steinplatten. Gut schließende Deckscheibe, da Fische springen!
Wasser: Angaben zu Temperatur und Beschaffenheit finden Sie bei den Angaben zu den einzelnen Arten (→ Tabelle, Seite 105).
Fortpflanzungsverhalten: → Seite 99.
Gelege: Eizahl je nach Art verschieden.
Schlüpfen der Jungen: Entwicklungsdauer der Eier bis zum Schlüpfen:

| | |
|---|---|
| Große *Aphyosemion*-Arten | 3−5 Monate |
| *Austrofundulus*-Arten | 4−6 Monate |
| *Cynolebias*-Arten | 2−4 Monate |
| *Nothobranchius*-Arten | 2−8 Monate |
| *Rachovia*-Arten | 2−6 Monate |
| *Roloffia*-Arten | 3−6 Monate |

Aufzucht: Die Jungen sind beim Schlüpfen schon soweit entwickelt, daß sie sofort selbständig auf die Jagd gehen können. Fast alle fressen schon einige Stunden nach dem Schlupf.
Erstfutter: *Artemia*-Nauplien, für kleine Arten Pantoffeltierchen. (Ausnahmen: Die extrem kleinen Jungen der *Epiplatys*-und *Pseudepiplatys*-Arten können dieses Futter noch nicht bewältigen. Sie werden deshalb im Haltungsbecken großgezogen, in denen sie sich von der Mikrofauna des elterlichen Aquariums ernähren können.)
Späteres Futter: *Cyclops*-Nauplien (nur wenige), Mikro-Älchen, später auch Wasserflöhe, Enchyträen und Grindalwürmer. An Bodenlaichern kann man mehr Enchyträen verfüttern, als es Aquarienfischen

sonst zuträglich ist. Sie brauchen kräftiges Futter, denn sie müssen nach 5 bis 6 Wochen schon die Geschlechtsreife erreicht haben.

**Zuchttip:** Die Aufzuchtbecken sollten für die älteren Jungtiere so groß wie möglich sein, häufiger Wasserwechsel und gute Fütterung sind nötig, damit sie schnell und gleichmäßig heranwachsen. Arten, die in weichem Wasser laichen und in weichem Wasser aufgezogen werden müssen, werden während der Aufzuchtphase langsam an mittelhartes gewöhnt, damit sie beim Umsetzen in andere Becken nicht Schaden nehmen.

## Fortpflanzung und Aufzucht von Pflanzenlaichern

Ein Männchen und ein Weibchen (bei aggressiven Arten auch mehrere Weibchen und ein Männchen) in Zuchtbecken setzen. Pflanzenlaicher geben (wie Bodenlaicher) über längere Zeit immer wieder kleine Mengen von Eiern ab. Eier täglich absammeln und in Plastikschalen mit Wasser aus dem Zuchtbecken, das man mit etwas Trypaflavin versetzt, oder mit chlorfreiem Frischwasser der gleichen Zusammensetzung, zum Schlüpfen bringen. Eltern (meist keine Laichräuber) können im allgemeinen im Zuchtbecken bleiben, bis die Jungen zu schlüpfen beginnen. Geschlüpfte Junge abschöpfen und in einem Aufzuchtaquarium weiter großziehen. Da die Fische über längere Zeit Eier ablegen, sind die Jungfische immer unterschiedlich groß. Das bedeutet, daß sie in verschiedenen Aufzuchtbecken untergebracht und mit unterschiedlich großem Futter ernährt werden müssen.

**Zuchttip:** Bequemer ist die Aufzucht, wenn man die Eier wie die der Bodenlaicher behandelt (→ Seite 103). Eier vom Substrat absammeln, in feuchten Torf legen, den man in Plastiktüten aufbewahrt. Nach einer Lagerung von 2 bis 4 Wochen mit temperiertem Zuchtwasser aufgießen, dadurch sind alle geschlüpften Jungen gleich alt und können gleich behandelt werden.

Zuchtbecken: Größe: → Tabelle, Seite 107. Einrichtung: Kein Bodengrund; viele feinfiedrige Pflanzen wie Javamoos, *Cabomba, Myriophyllum* oder ähnliches. Möglich sind auch Ablaichgespinste, ein Ablaichmop (→ Seite 21) oder lange Torffasern, die man unter der Deckscheibe festklemmt und in das

# Zuchtanleitungen für Aquarienfische

Wasser hineinhängen läßt. Sie dienen den Weibchen auch als Verstecke. Deckscheibe nötig, da Fische springen.

Wasser: Angaben zur jeweiligen Temperatur und Beschaffenheit bei den einzelnen Arten (→ Seite 107).

Fortpflanzungsverhalten: → Seite 100.

Gelege: Eizahl je nach Art verschieden.

Schlüpfen der Jungen: Etwa 3 Wochen nach der Eiablage.

Aufzucht: Wie Bodenlaicher (→ Seite 103).

Zuchttip: Wer importierte Fische mit Fundortangabe bekommt, sollte sie nicht mit Artgenossen von anderen Fundorten gemeinsam halten, damit die Population von diesem Fundort rein weitergezüchtet werden kann und ihr genetisches Material sich nicht mit dem anderer Lokalformen oder anderer Arten vermischt.

Wenn Männchen und Weibchen eines Paares aus verschiedenen Arten stammen, bringen sie zwar häufig lebensfähige und sogar fruchtbare Junge zur Welt, aber in der nächsten oder übernächsten Generation kann die Vitalität und Fruchtbarkeit der Nachkommen abnehmen, bis sie sich nicht mehr fortpflanzen, oder bis die Eier während der Entwicklung absterben. Mißerfolge bei der Zucht sind sicher auch manchmal auf solche Zufälle zurückzuführen!

## Zuchtdaten beliebter Killifische: Bodenlaicher

| Name | Zucht-becken | Wasser-bedingungen | Besonderheiten (♂ = Männchen, ♀ = Weibchen) |
|---|---|---|---|
| Arnolds Prachtkärpfling *Aphyosemion arnoldi* | 12 l | 22–25 °C, 2–6 °dGH/ pH 6,5 | 1 ♂ und 2–3 ♀ zur Zucht ansetzen. |
| Blauer Prachtkärpfling *Aphyosemion sjoestedti* | 20 l | 22–24 °C, 5–10 °dGH/ pH 6,5 | Paarweise oder 1 ♂ mit mehreren ♀ zur Zucht ansetzen. |
| Venezolanischer Kärpfling *Austrofundulus limnaeus* | 12 l | 22–26 °C, 3–6 °dGH/ pH 6,5 | 1 ♂ und 2 ♀ zur Zucht ansetzen; Zuchtbecken nicht zu hell! |
| Blauer Fächerfisch *Cynolebias bellottii* | 12 l | 20–25 °C, 5 °dGH/ pH 6,5 | ♂ zur Laichzeit aggressiv. |
| Palmquists Prachtgrundkärpfling *Nothobranchius palmquisti* | 12 l | 22–24 °C, 5–8 °dGH/ pH 6–6,5 | ♂ aggressiv. |
| Langflossiger Schleierkärpfling *Pterolebias longipinnis* | 20 l | 20–24 °C, 5 °dGH/ pH 6,5 | ♂ aggressiv. |
| Goldfasan-Prachtkärpfling *Roloffia occidentalis* | 20 l | 22–25 °C, 1–6 °dGH/ pH 6–6,5 | ♂ aggressiv: 1 Paar oder 1 ♂ und 2–3 ♀ zur Zucht ansetzen. |
| Flügelflosser *Terranatos (Austrofundulus) dolichopterus* | 12 l | 24–26 °C, 2–3 °dGH/ pH 6–6,5 | 1 ♂ und 2–3 ♀ zur Zucht ansetzen. Zuchtbecken nicht zu hell! |

# *Zuchtanleitungen für Aquarienfische*

## 1. Zuchtbeispiel für Bodenlaicher:

### Schwarzer Fächerfisch

*(Cynolebias nigripinnis)* – 4,5 cm
Beliebter Bodenlaicher, der beim Ablaichen ganz in den Untergrund eintaucht.
Verbreitung: Südamerika (Argentinien). Lebensraum: Kleine Gewässer mit weichem Boden, Regentümpel. Geschlechtsunterschiede: Männchen größer und farbiger als Weibchen.
Haltungsbecken: Artbecken. Größe: 40 cm Kantenlänge und mehr. Einrichtung: Bodengrund weich, dunkel, lockere Bepflanzung mit feinfiedrigen Arten, Wurzelholz als Verstecke.
Wasser: Temperatur: 20 bis 24 °C. Wasserqualität: 5 bis 8 °dGH, pH-Wert 6,5 bis 7.
Futter: Lebendfutter aller Art (→ Familienbeschreibung, Seite 103).

### Fortpflanzung und Aufzucht

Die Fische sind Bodentaucher und werden paarweise, oder ein Männchen mit 2 bis 3 Weibchen zum Ablaichen in Zuchtbecken angesetzt. Anschließend zurück in Haltungsbecken.
Zuchtbecken: Größe etwa 12 l Inhalt. Einrichtung: Bodengrund etwa 8 cm dicke Torfschicht, einige Verstecke für die Weibchen (→ Seite 104).
Wasser: Temperatur: 22 bis 24 °C. Wasserqualität: 3 bis 5 °dGH, pH-Wert 6,5.
Fortpflanzungsverhalten: Bei der Balz umschwimmt das Männchen das Weibchen mit gespreizten Flossen und flatternden Bewegungen. Ist das Weibchen laichbereit, folgt es ihm. Das Männchen stellt sich schräg oder senkrecht mit dem Kopf zum Boden, das Weibchen stellt sich daneben, und beide Tiere tauchen, eng aneinandergeschmiegt, in den Bodengrund ein. Hier werden Eier und Spermien abgegeben. Das Männchen erscheint als erstes wieder an der Oberfläche.
Gelege: Laichperiode dauert über eine Woche, insgesamt werden etwa 150 Eier abgegeben. Aufbewahrung des Torfes mit den Eiern, → Zucht von Bodenlaichern, Seite 103.
Schlüpfen der Jungen: Torf nach 3 Monaten aufgießen (→ Zucht von Bodenlaichern, Seite 103).
Aufzucht: Erstfutter: *Artemia*-Nauplien.

## 2. Zuchtbeispiel für Bodenlaicher:

### Rachovs Prachtfundulus

*(Nothobranchius rachovi)* – 9 cm
Taucht beim Ablaichen nicht ganz ein.
Verbreitung: Afrika (Moçambique). Lebensraum: Regentümpel in der Savanne. Geschlechtsunterschiede: Männchen größer, leuchtend bunt gefärbt, Weibchen unscheinbar.
Haltungsbecken: Artbecken. Größe: 50 cm Kantenlänge und mehr. Einrichtung: Bodengrund dunkel, weich, Wurzelholz, lockere Bepflanzung.
Wasser: Temperatur: 20 bis 23 °C. Wasserqualität: 5 bis 8 °dGH, pH-Wert 6,5. Keine starke Strömung, aber regelmäßiger Teilwasserwechsel (etwa ⅓ pro Woche).
Futter: Lebend-, auch Trockenfutter (→ Seite 103).

### Fortpflanzung und Aufzucht

Zuchtpaar in Zuchtbecken setzen. Nach dem Ablaichen Fische in Haltungsbecken oder weiteres Zuchtbecken geben. Bodengrund mit Eiern in Plastikbeutel aufbewahren (→ Fortpflanzung und Aufzucht von Bodenlaichern, Seite 103).
Zuchtbecken: Größe: Etwa 12 l Inhalt. Einrichtung: Bodengrund etwa 4 cm dicke Torfschicht, einige Verstecke für das Weibchen.
Wasser: Temperatur: 22 bis 24 °C. Wasserqualität: 4 bis 6 °dGH, pH-Wert 6,5.
Fortpflanzungsverhalten: Ähnlich wie beim Schwarzen Fächerfisch (→ links). Männchen und Weibchen dringen aber nicht ganz in den Bodengrund ein. Beim Ablaichen umgreift das Männchen mit Rücken- und Afterflosse den Schwanzstiel des Weibchens. Das Weibchen gibt jeweils nur ein Ei ab. Das Ei fällt in die tütenförmig gerollte Afterflosse des Weibchens und wird dort vom Sperma des Männchens befruchtet. In der von der Afterflosse gebildeten Tüte gleitet es zu Boden. Wenn sich die Tiere wieder trennen, stoßen sie sich kräftig voneinander ab, mit Hilfe der Flossen schleudern sie dabei das Ei in den Bodengrund.
Gelege: Umfaßt etwa 200 Eier, die über mehrere Tage verteilt abgelegt werden. Aufbewahrung des Torfes mit den Eiern: → Zucht von Bodenlaichern, Seite 103.
Schlüpfen der Jungen: Nach etwa 3 Monaten Torf aufgießen. Weiches Wasser (2 °dGH) bringt die besten Schlupfergebnisse.
Aufzucht: Erstfutter: *Artemia*-Nauplien.

# Zuchtanleitungen für Aquarienfische

**Zuchtdaten beliebter Killifische: Pflanzenlaicher**

| Name | Zucht-becken | Wasser-bedingungen | Besonderheiten ($\male$ = Männchen, $\female$ = Weibchen) |
|---|---|---|---|
| Diamant-Killifisch *Adinia multifasciata* | 20 l | um 22 °C, Süßwasser mit ¼–½ Seewasserzusatz | In kleinen Becken ohne Verstecke sehr aggressiv. Auch pflanzliches Futter nötig. |
| Spanienkärpfling *Aphanius iberus* | 20 l | um 30 °C, 8–12 °dGH/pH 7 | Kühl überwintern, bei etwa 12–16 °C. Eltern im Zuchtbecken gut füttern, sonst Laichräuber. |
| *Aphyosemion bualanum* | 12 l | 21–24 °C, 2–5 °dGH/ pH 6–6,5 | pH-Wert nicht höher als 7. |
| Kamerun-Kärpfling *Aphyosemion exiguum* | 12 l | 22–25 °C, um 5 °dGH/ pH 6–6,5 | Haltung auch in hartem, alkalischem Wasser möglich. |
| Kongo-Prachtkärpfling *Aphyosemion striatum* | 12 l | 22–24 °C, 3–6 °dGH/ pH 6,5 | 1 Teelöffel Seesalz auf 10 l. |
| Nackenfleckkärpfling *Aplocheilichthys spilauchen* | 20 l | 26–30 °C, 5–8 °dGH/ pH 6,5 | 10–15% Seewasserzugabe. Infusorienempfindlich! |
| Streifenhechtling *Aplocheilus lineatus* | 30 l | 25–28 °C, 4 bis 12 °dGH/ pH 6–7 | Haltung nur mit gleichgroßen oder größeren Fischen. |
| Zierhechtling *Epiplatys chevalieri* | 20 l | 24–26 °C, 2–5 °dGH/ pH 6,5 | Seesalzzusatz vorteilhaft. Kein Laichräuber. Infusorienempfindlich. |
| Floridakärpfling *Jordanella floridae* | 20 l | 23–25 °C, 5–12 °dGH/ pH 6,5–7 | Laichen in Gruben im Sand. $\male$ aggressiv. $\female$ nach Ablaichen herausfangen. Algen und pflanzliches Futter. |
| Tüpfelhechtling *Pachypanchax playfairi* | 20 l | 24–26 °C, 8–15 °dGH/ pH 6,5–7 | Laichräuber! |
| Ringelhechtling *Pseudepiplatys annulatus* | 12 l | 24–26 °C, 1–3 °dGH/ pH 5–5,5 | Torffilterung oder Zugabe von Torfpräparaten. Junge sehr klein. Aufzucht schwierig. |
| Agila-Bachling *Rivulus agilae* | 12 l | 22–27 °C, 3–8 °dGH/ pH 5,5–6,5 | $\male$ sehr aggressiv in zu kleinen Becken. |
| Chaytors Prachtkärpfling *Roloffia chaytori* | 12 l | 22–24 °C, 1–6 °dGH/ pH 6,5–7 | Kein Trypaflavin zu den Eiern! Jungfische schlüpfen sonst zu früh und sterben. |

## Beispiel für Pflanzenlaicher:

### Bunter Prachtkärpfling »Kap Lopez«

(*Aphyosemion australe*) – 5,5 cm

Die Zucht dieses wunderschönen Killifisches ist ein typisches Beispiel für die Zucht aller Pflanzenlaicher. Fische können auch auf der Bodenoberfläche laichen. Verbreitung: Westafrika. Lebensraum: Kleine Urwaldgewässer. Geschlechtsunterschiede: Männchen größer, sehr farbenprächtig, oberer und unterer Teil der Schwanzflosse und die Spitzen von Rücken- und Afterflosse lang ausgezogen. Weibchen bräunlich, mit runder Schwanzflosse.
Haltungsbecken: Artbecken oder Gesellschaftsaquarium mit ruhigen kleinen Fischen. Größe: 50 cm Kantenlänge oder mehr. Einrichtung: Bodengrund dunkel (zum Beispiel Torfschicht auf Kies), Verstecke aus Wurzeln und Steinen, dichte Rand- und Hintergrundbepflanzung, gedämpfte Beleuchtung durch Schwimmpflanzen.
Wasser: Temperatur: 21 bis 24 °C. Wasserqualität: 8 bis 10 °dGH, pH-Wert 5,5 bis 6,5. Torffilterung.
Futter: Lebendfutter aller Art, Trockenfutter.

## Fortpflanzung und Aufzucht

Fische paarweise in Zuchtbecken setzen und täglich Eier absammeln (→ Seite 104).
Zuchtbecken: Größe etwa 12 l Inhalt. Einrichtung: Bodengrund nicht nötig, aber feinfiedrige Pflanzen oder Ablaichgespinst (mit Glasstäbchen oder Kieseln beschweren).
Wasser: Temperatur: 23 bis 24 °C. Wasserqualität: Um 5 °dGH, pH-Wert um 6,5. Leichter Seesalz-Zusatz: 1 Teelöffel auf 10 l Wasser.
Fortpflanzungsverhalten: Dieser Pflanzenlaicher balzt mit Flossenspreizen und »Flattertänzen« wie Bodenlaicher. Die Fische laichen zwischen feinfiedrigen Pflanzen beziehungsweise auf oder im Ablaichgespinst. Sie drücken sich zitternd gegeneinander, das Weibchen legt jeweils ein Ei, das einfach gegen das Substrat geschleudert wird und dort mit seinen Haftfäden hängenbleibt.
Gelege: Während einer Ablaichperiode von etwa 12 Tagen werden täglich 10 bis 20 Eier abgelegt (insgesamt bis zu 150). Täglich Eier beziehungsweise Laichsubstrat mit daranhängenden Eiern aus dem Zuchtbecken entfernen und in Aufzuchtbecken überführen, das Wasser aus dem Zuchtbecken gefüllt ist.
Oder: Lagern und Aufgießen wie bei Bodenlaichern.
Schlüpfen der Jungen: Nach etwa 14 Tagen.
Aufzucht: Erstfutter: *Artemia*-Nauplien.

## Lebendgebärende Zahnkarpfen (*Poeciliidae*)

Oberflächenfische, von den südlichen USA über Mittel- und Südamerika bis Nordargentinien verbreitet. Zur Bekämpfung der Malaria-Mücke in viele andere Länder eingeführt, hauptsächlich nach Südostasien und den Philippinen.

### Zur speziellen Biologie der Lebendgebärenden

Die Afterflosse des Männchens ist zu einem beweglichen Begattungsorgan, dem sogenannten Gonopodium, umgebildet. Zur Begattung wird das Gonopodium nach vorne geklappt, dabei schließt es sich zu einem oben offenen Kanal zusammen. Durch diese U-förmige Rinne werden die Samenpakete in die Geschlechtsöffnung des Weibchens hineinbefördert. Nur ein Teil davon befruchtet die gerade reifen Eier, der Rest wird von den Falten der Eileiterwand gespeichert und dort vom Zellgewebe ernährt. So können auch ohne Anwesenheit eines Männchens neue Ei-Serien befruchtet werden (Vorratsbefruchtung). Die Embryonen entwickeln sich in großen, dotterreichen Eiern, deren Hülle erst bei der Geburt platzt. Es werden also, genau betrachtet, die Eier geboren (Ovoviviparie). Die Embryonen werden auch durch die Eihülle hindurch vom mütterlichen Körper mit Sauerstoff und verschiedenen Nährstoffen versorgt. Die Ovarien der Weibchen sind in Anpassung an das Lebendgebären zu einem einzigen Organ verschmolzen, so daß die großen Eier Raum genug haben. Nur bei den Weibchen des Zwergkärpflings (*Heterandria formosa*) haben die recht großen Embryonen auch dann zu wenig Platz: Hier entwickeln sich die Jungen einzeln nacheinander oder in kleinen Trupps. Die jeweils ältesten werden geboren, während die jüngsten gerade erst mit ihrer Enwicklung beginnen. Sie entstehen im Ovar der Mutter »wie am Fließband«. Lebendgebären ist die am weitesten entwickelte Form der Brutpflege, die Jungen sind bis zur Geburt vor Feinden und ungünstigen Umweltbedingungen geschützt.

## Zuchtdaten beliebter Lebendgebärender Zahnkarpfen

| Name | Becken-größe | Wasser-bedingungen | Besonderheiten |
|---|---|---|---|
| Hechtkärpfling<br>*Belonesox belizanus*<br>→ Zeichnung, Seite 48 | 80 cm | 22–26 °C,<br>12–30 °dGH/<br>pH um 7 | Sehr räuberisch: Artbecken! 60–80 Jungfische pro Wurf. Fütterung erst mit *Cyclops* und Daphnien, später mit jungen Guppys. |
| Zwergkärpfling<br>*Heterandria formosa* | 40 cm | 22–26 °C,<br>15–30 °dGH/<br>pH 7,5–8,5 | Keine großen Mitbewohner ins Becken! Bringt etwa 3 Wochen lang täglich 1–4 Junge zur Welt. Erstfutter für die Jungen: Liqui-fry, Pantoffeltierchen, *Euglena*, ganz wenig fein zerriebenes Eigelb. *Artemia*-Nauplien erst nach 5 Tagen! |
| Spitzmaulkärpfling<br>*Poecilia sphenops* | 80 cm | 23–28 °C,<br>20–35 °dGH/<br>pH 7,5–8,5 | Im Handel hauptsächlich schwarze Zuchtform »Black Molly« und »Liberty Molly« (mit gestrifter Rückenflosse), Wildform selten. |
| Segelkärpfling<br>*Poecilia velifera* | 100 cm | 25–28 °C,<br>25–35 °dGH/<br>pH 7,5–8,5 | Brackwasserfisch, Pflanzenfresser. 2–3% Seesalzzusatz, auch mehr. Erwachsene und Junge verkümmern ohne Pflanzenkost! |
| Leuchtaugenkärpfling<br>*Priapella intermedia* | 60 cm | 24–26 °C,<br>12–25 °dGH/<br>pH 7–8,5 | Etwas empfindlicher als die anderen genannten Arten. |
| Schwertträger<br>*Xiphophorus helleri* | 100 cm | 25–28 °C,<br>12–30 °dGH/<br>pH 7–8,5 | Im Handel viele verschiedene Zuchtformen (rote, schwarze oder gescheckte), Wildform selten. |
| Platy<br>*Xiphophorus maculatus* | 60 cm | 22–26 °C,<br>10–25 °dGH/<br>ph 7–8,5 | Im Handel viele Zuchtformen, Wildform selten. |
| Papageienplaty<br>*Xiphophorus variatus* | 60 cm | 22–25 °C,<br>12–30 °dGH/<br>pH 7–8,5 | Im Handel unterschiedliche Zuchtformen, Wildform selten. |

## Zuchterfolg durch Zuchtwahl

Die beliebten Guppys, Platys und Schwertträger erhält man im Fachhandel in vielen verschiedenen Zuchtformen. In letzter Zeit werden auch Wildformen importiert, die im Zoogeschäft jedoch nur selten zu bekommen sind. Interessenten wenden sich an die Deutsche Gesellschaft für Lebendgebärende Zahnkarpfen (→ Adresse, Seite 144).

Einige Arten und Zuchtformen der Lebendgebärenden Zahnkarpfen kreuzen sich im Aquarium untereinander:
- Alle Guppy-Hochzuchtstämme kreuzen sich miteinander.
- Die Guppy-Wildform kreuzt sich mit allen Guppy-Zuchtformen.
- Spitzmaulkärpflinge (*Poecilia sphenops*) lassen sich

mit Segelkärpflingen (*Poecilia velifera*) und dem Breitflossenkärpfling (*Poecilia latipinna*) kreuzen.

• Die Wildformen von Schwertträger, Platy und Papageienplaty kreuzen sich untereinander, ebenso kreuzen sich die Zuchtformen dieser Arten miteinander und mit den Zucht- und Wildformen der anderen Arten.

Wer Wert auf qualitätvolle und verkäufliche Nachzuchten legt, sollte nur Tiere eines Hochzuchtstammes beziehungsweise einer Wildform in einem Bekken pflegen. Denn sonst bekommen Sie Nachzuchten, die keinem Hochzuchtstamm mehr ähnlich sehen und äußerstenfalls an Freunde verschenkt werden können.

Ein Teil der Zuchtformen ist nur eingeschränkt fortpflanzungsfähig oder sogar steril:

• Manche Zuchtformen und Farbschläge der Gattung *Xiphophorus* (Schwertträger, Platy, Papageienplaty) lassen sich überhaupt nicht züchten. Man erhält solche Tiere aus Kreuzungen verschiedener Arten. Beispiel: Aus der Paarung eines roten Platy-Männchens mit einem wildfarbenen Schwertträger-Weibchen entstehen schwarze Schwertträger »Hamburger Kreuzung«.

• Guppy-Männchen mit Schleierflossen sind oft nicht mehr zeugungsfähig, sobald die Flossen voll ausgebildet sind. Die Schleierflossigkeit erfaßt nämlich auch das Gonopodium. Sie müssen deshalb schon halbwüchsig zur Zucht angesetzt werden.

• Schleierflossige Schwertträger sind ebenfalls nicht zeugungsfähig. Die Weibchen werden künstlich mittels einer Pipette befruchtet.

Da viele Lebendgebärende Zahnkarpfen schon im Alter von wenigen Wochen oder Monaten fortpflanzungsfähig sind, müssen die Geschlechter getrennt werden, sobald man sie unterscheiden kann (bei Guppys ab der 3. Lebenswoche! Lupe!). Die Aufzuchtbecken müssen also mindestens einmal pro Woche durchgemustert werden. Junge Männchen mit Gonopodium werden sofort herausgefangen und in Männchen-Aquarien aufgezogen. Zur Zucht verwendet man die besten Tiere, das heißt solche, die neben perfekter Körperform, Beflossung und Färbung auch die größte Vitalität zeigen. Bei manchen Arten darf man aber die Zuchttiere nicht zu früh auswählen:

• Segelkärpflings-Männchen, die schon früh eine hohe Rückenflosse ausbilden, sollten nicht zur Zucht herangezogen werden. Nur Männchen, die erst nach einem Jahr große Rückenflossen entwickeln, sind kräftig und gut ausgefärbt und vererben diese Eigenschaften weiter.

• Bei Schwertträgern gibt es Frühmännchen und Spätmännchen. Die Frühmännchen bilden nach etwa 4 bis 5 Monaten, die Spätmännchen erst nach eineinhalb Jahren ihr Gonopodium und den Schwertfortsatz an der Schwanzflosse aus. Spätmännchen gleichen also bis zur Geschlechtsreife den Weibchen, die meisten werden dann aber größer und schöner als die Frühmännchen. Also: Weibchen, die keine Jungen werfen, nicht aussortieren und nicht verfüttern! Es sind Spätmännchen!

## Guppy (*Poecilia reticulata*) – Weibchen 6 cm, Männchen 3 cm

Als Wildform seltener im Fachhandel erhältlich, jedoch viele Zuchtformen, die sich in Flossenform und -farbe unterscheiden, zum Beispiel Triangel-, Schleier-, Doppelschwert-, Nadelschwanz-, Spatenschwanzguppy. Jeweils in verschiedenen Farbschlägen, zum Beispiel Blau, Orange, gefleckt und so weiter.

Verbreitung: Wildform im südöstlichen Südamerika beheimatet. Lebensraum: Fließende und stehende Gewässer aller Art, häufig in Küstennähe. Geschlechtsunterschiede: Männchen mit Gonopodium, kleiner als Weibchen, leuchtend bunt gefärbt, Weibchen unauffällig.

Haltungsbecken: Art- oder Gesellschaftsaquarium (Schleierflossige Guppys nicht mit flossenbeißenden Fischen vergesellschaften!). Größe: 40 cm Kantenlänge und mehr. Einrichtung: Nicht allzu heller, mittelfeiner Bodengrund. Lockere Rand- und Hintergrundbepflanzung, großer Schwimmraum. Pflanzen für mittelhartes und hartes Wasser, zum Beispiel Sagittarien, Vallisnerien, Ludwigien, Wasserpest und so weiter.

Wasser: Temperatur: Wildformen 22 bis 24 °C, Hochzuchten 23 bis 26 °C. Wasserqualität: über 10 °dGH, am besten zwischen 15 und 30 °dGH. Ausgesprochen weiches Wasser muß aufgehärtet werden (→ Seite 32). PH-Wert 7 bis 8,5.

Futter: Allesfresser, jedes Lebend- und Trockenfutter, passend zur Größe der Fische. Fütterung mit Lebendfutter (besonders mit Stechmückenlarven) wirkt sich vorteilhaft auf Gesundheit und Zuchterfolge aus. Auch pflanzliches Futter nötig (wie für alle Lebendgebärenden Zahnkarpfen), also Pflanzenflocken, veralgte Salatblätter, Algen im Aquarium.

# *Zuchtanleitungen für Aquarienfische*

**Fortpflanzung und Aufzucht**
Lebendgebärende Zahnkarpfen vermehren sich auch im Gesellschaftsaquarium. Da aber die anderen Beckeninsassen und oft auch die eigenen Mütter den Neugeborenen nachstellen, muß man den Jungen das Entkommen ermöglichen. Man isoliert deshalb die trächtigen Weibchen kurz vor die Geburt. Tragende Weibchen erkennt man am prallen, runden Bauch und am Trächtigkeitsfleck, einer durchsichtigen Stelle am hinteren Teil des Bauches, durch die man das Ovar sehen kann. Bei schwangeren Weibchen ist er stark vergrößert. Manchmal sieht man kurz vor der Geburt schon die Augen der Embryonen durch die Haut schimmern (→ Zeichnung, Seite 30). Nach der Geburt setzt man das Muttertier wieder in das Haltungsbecken zurück.
Zuchtbecken: Größe: 40 cm Kantenlänge. Einrichtung. Wie Haltungsbecken (→ oben), möglichst mit einem Ablaichkasten (→ Seite 21), durch dessen Öffnungen die Jungen nach der Geburt fallen, so daß die Mutter sie nicht mehr erreichen kann. Nach der Geburt Ablaichkasten entfernen.
Wasser: → Haltungsbecken.
Alternative: Man kann das Weibchen zur Geburt auch in ein sehr kleines Aquarium (10 bis 15 l Inhalt) setzen, das so dicht mit feinfiedrigen Pflanzen besetzt ist, daß es sich nur langsam darin bewegen kann. Die Jungen können sich nach der Geburt im Pflanzengewirr verstecken, wo das beengte Muttertier sie nicht erreichen kann. Das Becken muß allerdings über Nacht sehr gut belüftet werden, weil die vielen Pflanzen den Sauerstoff verbrauchen. Nach der Geburt setzt man die Mutter ins Haltungsbecken und überführt die Jungen in ein Aufzuchtaquarium.
Fortpflanzungsverhalten: Das Männchen balzt, indem es sich mit S-förmig gebogenem Körper immer wieder vor dem Weibchen aufstellt, blitzschnell weiterschwimmt, sich wieder in S-Stellung aufbaut und so weiter. Die Begattung erfolgt oft »überfallartig«. Das Männchen schwimmt mit nach vorne geklapptem Gonopodium (→ Zeichnung, Seite 48) schräg von unten an und begattet das Weibchen.
Geburt: Das Weibchen bringt etwa 4 bis 8 Wochen nach der Begattung bis zu 150 Junge zur Welt. Die Dauer der Tragzeit hängt davon ab, in welchem Reifezustand die Eier des Weibchens bei der Begattung waren. Hat ein Weibchen reife Eier, ohne daß ein Männchen zur Begattung anwesend ist, und ohne daß Spermien im Ovar sind, werden die Eier resorbiert und neu aufgebaut. Wird das Weibchen während der Resorptionsphase neu begattet, werden die Spermien gespeichert, bis wieder neue, befruchtungsfähige Eier vorhanden sind. Die Tragzeit dauert dann länger.
Aufzucht: Die Jungen fressen bereits wenige Stunden nach der Geburt alles, was sie bewältigen können. Vor allem die Hochzuchtformen benötigen eine ausgewogene Ernährung: Feinzerriebenes Trockenfutter, *Artemia*-Nauplien, *Cyclops*- und *Diaptomus*-Nauplien, Algen und anderes pflanzliches Futter.
Hinweis: In fast jedem Wurf treten einige Bauchrutscher auf. Das sind Junge, die nach der Geburt nicht die Wasseroberfläche durchstoßen konnten, um ihre Schwimmblase mit Luft zu füllen. Sie lernen nie richtig Schwimmen, man sollte sie deshalb herausfangen und verfüttern. Hält man Hochzuchtguppys nicht unter optimalen Bedingungen, bilden ihre Nachkommen nur noch kümmerliche Flossenbehänge aus.

## Ährenfische
## (*Atherinidae*)

Bewohner flacher Küstengewässer in tropischen und gemäßigten Meeren. Einige Arten leben zeitweise in Brack- und Süßwasser, nur wenige sind reine Süßwasserbewohner. Regelmäßig im Aquarium gezüchtet: der Rotschwanz-Ährenfisch (*Bedotia geayi*) und der Celebes Sonnenstrahlfisch (*Telmatherina ladigesi*).

### Rotschwanz-Ährenfisch
### (*Bedotia geayi*) – 15 cm
Verbreitung: Madagaskar. Lebensraum: Schnellfließende Gewässer. Geschlechtsunterschiede: Männchen größer, kräftiger gefärbt, vordere Rückenflosse spitz, beim Weibchen ist die vordere Rückenflosse abgerundet.
Haltungsbecken: Art- oder Gesellschaftsaquarium. Größe: 80 cm Kantenlänge und mehr. Einrichtung: Bodengrund beliebig. Hintergrund- und Randbepflanzung (hauptsächlich mit feinfiedrigen Arten), aber auch viel freier Schwimmraum.
Wasser: Temperatur: 20 bis 24 °C. Wasserqualität: Über 10 °dGH, pH-Wert um 7. Wöchentlich etwa ¼ bis ⅓ des Wassers wechseln, da die Fische empfindlich gegen Nitrat, Nitrit, Bakterien und Infusorien sind.
Futter: Lebendfutter aller Art, am besten Insekten und ihre Larven (Schwarze Mückenlarven!). Die Fische ernähren sich in der Natur von Anflugnahrung und nehmen kein Futter vom Boden auf. Auch Trockenfutter möglich.

## Fortpflanzung und Aufzucht

Die Fische sind Dauerlaicher und laichen monatelang immer wieder von neuem. Es empfiehlt sich deshalb, das Zuchtpaar über einen langen Zeitraum hinweg zum Ablaichen in ein Zuchtbecken zu setzen (Dauer-ansatz). Da die erwachsenen Fische weder den Eiern noch den Jungfischen nachstellen, kann man das Gelege im Zuchtbecken belassen. Die Eier entwickeln sich hier, und die Eltern laichen weiter, bis sie in das Haltungsbecken zurückgesetzt werden.

Zucht- und Aufzuchtbecken: Größe: 70 cm Kantenlänge für ein Paar. Einrichtung: Kein Bodengrund. Einige feinfiedrige Pflanzen oder Javamoosbüschel (auf dem Boden mit Glasstab beschweren).

Wasser: Temperatur: 22 bis 24 °C. Wasserqualität: Über 10 °dGH, pH-Wert um 7. Wasser sauber halten, deshalb kräftige Filterung und Wasserwechsel wie im Haltungsbecken.

Fortpflanzungsverhalten: Das Männchen balzt mit gespreizten Flossen und führt das dickbäuchige Weibchen zwischen die Pflanzen oder über das Moos. Das Weibchen hält über den Pflanzen, das Männchen schiebt sich von hinten daneben, beide Tiere zittern kurz und geben Eier und Spermien ab. Die Eier haften mit etwa 3 mm langen klebrigen Fäden an den Pflanzen.

Gelege: Umfaßt etwa 60 Eier.

Schlüpfen der Jungen: Nach etwa 6 Tagen.

Aufzucht: Erstfutter: Pantoffel- oder Rädertierchen, nach spätestens einer Woche: *Artemia*- und *Cyclops*-Nauplien. Kräftige Durchlüftung und häufiger Wasserwechsel nötig!

## Celebes Sonnenstrahlfisch

(*Telmatherina ladigesi*) – 7 cm

Verbreitung: Sulawesi. Lebensraum: Kleinere Flüsse und Bäche im Hochland. Geschlechtsunterschiede: Männchen mit verlängerten Strahlen an zweiter Rückenflosse und Afterflosse (Flossen wirken zerschlissen, da die langen Flossenstrahlen freistehen), Weibchen ohne verlängerte Flossenstrahlen, blasser gefärbt.

Haltungsbecken: Art- oder Gesellschaftsbecken. Größe: 80 cm Kantenlänge und mehr. Einrichtung: Feinsandiger Bodengrund, lockere Rand- und Hintergrundbepflanzung, aber auch viel freier Schwimmraum. Morgensonne!

Wasser: Temperatur: 22 bis 28 °C. Wasserqualität: Über 12 °dGH, pH-Wert 7. Fische fühlen sich in weichem Wasser nicht wohl und setzen keinen Laich an!

Sehr weiches Leitungswasser aufhärten oder Seesalz zusetzen (1 bis 2 Eßlöffel Salz auf 10 l Wasser). Wöchentlich etwa ¼ des Wassers wechseln, Fische sind sehr empfindlich gegen Nitrit, Nitrat, Bakterien und Infusorien.

Achtung: Fische vertragen Schwankungen der Wasserhärte beim Wasserwechsel oder beim Umsetzen nur schlecht.

Futter: Lebendfutter aller Art, besonders Mückenlarven und Kleinkrebse, aber auch Flockenfutter.

## Fortpflanzung und Aufzucht

Die Fische sind Dauerlaicher und Laichräuber. Die Laichperiode dauert mehrere Monate. Es ist deshalb notwendig, täglich die Ablaichpflanzen mit den daranhängenden Eiern in ein gesondertes Aufzuchtbecken zu überführen.

Zuchttip: Rationeller ist die Zucht in mehreren kleineren Aquarien (etwa 20 l Volumen für ein Paar, Einrichtung wie Zuchtbecken). Nach dem Ablaichen setzt man das Elternpaar in das nächste kleine Aquarium und so weiter.

Zuchtbecken: Größe: 50 l Fassungsvermögen für mehrere Männchen und Weibchen. Einrichtung: Kein Bodengrund. Einige feinfiedrige Pflanzen oder Javamoosbüschel (auf dem Boden mit Glasstab beschweren). Becken vor Einrichtung desinfizieren (→ Seite 72). Bodengrund, Pflanzen und Schwimmpflanzen gut waschen und ebenfalls desinfizieren!

Wasser: Temperatur: 22 bis 24 °C. Wasserqualität: Über 12 °dGH, pH-Wert 7. Gut filtern!

Fortpflanzungsverhalten: Das Männchen balzt mit Flossenspreizen und treibt das Weibchen sehr stark. Das Weibchen drückt sich gegen die Pflanzen, das Männchen schießt herbei, preßt sich kurz an das Weibchen, beide geben unter heftigem Zittern ihre Geschlechtsprodukte ab. Die Eier bleiben mit ihren Haftfäden an Pflanzen und Schwimmpflanzenwurzeln hängen.

Gelege: Umfaßt jedesmal zwischen 20 und 50 Eier, gegen Ende der Laichperiode werden es weniger.

Schlüpfen der Jungen: Nach 8 bis 11 Tagen.

Aufzucht: Erstfutter: Gereinigte Pantoffeltierchen und feinste *Cyclops*-Nauplien. Später auch *Artemia*-Nauplien.

**Zuchttip:** Jungfische sind gegen Infusorien und Schwankungen der Wasserwerte empfindlicher als erwachsene Fische, daher täglich Teilwasserwechsel (etwa ⅛) im Aufzuchtbecken! Härte und pH-Wert dem Wasser des Aufzuchtbeckens angleichen.

## Regenbogenfische
### (*Melanotaeniidae*)

Die meisten Regenbogenfische werden unter ähnlichen Bedingungen gehalten und gezüchtet. Die folgenden Angaben gelten für alle in der Tabelle genannten Arten, Ausnahmen sind angegeben.

### Regenbogenfische
Lachsroter Regenbogenfisch
(*Glossolepis incisus*) – 15 cm (→ Foto, Seite 83)
Boeseman's Regenbogenfisch
(*Melanotaenia boesemani*) – Weibchen 8 cm,
Männchen 10 cm (→ Foto, Seite 83 unten)
Australischer Perlmutterregenbogenfisch
(*Melanotaenia fluviatilis*) – 10 cm
Zwergregenbogenfisch
(*Melanotaenia macculochi*) – 7 cm
Großer Regenbogenfisch
(*Melanotaenia nigrans*) – 7 cm
Juwelenregenbogenfisch
(*Melanotaenia trifasciata*) – 12 cm
Popondettaregenbogenfisch
(*Popondetta conniae*) – 5 cm
Honigregenbogenfisch
(*Pseudomugil mellis*) – 3 cm

**Verbreitung:** Australien, Neuguinea und einige benachbarte Inseln. Lebensraum: Fließgewässer aller Art. Die Fische werden auch von Überschwemmungen in Tümpel und Teiche getragen. Geschlechtsunterschiede: Männchen größer, höher und kräftiger gefärbt als Weibchen.
Haltungsbecken: Art- oder Gesellschaftsbecken. Größe: 50 cm Kantenlänge für Arten bis 5 cm Länge, für größere Arten 80 cm Kantenlänge und mehr. Einrichtung: Feiner Bodengrund, Hintergrund- und Randbepflanzung mit feinfiedrigen Pflanzen, viel freier Schwimmraum. Morgensonne! Becken gut abdecken, Fische springen.
Wasser: Temperatur: 22 bis 28 °C (Boeseman's Regenbogenfisch 27 bis 30 °C). Wasserqualität: Zwischen 10 und 20 °dGH, pH-Wert 7 bis 7,9. (Honigregenbogenfisch: 4 bis 8 °dGH, pH-Wert 6 bis 6,5). Alle Fische brauchen nitratarmes Wasser. Regelmäßiger Teilwasserwechsel!
Futter: Lebendfutter, vor allem Insekten und ihre Larven (viele Regenbogenfische werden in ihrer Heimat zur biologischen Mückenbekämpfung eingesetzt). Aber auch aufgetautes Frostfutter und Trockenfutter aller Art.

### Fortpflanzung und Aufzucht
Alle genannten Regenbogenfische sind Dauerlaicher. Es ist möglich, sie im Haltungsbecken (Artbecken) zu züchten. Es ist jedoch ertragreicher, ein einzelnes Paar in einem Zuchtbecken zum Ablaichen zu bringen. Die meisten *Melanotaenia*- und *Glossolepis*-Arten stellen dem Laich nicht nach, während die *Popondetta*- und *Pseudomugil*-Arten häufig Laichräuber sind. Deshalb nach dem Ablaichen Elterntiere aus dem Zuchtbecken herausfangen und – soweit sie weiterlaichen sollen – in ein weiteres Zuchtbecken setzen, oder: das Zuchtpaar im Zuchtbecken belassen und die Pflanzen mit anhängenden Eiern in ein gesondertes Aufzuchtbecken überführen.
Zuchtbecken: Größe: Für kleinere Arten (bis 5 cm Länge) 40 cm Kantenlänge und mehr, für größere Arten 80 cm Kantenlänge und darüber. Einrichtung: Kein Bodengrund, aber feinfiedrige Pflanzen und Javamoosbüschel, auch Schwimmpflanzen möglich.
Aufzuchtbecken: Größe: 20 l Volumen und mehr. Einrichtung: Kein Bodengrund, Ablaichpflanzen mit den Eiern, langsam laufender Filter.
Wasser: Temperatur: 24 bis 30 °C. Wasserqualität: Wie im Haltungsbecken ( › oben)
Fortpflanzungsverhalten: Die Fische sind Freilaicher. Die Männchen balzen und treiben die Weibchen. Die Partner laichen meist morgens zwischen oder über Pflanzen, wobei sie sich kurz aneinanderpressen und die Geschlechtsprodukte ausstoßen. Die Eier bleiben mit ihren Haftfäden an Pflanzen hängen.
Gelege: Umfaßt zwischen 20 und 50 Eier. Sie sind sehr robust, man kann sie sogar anfassen. Die Eier des Honigregenbogenfisches können eine Zeitlang in feuchtem Torf aufgehoben werden, wie die Eier vieler Eierlegender Zahnkarpfen (→ Seite 103). Die Entwicklung läßt sich mit bloßem Auge verfolgen.
Schlüpfen der Jungen: Je nach Art nach 5–11 Tagen.
Aufzucht: Erstfutter: Infusorien, Rädertierchen und künstliches Aufzuchtfutter. Nach einigen Tagen *Artemia*-Nauplien. Regelmäßiger Teilwasserwechsel im Aufzuchtaquarium!

## Glasbarsche
## (*Chandidae*)

Diese Familie umfaßt kleine Barsche mit durchsichtigem Körper. Im Aquarium wird am häufigsten der Indische Glasbarsch (*Chanda ranga*) nachgezogen. Er wurde schon 1905 importiert. Die Aufzucht galt immer als sehr schwierig. Es war und ist ein Zeichen besonderen Fingerspitzengefühls bei der Zucht Glasbarsche nachgezogen zu haben. Der Grund dafür ist die aufwendige Jungfisch-Ernährung (→ Zuchttip rechts).

**Indischer Glasbarsch** (*Chanda ranga*) – 7 cm
Verbreitung: Südostasien. Lebensraum: Süß- und Brackwasser. Geschlechtsunterschiede: Männchen farbiger, Schwimmblase hinten zugespitzt, Rücken- und Afterflosse mit blauem Saum. Laichbereite Weibchen dicker, Schwimmblase hinten abgerundet. Haltungsbecken: Artbecken. Größe: 70 cm Kantenlänge und mehr. Einrichtung: Dunkler Bodengrund, da Fische sehr schreckhaft sind. Verstecke aus Steinen und Wurzeln (Männchen sind vor dem Ablaichen territorial!). Dichte Bepflanzung mit feinfiedrigen Arten. Möglichst Morgensonne!
Wasser: Temperatur: 20 bis 26 °C. Wasserqualität: 10 °dGH, pH-Wert um 7. Seesalz-Zusatz empfehlenswert (1 bis 2 Eßlöffel auf 100 l Wasser); bei weichem Wasser bis zu 1 bis 2 Eßlöffel auf 10 l Wasser. In hartem Wasser Zusatz nicht unbedingt notwendig; ausprobieren!
Futter: Lebendfutter aller Art, besonders Insektenlarven und Kleinkrebse. Trockenfutter nur als Zusatznahrung.

### Fortpflanzung und Aufzucht
Gutgenährte Glasbarsche laichen im Haltungsbecken häufig, aber die Aufzucht der Jungen ist dort nicht möglich (→ Aufzucht, unten), obwohl die Eltern keine Laichräuber sind. Zuchtpaar zum Ablaichen in Zuchtbecken setzen, danach wieder zurück ins Haltungsbecken oder in weiteres Zuchtbecken geben. Sie laichen meist mehrere Tage lang. Junge werden im Zuchtbecken aufgezogen.
Zuchtbecken: Größe: 15 l bis 30 l Inhalt für ein Paar. Einrichtung: Schwarzgestrichener Beckenboden oder dünne Sandschicht, Wurzeln als Verstecke, feinfiedrige Pflanzen, die hartes Wasser vertragen (zum Beispiel Hornkraut) oder Schwimmfarn (*Ceratopteris*).

Wasser: Temperatur: 24 bis 28 °C. Wasserqualität: 10 °dGH, pH-Wert um 7 (eventuell mit Seesalz-Zusatz → Haltungsbecken).

**Zuchttip:** Frischwasserzugabe und Temperaturerhöhung regen die Laichbereitschaft an, besonders wenn einige Tage vor dem Ablaichen beide Partner getrennt und kräftig gefüttert wurden.

Fortpflanzungsverhalten: Die Fische laichen meist morgens. Das Männchen balzt durch Flossenspreizen, umschwimmt das Weibchen und stößt es mit dem Maul. Zwischen den Pflanzen geben die Partner Eier und Spermien ab, wobei sie zitternd zu Boden sinken. Die Eier bleiben an Pflanzen kleben.
Gelege: Umfaßt bis zu 200 Eier. Gegen Verpilzung der Eier kann Trypaflavin (1 g auf 100 l Wasser) zugesetzt werden.
Schlüpfen der Jungen: Nach 18 bis 24 Stunden. Freischwimmen am darauffolgenden Tag.
Aufzucht: Erstfutter: *Diaptomus*- und *Cyclops*-Nauplien. Bei Fütterung mit *Cyclops*-Nauplien nur so viel geben, wie in der nächsten Stunde gefressen werden kann, damit sich die Nauplien nicht zu *Cyclops* entwickeln und die Jungen anfallen. Das bedeutet: Sie müssen jede Stunde füttern! Da die Jungen nicht auf die Jagd gehen, kann man das Becken mit Papier abdunkeln und nur an einer Stelle Licht hineinfallen lassen. Futtertiere und Junge sammeln sich dann dort an, und die Jungen können leicht Beute machen.

**Zuchttip:** Es ist zwecklos, Glasbarsche zur Zucht anzusetzen, wenn man nicht ständig *Diaptomus*-Nauplien zur Verfügung hat. Nach Richter (→ Literatur, Seite 144) fressen junge Glasbarsche zur Not auch große Rädertierchen, aber die Aufzuchtergebnisse sind dann viel schlechter.

# *Zuchtanleitungen für Aquarienfische*

## Blaubarsche
## (*Badidae*)

Die Familie der Blaubarsche umfaßt eine einzige Gattung, den Indischen Blaubarsch (*Badis badis*), der im Aquarium regelmäßig nachgezüchtet wird.

### Indischer Blaubarsch (*Badis badis*) – 8 cm

Verbreitung: Indien. Lebensraum: Stehende Gewässer. Geschlechtsunterschiede: Männchen farbiger und Bauchlinie konkav, bei Weibchen konvex. Haltungsbecken: Artbecken. Größe: 60 cm Kantenlänge und mehr. Einrichtung: Bodengrund feiner Kies oder grober Sand, nicht zu hell, Verstecke und Höhlen aus Steinen, Wurzeln, Kokosnußschalen und Blumentöpfen. Bepflanzung passend zur Wasserqualität, leichte Schwimmpflanzendecke.
Wasser: Temperatur: 23 bis 26 °C. Wasserqualität: Relativ unwichtig, meist zwischen 8 und 12 °dGH, pH-Wert um 7.
Futter: Lebendfutter aller Art, passend zur Größe des Fisches. Auch Trockenfutter wird manchmal genommen.

### Fortpflanzung und Aufzucht

Die Fische laichen regelmäßig im Artbecken. Bei kleinen Becken Weibchen nach dem Ablaichen herausfangen und in einem gesonderten Aquarium unterbringen.
Alternative: Zuchtpaar in Zuchtbecken setzen. Nach Ablaichen Weibchen zurück in Haltungsbecken geben, sonst wird es vom Männchen vertrieben. Männchen bewacht Gelege und hält Junge zusammen, bis der Dottersack aufgezehrt ist. Nach dem Freischwimmen der Jungen Männchen ebenfalls in Haltungsbecken zurücksetzen.
Zuchtbecken: Größe: 50 cm Kantenlänge und mehr. Einrichtung: Wie Haltungsbecken (→ oben).
Wasser: Temperatur: 26 bis 30 °C. Wasserqualität: 8 bis 12 °dGH, pH-Wert um 7; Wasserzusammensetzung von untergeordneter Bedeutung.
Fortpflanzungsverhalten: Gelaicht wird meist in einer Höhle, dabei umschlingen sich Männchen und Weibchen.
Gelege: Umfaßt zwischen 30 und 100 Eier.
Schlüpfen der Jungen: Nach 3 Tagen. 2 Tage später schwimmen sie frei, nun fängt man auch das Männchen heraus.

Aufzucht: Erstfutter: *Artemia*-Nauplien (auch andere Nauplien möglich), später feingeriebenes Tümpelfutter passender Größe (→ Seite 65).

Zuchttip: In größeren, deckungsreichen Artbecken (etwa 100 cm Kantenlänge) lassen sich 2 bis 3 Männchen und 4 bis 6 Weibchen halten. Die Weibchen verstecken sich nach dem Ablaichen zwischen Steinen und Pflanzen und brauchen nicht herausgefangen zu werden. Die Jungen werden von den erwachsenen Fischen kaum behelligt. Sie ernähren sich in den ersten Tagen nach dem Freischwimmen von den Mikroorganismen im elterlichen Aquarium. 3 bis 4 Tage nach dem Freischwimmen beginnt man mit dem Füttern: 2- bis 3mal täglich kleine Mengen von *Artemia*-Nauplien, Rädertierchen oder feingesiebtem Tümpelfutter. Die Jungen sitzen zwischen den Steinchen des Bodengrundes und fangen, was über sie hinschwimmt.

## Buntbarsche, Cichliden
## (*Cichlidae*)

Von den etwa 160 Buntbarsch-Gattungen mit über 900 Arten leben ungefähr 700 Arten in Afrika, über 200 in Amerika und 3 in Indien. Cichliden haben sich an die unterschiedlichsten ökologischen Bedingungen angepaßt: Manche leben in Stromschnellen, andere im Brackwasser und einige sogar in Sodaseen mit einem pH-Wert von 10,5, den andere Fische nicht überleben würden.

### Formen der Brutpflege

In Anpassung an unterschiedliche Umweltbedingungen haben Cichliden sehr verschiedenartige Fortpflanzungsmechanismen entwickelt. Man unterscheidet zwei große Gruppen: Substratbrüter und Maulbrüter. Die Substratbrüter werden in Offen- und Versteckbrüter unterteilt. Zwischen diesen Gruppen bestehen Übergänge.

### Substratbrüter (Offenbrüter)

Sie laichen auf Steinen oder an Pflanzen; das Gelege ist meist sehr groß und kann mehrere tausend Eier umfassen. Ihre kleinen, ovalen Eier sind tarnfarbig oder durchsichtig und haften mit der Breitseite am Substrat (das heißt an Steinen, Pflanzen, Wurzeln,

# Zuchtanleitungen für Aquarienfische

Aquarienscheiben). Manchmal stehen sie auf kurzen Stielen.

Die Geschlechtsunterschiede zwischen Männchen und Weibchen sind im allgemeinen wenig ausgeprägt, oft ist das Männchen jedoch größer, mit länger ausgezogenen Spitzen der Rücken- und Afterflosse. Bei manchen Arten bilden die Männchen einen Stirnbuckel aus, dessen Größe zumindest beim Zitronenbuntbarsch (*Cichlasoma (Amphilophus) citrinellum*) von der Ranghöhe und der Anwesenheit von Rivalen abhängig ist. Er kann innerhalb von Stunden auf- oder abgebaut werden. Beim Dikusfisch (*Symphysodon*) und beim Skalar (*Pterophyllum*) lassen sich Männchen und Weibchen oft nur kurz vor dem Ablaichen an der Form der Genitalpapille unterscheiden: Sie ist beim Männchen spitz, beim Weibchen stumpf.

Die Paare können auch außerhalb der Fortpflanzungszeit zusammenbleiben, häufig wandern jedoch die Männchen ab und beginnen eine neue Brut mit einem anderen Weibchen, das in einem weiter fortgeschrittenen Stadium der Eireifung ist. Wenn die Aufzuchtbedingungen für Jungtiere günstig und mehrere Weibchen in erreichbarer Nähe sind, werden Offenbrüter-Männchen ab und zu polygam.

## Substratbrüter (Versteck- oder Höhlenbrüter)

Sie legen größere und farbigere Eier als Offenbrüter. Die Gelege sind jedoch kleiner und bestehen aus meist weniger als 200 Eiern. Die Männchen der meisten Versteckbrüter sind viel größer und bei vielen Arten auch weit auffälliger gefärbt als die Weibchen.

Höhlenbrüter befestigen ihre Eier meist am Höhlendach (→ Foto, Seite 19). Die Eier haften bei manchen Arten mit der Längsseite, bei vielen aber an einem Pol. Nach dem Schlüpfen hängen die Jungen vom Höhlendach herab, an das sie mit Klebdrüsen an ihrem Kopf geheftet sind.

## Maulbrüter

Sie haben sich in verschiedenen Cichliden-Gattungen entwickelt. Man unterscheidet ovophile (lateinisch: ovum = Ei) und larvophile (lateinisch: larva = Larve; griechisch: philos = Freund) Maulbrüter.

Ovophile Maulbrüter (→ Foto, Umschlagseite 3) nehmen die Eier während des Ablaichens oder unmittelbar danach ins Maul. Die bekanntesten ovophilen Maulbrüter stammen aus den ostafrikanischen Seen, viele davon aus dem Tanganjika- und Malawi-See. Sie bilden nur während des Ablaichens Paare, manchmal wechseln die Weibchen auch von Männchen zu Männchen. Bei fast allen Arten haben sich Ei-Attrappen (Strukturen oder Zeichnungsmuster, die den Eiern der betreffenden Art ähneln) entwickelt. Am bekanntesten sind die Eierflecken auf der Afterflosse der *Haplochromis*-Männchen und ihrer Verwandten, der Arten aus den Gattungen *Pseudotropheus, Labeotropheus, Melanochromis, Aulonocara* und vielen anderen. Die Ei-Attrappen locken das Weibchen beim Ablaichen nahe an die Genitalöffnung des Männchens heran, wo es versucht, die vermeintlichen Eier aufzusammeln, jedoch Spermien aufsaugt (→ Zeichnung, Seite 52). Die Besamung nach der »Eierfleck-Methode« gewährleistet, daß die Eier der Weibchen eher von den Spermien des Revierbesitzers befruchtet werden als von denen der Satelliten-Männchen, die, als Weibchen getarnt, ihre Spermien in den Laichgruben der territorialen Männchen hinterlassen. (→ Seite 53).

Außer den Eierflecken der *Haplochromis*-Verwandten haben sich auch noch andere Ei-Attrappen entwickelt: Die Männchen von *Oreochromis macrochir* und anderen *Oreochromis*-Arten besitzen bäumchenähnliche Anhängsel an der Genitalpapille, die den Eibündeln ähneln, die die Weibchen ablegen. Die Männchen der *Ophthalmochromis*-Arten haben stark verlängerte Bauchflossen mit verdickten und dottergelb gefärbten Enden, die sie beim Ablaichen den Weibchen hinhalten. Die Funktionsweise ist dieselbe wie bei den Eierflecken: Das Weibchen versucht die vermeintlichen Eier aufzusammeln, wird dadurch an die Genitalpapille des Männchens herangelockt und nimmt seine Spermien auf.

Die Männchen dieser hochspezialisierten Maulbrüter sind meist größer und farbenprächtiger als die Weibchen. Die Gelege umfassen meist weniger als 70 Eier, bei vielen Arten zwischen 30 und 40. Die *Tropheus*-Arten legen sogar nur 10 bis 15 Eier. Die Eier sind groß, dotterreich und leuchtend gelb-orange gefärbt.

Larvophile Maulbrüter laichen zunächst wie Offenbrüter auf und an Steinen ab (→ Foto, Seite 55), nehmen aber nach einigen Tagen die geschlüpften Larven ins Maul und pflegen sie weiter, bis die Dottersäcke aufgezehrt sind. Dann führen sie den Schwarm der Jungen wie andere Cichliden-Eltern. Die bekanntesten larvophilen Maulbrüter sind einige Arten aus der Verwandtschaft der südamerikanischen Gattung *Geophagus* (→ Foto, Seite 56 und Umschlagseite 4) und der westafrikanischen Gattung *Chromidotilapia*.

# Zuchtanleitungen für Aquarienfische

## Aufzucht und Familienstrukturen

Neben den verschiedenen Fortpflanzungsstrategien des Substrat- beziehungsweise Maulbrütens lassen sich bei Cichliden auch unterschiedliche Familienstrukturen beobachten – je nach der Rolle, die Männchen und Weibchen bei der Territorialverteidigung und der Pflege der Eier und Jungen übernehmen.

Elternfamilie. Männchen und Weibchen teilen sich die Aufgaben bei der Territorialverteidigung, dem Putzen des Laichsubstrats, dem Befächeln der Eier, der Pflege der Larven und dem Führen des Jungfischschwarmes zu gleichen Teilen. Spezialisierungen auf bestimmte Aufgabenbereiche existieren nicht. Die Partner bleiben bis zum Selbständigwerden der Jungfische beisammen, obwohl die Männchen ab und zu zur Polygamie neigen. Äußere Geschlechtsunterschiede sieht man kaum oder gar nicht.

Vater-Mutter-Familie. Die Geschlechtspartner gehen eine Paarbindung ein wie in einer Elternfamilie. Das Territorium wird gemeinsam verteidigt und das Ablaichsubstrat gemeinsam geputzt. Bei der Pflege der Eier und Larven hat sich jedoch eine Rollenverteilung zwischen den Geschlechtern entwickelt: Das Weibchen sorgt öfter und längere Zeit für die Jungen, das Männchen nur selten und kurz – während es meist übernimmt es ausschließlich die Revierverteidigung. Der Jungfischschwarm wird von beiden Elterntieren geführt, die Geschlechter sind nach Körperform und/oder -farbe leicht zu unterscheiden.

Mann-Mutter-Familie. Die Rollenverteilung der Geschlechter geht hier noch weiter. Das Weibchen übernimmt allein die Pflege der Eier und Jungen, das Männchen kommt mit ihnen gar nicht in Kontakt, es verteidigt ausschließlich das Revier. Diese Familienstruktur findet sich bei allen höhlenbrütenden, haremsbildenden Cichliden: Ein großes Männchen erkämpft ein Territorium, je nach Anzahl der günstigen Ablaichplätze siedeln sich darin Weibchen an, die sich mit dem Männchen verpaaren. Das Männchen ist also polygam, die Weibchen sind monogam und untereinander oft aggressiv. Die Weibchen beteiligen sich häufig auch an der Verteidigung des Territoriums, besonders wenn ein Freßfeind sich der Höhle nähert, in der sich ihre Eier beziehungsweise Jungen befinden. Die Jungen leben in der ersten Zeit im Territorium der Eltern und sind dadurch gut gegen Freßfeinde geschützt.

Mutter-Familie: Hier übernimmt allein das Weibchen die Pflege der Eier und Jungen, ohne daß es sich dabei im Territorium des Männchens aufhält. Die Geschlechtspartner kommen nur zum Ablaichen zusammen, das Weibchen kann während des Laichens die Partner wechseln. Meist unterscheiden sich die Geschlechter sehr stark in Größe und Farbe voneinander, Männchen und Weibchen können aber auch fast gleich aussehen und fähig sein, das Verhalten des anderen Geschlechts nachzuahmen.

Vater-Familie: In dieser Familie kümmert sich nach dem Ablaichen nur das Männchen um Eier und Brut. Bei Cichliden gibt es reine Vaterfamilie wahrscheinlich gar nicht. Sie ist angedeutet beim Schwarzkinn-Maulbrüter. (*Sarotherodon melanotheron*). Territoriumsbildung und Balz verlaufen hier genau umgekehrt wie bei den Cichliden mit Mutter-Familien. Das Weibchen ist territorial, aggressiv und balzt das Männchen an. Die Fische entwickeln eine Paarbindung, heben eine Laichgrube aus, und das Männchen befruchtet die Eier, die das Weibchen darin ablegt. Anschließend nimmt das Männchen die Eier in das Maul und trägt sie etwa 2 Wochen mit sich herum, bis die Jungen fähig sind, sich selbst zu versorgen. Wie viele Eier das Männchen ins Maul nimmt, hängt von der Größe des Männchens und der Aggressivität des Weibchens ab. Ist das Männchen relativ groß und das Weibchen nicht sehr aggressiv, nimmt auch das Weibchen einige Eier in das Maul. Ist das Weibchen viel stärker als das Männchen, nimmt nur das Männchen die Eier auf und pflegt sie alleine.

## Besonderheiten eines Cichliden-Aquariums

Cichliden hält und züchtet man am besten in großen Artaquarien (zur Not auch in Gesellschaft von etwa gleichgroßen, kräftigen Fischen mit anderen Lebensansprüchen).

### Beckengröße

Cichliden besetzen zumindest während der Laichzeit Reviere und sind dann gegen alle Fische, besonders gegen gleichgeschlechtliche Artgenossen, sehr aggressiv. Sind die Becken zu klein, kann es zu Todesfällen kommen, denn die Männchen kämpfen erbittert um Reviere oder Weibchen. Weibchen können sogar getötet werden, wenn sie nicht laichbereit sind und keine Möglichkeit haben, sich aus dem Territorium des Männchens zurückzuziehen. Auch außerhalb der Laichzeit sind Cichliden in zu kleinen Becken häufig aggressiv. Das liegt daran, daß das größte und stärkste Tier – meist ein Männchen – alle anderen Fische dominiert und verjagt. Das zweitstärkste kann alle verjagen, die kleiner sind als es selbst und so weiter. In zu kleinen Becken werden die kleinsten Fische so herumgehetzt, daß sie eingehen können.

Die Rubrik »Artbecken« in den Tabellen gibt die jeweilige Mindestgröße des Aquariums für geschlechtsreife, aber noch nicht voll ausgewachsene Fische an. Die Becken sollten also besser größer sein, denn je geräumiger ein Cichliden-Aquarium ist, desto friedlicher sind seine Insassen.

## Einrichtung

Viele Cichliden kauen ständig die oberste Bodenschicht nach Freßbarem durch, deshalb sollte der Bodengrund nicht zu grob sein.

Damit die unterlegenen Fische nicht immer wieder im Gesichtskreis der ranghöchsten, beziehungsweise balzenden auftauchen, müssen Cichliden-Aquarien durch Sichtblenden aus Steinen oder Wurzelholz unterteilt werden, hinter und in denen die rangniedrigen den ranghohen aus den Augen gehen können. Steinaufbauten sollten direkt auf dem Beckenboden stehen, damit sie nicht unterwühlt werden und einstürzen. Einige sollten bis zur Wasseroberfläche reichen, denn die schwächsten Fische werden immer nach oben gejagt, sie können sich hinter solchen Aufbauten noch verstecken. Besonders wichtig ist das für die Haltung von ostafrikanischen Maulbrütern.

In unübersichtlich eingerichteten Becken lassen sich auch zu alteingesessenen Gruppen des Brabantbuntbarsches (*Tropheus moorii*) neue Tiere eingewöhnen, obwohl die *Tropheus*-Arten bei vielen Aquarianern als die reinsten Mörder verschrien sind, die angeblich gruppenfremde Tiere zu Tode hetzen.

Höhlenbrüter brauchen Unterschlupfmöglichkeiten aus übereinandergelegten Steinen, Tonröhren, Kokosschalen und Blumentöpfen. Cichliden aus Urwaldgebieten (zum Beispiel Fische der Gattung *Pelvicachromis*, Diskusfische und Skalare) bekommen Wurzelholz. Auf Bepflanzung kann man bei vielen Arten verzichten. Wenn große Fische Laichgruben ausheben, werden Pflanzen häufig ausgegraben oder abgebissen. Man kann allerdings große, robuste Pflanzen an den Reviergrenzen einsetzen, notfalls in Töpfen, die man dann mit größeren Steinen abdeckt. Viele Cichliden fressen auch Pflanzen, zumindest als Beikost, zum Beispiel viele Maulbrüter aus dem Malawi- und Tanganjika-See, die im Freiland Algen von den Felsen abweiden. Für Cichliden aus Urwaldgewässern sind Schwimmpflanzen unerläßlich. Denn

bei zu heller Beleuchtung sind viele Arten schreckhaft, was zu lebensgefährlichen Streitigkeiten mit Artgenossen führen kann.

Siehe auch Tabellen (→ Seite 122 bis 130).

## 1. Zuchtbeispiel für Offenbrüter:

**Blaupunktbuntbarsch** (*Aequidens pulcher*) – bis 20 cm, im Aquarium meist kleiner

Verbreitung: Nördliches Südamerika. Lebensraum: Ruhige, versteckreiche Gewässer. Geschlechtsunterschiede: Rücken- und Afterflosse beim Männchen oft länger ausgezogen als beim Weibchen.

Haltungsbecken: Artbecken für jeweils ein Paar (→ Seite 117). Größe: 80 cm Kantenlänge und darüber. Einrichtung: Bodengrund: Mittelgrober Sand beziehungsweise feiner Kies, Steine und Wurzeln als Verstecke, robuste Pflanzen: Sagittarien, Vallisnerien, Riesenvallisnerien, *Echinodorus*-Arten (Amazonas-Schwertpflanzen).

Wasser: Temperatur: 18 bis 25 °C. Wasserqualität: Wasserhärte 7 bis 15 °dGH, notfalls bis 25 °dGH, pH-Wert 6,5 bis 8. Häufiger Wasserwechsel (ein- bis zweimal pro Woche ein Drittel des Beckeninhalts), die Fische sind sonst krankheitsanfällig.

Futter: Hauptsächlich Lebendfutter (zum Beispiel Insekten, Insektenlarven, saubere Regenwürmer, Fischfleisch), aber auch Trockenfutter (zum Beispiel Flockenfutter, Futtertabletten, für große Exemplare sogar Forellen-Pellets).

**Barben beim Ablaichen.**   ▷

Bei den meisten Barben-Arten läuft das eigentliche Ablaichen blitzschnell ab. Hier eine Phase aus dem Balzspiel der Zweipunktbarbe (*Barbus ticto*). Das farbenprächtigere Männchen treibt das laichvolle Weibchen durch das Becken. Zum Ablaichen sucht das Paar feinfiedrige Pflanzen (hier zum Beispiel eine *Myriophyllum*-Art) auf. Die stark haftenden Eier bleiben an den Pflanzen hängen und werden nicht von den Eltern betreut.

# *Zuchtanleitungen für Aquarienfische*

**Fortpflanzung und Aufzucht**
Zucht erfolgt im Haltungsbecken. Jungfische erst aus dem Becken entfernen, wenn sich die Eltern nicht mehr um sie kümmern (etwa 6 Wochen nach dem Schlüpfen).
Zuchtbecken: Nicht nötig.
Wasser: Temperatur: Auf 26 bis 28 °C erhöhen. Wasserqualität: Wie Haltungsbecken.
Fortpflanzungsverhalten: Offenbrüter mit Elternfamilie. Ruhig, nur vor dem Ablaichen und während der Brutpflege aggressiv. Beschädigt Pflanzen nur selten. Beide Partner verteidigen das Revier und putzen das Laichsubstrat (waagerecht oder schräg liegende Steine). Beide balzen mit Körperzittern, das Männchen allerdings häufiger. Beim Ablaichen legt das Weibchen einige Eier auf dem Substrat ab, das Männchen streicht darüber und besamt sie. Dann legt das Weibchen neue Eier und so weiter. Nach dem Ablaichen teilen sich die Partner die Brutpflege, sie bewachen das Gelege, fächeln Frischwasser darüber und lutschen es ab und zu ab, um es sauber zu halten. Sie unterstützen die Jungen beim Schlüpfen, indem sie sie aus den Eihüllen lutschen. Beide Eltern führen den Jungschwarm und verteidigen ihn intensiv.
Gelege: Umfaßt mehrere hundert Eier.
Schlüpfen der Jungen: Bei 25 bis 28 °C am vierten Tag. Die Larven werden in vorher ausgehobene, kleine, kegelförmige Gruben gespuckt, wo sie etwa 5 Tage lang verbleiben. 5 Tage nach dem Schlüpfen schwimmen sie frei.
Aufzucht: Erstfutter: *Artemia*-Nauplien, später *Cyclops*-Nauplien und Mikro-Würmchen, dann anderes Lebendfutter passender Größe.

◁ **Bärblinge – und ihr besonders schnelles Ablaichen.**
Viele Schwarmfische, wie hier Zebrabärblinge (*Brachydanio rerio*), laichen auch im Schwarm. Das Ablaichen verläuft so schnell, daß das menschliche Auge es oft nicht zu beobachten vermag. Dabei schnellen die Fische Seite an Seite aneinander vorbei und stoßen Eier und Spermien aus. Auf dem Foto ist es um den Bruchteil einer Sekunde noch nicht so weit.

**Zuchttip:** Offenbrüter bilden fast immer Eltern- oder Vater-Mutter-Familien, man hält sie daher paarweise. Sind die Fische untereinander sehr aggressiv, kann man einige Oberflächenfische (zum Beispiel Zebrabärblinge) einsetzen, die das Paar als Bedrohung für Eier oder Junge empfindet und ständig ein wenig herumjagt. Die Partner halten dann fester zusammen, die Aggressionen gegeneinander werden weniger.

## 2. Zuchtbeispiel für Offenbrüter:

**Skalar** (*Pterophyllum scalare*) – 15 cm
→ Foto, Seite 20, Zeichnung, Seite 69
Verbreitung: Tropisches Südamerika. Lebensraum: Ruhige und geschützte Uferregionen mit Wurzeln, ins Wasser gestürzten Bäumen und Ästen, oft auch mit Pflanzen. Geschlechtsunterschiede: Genitalpapille beim Männchen spitz, beim Weibchen rund. (→ Seite 116).
Haltungsbecken: Art- oder Gesellschaftsaquarium (→ Seite 117). Größe: 80 cm Kantenlänge und darüber. Einrichtung: Feiner Bodengrund, Wurzelholz und dichte Randbepflanzung mit großblättrigen Pflanzen, hauptsächlich *Echinodorus*-Arten.
Wasser: Temperatur: 24 bis 26 °C. Wasserqualität: 7 bis 17 °dGH, bei niedriger Karbonathärte werden auch höhere Härtegrade vertragen. pH-Wert 6,7 bis 7,5. Regelmäßiger Teilwasserwechsel (etwa alle 3 Wochen ein Viertel des Beckeninhalts).
Futter: Lebend- und Trockenfutter, nicht zu viele Mückenlarven auf einmal, Fische überfressen sich.

**Fortpflanzung und Aufzucht**
Zucht im Haltungsbecken (Artbecken) möglich. Sobald das Paar zu balzen beginnt, sollten die anderen Beckeninsassen in ein anderes Becken umgesetzt werden. Jungfische erst aus dem Becken entfernen, wenn die Eltern sich nicht mehr um sie kümmern.
Zuchtbecken: Nicht nötig.
Wasser: Temperatur: auf 26 bis 28 °C erhöhen. Wasserqualität: 4 bis 6 °dGH, pH-Wert 6,5.
Fortpflanzungsverhalten: Offenbrüter mit Elternfamilie. Fische sind friedlich, verhalten sich nicht, beschädigen keine Pflanzen. Die Geschlechtspartner finden sich in einem Schwarm halbwüchsiger Fische von selbst. Die Partner putzen gemeinsam harte Pflanzenblätter (*Echinodorus*, Riesenvallisnerien), manchmal auch Steine oder den Heizer, beide balzen mit Kör-

(Lesen Sie weiter auf Seite 124)

# *Zuchtanleitungen für Aquarienfische*

**Zuchtdaten beliebter Cichliden: Substratbrüter (Offenbrüter)**

| Name | Art-becken | Wasser-bedingungen | Besonderheiten ($\delta$ = Männchen) |
|---|---|---|---|
| Thomas' Prachtbarsch *Anomalochromis thomasi* | 70 cm | 26–27 °C, 6–16 °dGH/ pH 6,5–7 | Elternfamilie. Kaum aggressiv, wühlt nicht. Gelege an Pflanzen oder Steinen. |
| Pfauenaugenbuntbarsch *Astronotus ocellatus* | 200 cm | 26–30 °C, 3–20 °dGH/ pH 6–7 | Elternfamilie. In kleinen Aquarien recht aggressiv. Wühlt stark. Starke Fresser. Gelege auf Steinen. Regelmäßiger Teilwasserwechsel. |
| Zitronenbuntbarsch *Cichlasoma (Amphilophus) citrinellum* | 150 cm | 24–28 °C, 10–25 °dGH/ pH 6,5–7,5 | Elternfamilie. Aggressiv, wühlt. Gelege auf oder an Steinen oder anderen Substraten. Eltern bilden Hautschleim als Futter für Jungtiere. Orangegelbe, weißliche und graue Exemplare. |
| Schwarzgürtelbuntbarsch *Cichlasoma (Theraps) maculicauda* | 120 cm | 23–28 °C, 10–25 °dGH/ pH um 7 | Elternfamilie. Aggressiv, wühlt, frißt Pflanzen. Gelege auf Steinen. |
| Zebrabuntbarsch *Cichlasoma (Archocentrus) nigrofasciatum* | 80 cm | 24–27 °C, 10–25 °dGH/ pH um 7 | Vater-Mutter-Familie. Aggressiv, wühlt wenig. Laicht oft in Höhlen oder an geschützten Stellen unter Wurzeln und so weiter. (Übergang zum Höhlenbrüter.) |
| Salvins Buntbarsch *Cichlasoma (Parapetenia) salvini* | 80 cm | 24–30 °C, 10–25 °dGH/ pH 6,5–7 | Elternfamilie. Aggressiv, wühlt nur selten. Gelege auf Steinen. |
| Gabelschwanz-Schachbrettcichlide *Crenicara filamentosa* | 60 cm | 26–27 °C, 0,1–2 °dGH/ pH um 5,5 oder niedriger | Mann-Mutter-Familie. Ängstlich, Salmler oder andere zarte Fische dazugeben. $\delta$ polygam, wenn Gelegenheit. Gelege auf Blättern oder an Steinen. Sehr sauberes Wasser, in verschmutztem oder zu hartem Wasser: Eiverpilzung! |
| *Crenicara punctulata* | 80 cm | 26–27 °C, bis etwa 10 °dGH/ pH 6–7 | Mann-Mutter-Familie. Geschlechtsumwandlung! |
| Indischer Buntbarsch *Etroplus maculatus* | 60 cm | 25–28 °C, 3–10 °dGH/pH 7 + Seesalzzugabe: 1–2 TL Seesalz auf 10 l | Elternfamilie. Gelege an Steinen oder Wurzeln, auch in größeren Unterständen. Eltern produzieren etwas Hautsekret als Nahrung für Jungfische. In Süßwasser oft Pilzerkrankungen. |
| Roter Buntbarsch *Hemichromis bimaculatus* | 100 cm | 23–26 °C, 4–16 °dGH/ pH um 7 | Elternfamilie. Aggressiv, wühlt. Gelege auf Steinen. Andere *Hemichromis*-Arten mit gleichen Ansprüchen. |

122

| Name | Art-becken | Wasser-bedingungen | Besonderheiten |
|---|---|---|---|
| Augenfleckbuntbarsch *Heros severus* | 100 cm | 25–29 °C, um 5 °dGH/ pH 6–6,5 | Elternfamilie. Wenig aggressiv, wühlt selten. Gelege auf Steinen. Haltung wie Diskusfisch, allerdings nicht so anspruchsvoll. |
| Regenbogencichlide *Herotilapia multispinosa* | 70 cm | 25–27 °C, 5–10 °dGH/ pH um 7 | Elternfamilie. Wenig aggressiv, wühlt kaum. Gelege auf oder an Steinen oder anderen Substraten. Tendenz zum Versteckbrüten. |
| Tüpfelbuntbarsch *Laetacara curviceps* | 60 cm | 26–29 °C, bis 14 °dGH/ pH 6–6, 8 | Elternfamilie. Wenig aggressiv. Gelege auf Steinen oder an Wurzeln. Regelmäßiger Teilwasserwechsel, sonst krankheitsanfällig! |
| Flaggenbuntbarsch *Mesonauta festiva* | 100 cm | 25–28 °C, 6–16 °dGH/ pH 6,5–7 | Elternfamilie. Wenig aggressiv, wühlt nicht, schreckhaft. Gelege an Pflanzenblättern oder Steinen. |
| Bolivianischer Schmetterlingsbuntbarsch *Papiliochromis altispinosa* | 60 cm | 25–28 °C, 3–16°dGH/ pH um 7 | Elternfamilie. Kaum aggressiv. Weniger empfindlich als Schmetterlingsbuntbarsch. Vorstufe zum Maulbrüten: Nimmt gelegentlich Larven länger ins Maul. |
| Schmetterlingsbuntbarsch *Papiliochromis ramirezi* | 50 cm | 27–29 °C, 3–8 °dGH/ pH um 7. Torffilterung oder Torfextrakt. | Elternfamilie. Kaum aggressiv. Gelege auf Steinen oder in Gruben. Sehr empfindlich gegen Chemikalien aller Art! Beim Teilwasserwechsel immer Wasseraufbereitungsmittel zusetzen! |
| Feuermaulbuntbarsch *Thorichthys meeki* | 80 cm | 24–27 °C, 10–25 °dGH/ pH um 7 | Elternfamilie. Wenig aggressiv, wühlt kaum. Gelege auf Steinen. |
| Joka-Tilapie *Tilapia joka* | 100 cm | 25–27 °C, 6–12 °dGH/ pH 6,5–7 | Vater-Mutter-Familie. Relativ friedlich. Starke Tendenz zum Versteckbrüten. |
| Marienbuntbarsch *Tilapia mariae* | 100 cm | 24–28 °C, 6–25 °dGH/ pH um 7 | Elternfamilie. Aggressiv vor allem gegen Artgenossen, wühlt. Neigt zum Versteckbrüten. |
| Keilfleckbuntbarsch *Uaru amphiacanthoides* | 120 cm | 27–31 °C, 2–5 °dGH/ pH um 6 | Elternfamilie. Gelege an Pflanzen oder Steinen, meist im Schatten. Eltern bilden Hautsekret als Nahrung für Jungfische. Torffilterung. Haltung wie Diskusfisch. |

perzittern und laichen dann wie andere Offenbrüter ab (→ Seite 115). Das Gelege wird bis zum Schlüpfen der Larven von beiden Partnern abwechselnd geputzt, befächelt und gemeinsam verteidigt. Die Eltern helfen den Jungen beim Schlupf, indem sie sie aus den Eihüllen lutschen. Sie heften die Larven an Blätter, Steine oder Aquarienscheiben, wo sie mit den Klebdrüsen am Kopf hängenbleiben. Wenn sie abfallen, werden sie aufgefangen und wieder befestigt. Nach dem Freischwimmen führen beide Eltern den Jungenschwarm.

Gelege: Kann bis zu 1000 Eier umfassen.
Schlüpfen der Jungen: Bei 26 bis 30 °C nach 24 bis 36 Stunden. 4 bis 5 Tage nach dem Schlüpfen schwimmen sie frei.
Aufzucht: Erstfutter: *Artemia*-Nauplien, Rädertierchen, *Cyclops*-Nauplien, später auch Mikrowürmchen.

## 3. Zuchtbeispiel für Offenbrüter:

### Diskusfisch

(*Symphysodon aequifasciatus*) -18 cm
→ Foto, Umschlagseite 2 und Zeichnung, Seite 51
Verbreitung: Südamerika, mittlerer Amazonas und Nebenflüsse. Lebensraum: Ruhige Uferregionen von Urwaldflüssen mit Baumwurzeln und ins Wasser gefallenem Holz. Geschlechtsunterschied: Genitalpapille beim Männchen spitz, beim Weibchen rund (→ Seite 116).
Haltungsbecken: Artbecken. Größe: 120 cm Kantenlänge und darüber. Einrichtung: Dunkler, weicher Bodengrund, lockere Bepflanzung (zum Beispiel Cryptocorynen). Gedämpftes Licht oder lockere Schwimmpflanzendecke (zum Beispiel *Ceratopteris thalictroides*). Wurzelholz und größere, kalkfreie Steine. Eisenhaltiger Pflanzendünger helfhaft, im Freiland leben Diskusfische in stark eisenhaltigem Wasser. Eisenmangel läßt die Fische verblassen und anfällig werden.
Wasser: Wasserstand: Über 50 cm. Temperatur: 26 bis 28 °C. Wasserqualität: 2 bis 3 °dGH, pH-Wert um 6,5. Regelmäßiger Teilwasserwechsel (alle 3 Wochen etwa ein Drittel der Gesamtmenge oder täglich ein Zehntel des Beckeninhalts).
Futter: Lebendfutter, zum Beispiel Mückenlarven, Wasserflöhe, andere Wasserinsekten, Bachflohkrebse, Regenwürmer, Garnelen, Mysis, Krill (möglichst wenig Tubifex). Nach Gewöhnung etwas Fischfleisch, erstklassiges Trockenfutter.

**Mein Tip:** Halten Sie keine Skalare im Diskusbecken, sie können auf die empfindlichen Diskusfische die Infektionskrankheit *Hexamita* übertragen.

### Fortpflanzung und Aufzucht

Zucht bei paarweiser Haltung im Haltungsbecken möglich. Jungfische frühestens 10 Tage nach dem Freischwimmen von den Eltern trennen. Alternative: Zuchtfische paarweise in Zuchtbecken setzen.
Zuchtbecken: Größe: 70 × 70 × 70 cm. Einrichtung: Kein Bodengrund, keine Pflanzen, zwei Steinplatten und ein Ablaichkegel oder eine umgedrehte Tongrabvase, um Wasser möglichst sauber zu halten.
Wasser: Temperatur: 28 bis 31 °C. Wasserqualität: Wasserhärte: 1 bis 3 °dGH, KH 0,5 bis 1,5 °, pH-Wert 5 bis 6,2.
Fortpflanzungsverhalten: Offenbrüter mit Elternfamilie. Wühlt nicht und beschädigt keine Pflanzen. Balz und Ablaichen wie bei Skalaren (→ Seite 121). Die Fische laichen an sorgfältig geputzten Pflanzenblättern oder Steinen ab. Pflege der Eier, Schlupfhilfe, Pflege der Larven wie bei Skalaren.
Gelege: Umfaßt bis zu 250 Eier.
Schlüpfen der Jungen: Bei 28 bis 30 °C am 3. Tag. 6 Tage nach dem Schlüpfen schwimmen sie frei.
Aufzucht: Die Jungen fressen nach dem Freischwimmen ein Nährsekret, das von der Haut der Eltern abgesondert wird, hauptsächlich am Rücken und an den Flanken. Es enthält manchmal auch Protozoen und kleine Algen. Die Jungen müssen mindestens 10 Tage lang bei den Eltern bleiben, weil sie auf das Nährsekret nicht verzichten können. Es läßt sich durch künstliche Aufzuchtmittel kaum ersetzen. Ab dem 5. Tag nach dem Freischwimmen füttert man *Artemia*-Nauplien zu, später auch *Cyclops*-Nauplien, Mikrowürmchen und kleines Tümpelfutter (→ Seite 65).

**Zuchttip:** Die Wasserhärte sollte nach dem Freischwimmen der Jungen von Tag zu Tag langsam erhöht werden, damit sich die Fische an die mitteleuropäischen Wasserverhältnisse gewöhnen und nicht eingehen, wenn sie umgesetzt oder später an andere Liebhaber abgegeben werden. Deshalb im Aufzuchtbecken möglichst jeden Tag ein Viertel des Wassers auswechseln und täglich etwas mehr Leitungswasser zum Frischwasser hinzugeben. Die Zucht gelingt nur, wenn die hohen Ansprüche an Temperatur, Wasserzusammensetzung und Futter erfüllt werden. Diskusfische sind extrem krankheitsanfällig, wenn sie nicht unter optimalen Bedingungen gehalten werden.

Hinweis: Bei Diskusfischen gibt es 2 Arten mit mehreren Unterarten, die alle auf die gleiche Weise gezüchtet werden.

## Zuchtbeispiel für Höhlenbrüter:

### Agassiz' Zwergbuntbarsch

(*Apistogramma agassizi*) – 8 cm
Verbreitung: Südamerika, im südlichen Amazonien.
Lebensraum: Kleinere, versteckreiche Gewässer.
Geschlechtsunterschiede: Männchen wesentlich größer und farbiger als Weibchen, Rücken-, After- und Schwanzflosse viel länger ausgezogen als beim Weibchen.
Haltungsbecken: Artbecken; wie viele andere Höhlenbrüter haremsbildend, deshalb am besten Weibchen mit einem großen Männchen zusammen halten.
Größe: 80 cm Kantenlänge und darüber. Einrichtung: Feiner, dunkler Bodengrund, Höhlen und Verstecke zwischen Steinen und Wurzelholz. Blumentöpfe, Kokosschalen oder Tonröhren als Bruthöhle für die Weibchen halb in den Bodengrund versenken, die Vorderseite mit Steinen verbauen, so daß nur kleine Einschlupflöcher für die Weibchen verbleiben, durch die das Männchen nicht hindurchkommt. Dichte Bepflanzung, auch feinfiedrige Arten möglich.
Wasser: Temperatur: 22 bis 24 °C. Wasserqualität: Wasserhärte 8 bis 10 °dGH, pH-Wert 6 bis 6,5. Gute Filterung, regelmäßiger Teilwasserwechsel, die Fische sind empfindlich gegen Nitrit, Nitrat, Schwermetalle, Medikamente, Schneckenbekämpfungsmittel und Sauerstoffmangel. Beim Wasserwechsel möglichst Wasseraufbereitungsmittel zusetzen.
Futter: Hauptsächlich Lebendfutter, passend zur Größe der Fische.

### Fortpflanzung und Aufzucht

Zur Zucht das Männchen mit seinen Weibchen in Haltungsbecken belassen. Die Jungfische werden herausgefangen und in ein Aufzuchtbecken überführt, sobald sich die Mutter nicht mehr um sie kümmert.
Zuchtbecken: Nicht nötig.
Wasser: Temperatur erhöhen auf 25 bis 28 °C. Wasserqualität: Wasserhärte senken auf 4 bis 8 °dGH, pH-Wert 6 bis 6,5.
Fortpflanzungsverhalten: Höhlenbrüter mit Mann-Mutter-Familie (Harem). Ein großes Männchen besetzt ein Revier und verpaart sich mit mehreren Weibchen, die ihre Brutreviere gegeneinander verteidigen. Ein laichbereites Weibchen schwimmt zum Männchen, dreht vor ihm ab und führt Schwanzschläge aus, darauf faltet das Männchen die Flossen zusammen, und seine Farben verblassen. Es folgt dem Weibchen zur Bruthöhle, dieses kriecht hinein und legt Eier an das vorher geputzte Höhlendach. Das Männchen kann die Eier nur in der Höhle besamen, wenn es hineinpaßt; ist der Eingang zu eng, gibt es draußen Spermien ab und treibt sie mit Schwanz- und Flossenschlägen in die Höhle hinein. Wenn das Weibchen alle Eier abgegeben hat, vertreibt es das Männchen und alle anderen Fische aus der Nähe der Höhle, putzt und befächelt das Gelege bis zum Schlüpfen der Larven. Das Männchen verteidigt nur das Außenrevier. Wenn die Larven schlüpfen, kaut die Mutter sie aus den Eihüllen, heftet sie am Höhlendach an oder bringt sie in einer Grube auf dem Boden der Höhle unter. Manche Weibchen betten die Jungen auch in andere Höhlen um. Das Weibchen führt die Jungen allein; wenn andere Weibchen im Männchenrevier ebenfalls Junge haben, folgen die Jungen immer dem Weibchen, das ihnen am nächsten ist, so daß sich Schwärme unterschiedlichen Alters miteinander vermischen können.
Gelege: Umfaßt 50 bis 100 Eier.
Schlüpfen der Jungen: Bei 26 bis 28 °C nach 3 Tagen. 6 bis 8 Tage nach dem Schlüpfen führt das Weibchen die Jungen ins Freie.
Aufzucht: Die Mutter bringt die Jungen zunächst zu Steinen, Holz oder Pflanzen, die mit Algen und Mikroorganismen bewachsen sind. Es ist nicht unbedingt nötig, in den ersten 2 bis 3 Tagen zu füttern, weil die Jungen zunächst genug Aufwuchsfutter finden. Nach 2 bis 3 Tagen sollte man aber mit der Fütterung beginnen. Erstfutter: *Artemia*-Nauplien.

# *Zuchtanleitungen für Aquarienfische*

**Zuchtdaten beliebter Cichliden: Höhlenbrüter**

| Name | Art-becken | Wasser-bedingungen | Besonderheiten ($\male$ = Männchen, $\female$ = Weibchen) |
|---|---|---|---|
| Borellis Zwergbuntbarsch *Apistogramma borellii* | 60 cm | 25–28 °C, 3–8 °dGH/ pH 6–6,5 | Mann-Mutter-Familie. Wenig aggressiv, wühlt kaum. ♂ polygam. Gelege am Höhlendach. Empfindlich gegen Wasserverschmutzung und Chemikalien (auch Medikamente). |
| Schachbrett-Schlankcichlide *Julidochromis marlieri* | 80 cm | 24–27 °C, 12–20 °dGH/ pH 7,5–8,5 | Elternfamilie, mit Tendenz zur Vater-Mutter-Familie. Wenig aggressiv. ♂ polygam. Wenn möglich Gelege am Höhlendach. Jungfische leben monatelang im elterlichen Revier. |
| Schneckenbuntbarsch *Lamprologus ocellatus* | 50 cm | 25–27 °C, 12–20 °dGH/ pH 7,5–8,5 | Mann-Mutter-Familie oder Mutter-Familie. Wenig aggressiv. Die ♀ graben leere Schneckenhäuser in den Sand ein, die sie als Laichhöhlen verteidigen. Vorbeischwimmende Männchen beziehungsweise der Territoriumsbesitzer werden angeschwommen und zum Schneckenhaus geführt. Das ♀ laicht im Haus, das ♂ besamt, vor der Öffnung stehend. Verteidigung und Pflege der Eier und Jungen übernimmt das ♀. Unbedingt Weinbergschneckenhäuser und etwa 6 cm tiefe Sandstellen anbieten! |
| Gabelschwanzbuntbarsch *Lamprologus brichardi* | 60 cm | 25–28 °C, 12–20 °dGH/ pH 7,5–8,5 | Elternfamilie mit Tendenz zur Mann-Mutter-Familie. Wenig aggressiv, wühlt kaum. ♂ polygam, wenn möglich. Gelege am Höhlendach. Jungfische leben monatelang im Revier der Eltern, beteiligen sich an der Pflege der jüngeren Geschwister. |
| Glänzender Zwergbuntbarsch *Nannacara anomala* | 70 cm | 25–30 °C, 8–12 °dGH/ pH 6,2–6,8 | Vater-Mutter-Familie (in kleinen Aquarien Mutter-Familie, da das ♀ dann das ♂ heftig attackiert; ♂ herausfangen!). Aggressiv, wühlt kaum. Gelege an Höhlenwand oder -dach, auch an unterhöhlten Steinen. |
| Purpurprachtbarsch, Königscichlide *Pelvicachromis pulcher* → Foto, Seite 19 | 60 cm | 25–28 °C, 8–12 °dGH/ pH 6,5 | Vater-Mutter-Familie. Wenig aggressiv, wühlt kaum. Gelege meist am Höhlendach. |
| Buckelkopfbuntbarsch *Steatocranus casuarius* | 80 cm | 26–29 °C, 8–17 °dGH/ pH 6,5–7,5 | Vater-Mutter-Familie. Aggressiv, wühlt. Monogam. Stromschnellenbewohner, daher Strömung im Becken erzeugen! |
| Quappenbuntbarsch *Teleogramma brichardi* | 80 cm | 23–26 °C, 6–10 °dGH/ pH 6,5–7,5 | Mann-Mutter-Familie. Aggressiv, wühlt kaum. Gelege an Höhlenwand oder -dach. Stromschnellenbewohner, daher Strömung im Becken erzeugen! |

126

# *Zuchtanleitungen für Aquarienfische*

**Zuchtbeispiel für ovophile Maulbrüter:**

**Türkisgoldbuntbarsch**
(*Melanochromis auratus*) – 12 cm
Verbreitung: Ostafrika (kommt nur im Malawi-See vor). Lebensraum: Felsige Ufer.
Geschlechtsunterschiede: Männchen schwarz-türkisblau gestreift. Weibchen etwas kleiner und schwarzgoldgelb gestreift, im Unterschied zum Männchen keine Eierflecken.
Haltungsbecken: Artbecken oder Gesellschaftsaquarium mit ähnlichen Cichliden. Größe: 100 cm Kantenlänge und darüber. Einrichtung: Große Steinaufbauten mit vielen Verstecken an der Rückwand. Weitere Steinaufbauten, die möglichst bis zur Wasseroberfläche reichen, im Mittelgrund zur Unterteilung der Reviere. Einige robuste Pflanzen können eingesetzt werden.
Wasser: Temperatur: um 26 °C. Wasserqualität: Wasserhärte 10 bis 15 °dGH (auch darüber), pH-Wert 7 bis 8.
Futter: Lebend- und Trockenfutter aller Art.

**Fortpflanzung und Aufzucht**
Zur Zucht ein Männchen mit 5 bis 8 Weibchen gemeinsam in Haltungsbecken pflegen. Weibchen behält befruchtete Eier bis zum Schlüpfen der Jungen (etwa 3 Wochen lang) im Maul. Falls alle Jungen aufgezogen werden sollen, Mutter etwa 14 Tage nach dem Ablaichen herausfangen und in Aufzuchtbecken (Größe: ab 50 cm Kantenlänge, Einrichtung wie Haltungsbecken) isolieren.
Zuchtbecken: Nicht nötig.
Wasser: Wie Haltungsbecken (→ oben).
Fortpflanzungsverhalten: Ovophiler Maulbrüter mit Mutter-Familie. Keine Paarbindung. Das Männchen schwimmt immer wieder die Weibchen an, rüttelt vor ihnen, wobei es die Afterflosse mit den Ei-Attrappen spreizt und versucht, die Weibchen mit heftig wedelnden Flossen zur Laichgrube zu führen. Dort rüttelt es, legt sich in die Grube und kreist darin, wobei es Spermien abgibt. Ist ein Weibchen laichbereit, folgt es ihm und legt sich, ebenfalls rüttelnd, in der Laichgrube auf die Seite und stößt ein oder mehrere Eier aus. Es dreht sich sofort um und nimmt sie ins Maul. Darauf legt sich das Männchen wieder mit gespreizter Afterflosse auf die Seite, und das Weibchen versucht, die Ei-Attrappen von der Afterflosse des Männchens aufzusammeln. So bekommt es die Spermien ins Maul. Hat das Weibchen nach und nach alle Eier abgegeben, verläßt es mit dem Gelege die Laichgrube und zieht sich an einen geschützten Platz zurück. Bis es die Jungen aus dem Maul entlassen kann, frißt es nicht oder nur ganz wenig. Nach etwa 3 Wochen entläßt das Weibchen die Jungen.
Gelege: Etwa 30 bis 50 Eier, manchmal auch mehr.
Schlüpfen der Jungen: Sie werden nach etwa 3 Wochen aus dem Maul der Mutter entlassen, sind dann aber schon weit entwickelt und haben, wenn überhaupt, nur noch einen kleinen Dottersack.
Aufzucht: Erstfutter: *Artemia*-Nauplien, feingesiebte Wasserflöhe, feinzerriebenes Trockenfutter (zur Jungfischaufzucht, zum Beispiel Tetra-Ovin).

**Zuchttip:** Weibchen mit Eiern im Maul nicht sofort nach dem Ablaichen aus dem Becken herausfangen, sie spucken oft die Eier aus oder verschlucken sie. Erst nach etwa 14 Tagen in Aufzuchtbecken isolieren. Allein gehaltene Weibchen entlassen die Jungen viel früher als Weibchen im Gemeinschaftsaquarium. *Simochromis*- und *Tropheus*-Weibchen können ihre Jungen etwa einen Monat lang im Maul tragen, ohne daß diese verhungern, denn die Nahrungsreserven im Dottersack sind groß genug. Allein gehaltene *Simochromis*-Weibchen spucken ihre Jungen hingegen schon nach dem 7. bis 9. Tag aus, bohren eine Grube in den Boden und pflegen sie dort weiter, wie Junge von Offenbrütern. Nur bei Gefahr werden sie ins Maul genommen. Das Weibchen kann in dieser Zeit schon wieder fressen und ein neues Gelege aufbauen. Weibchen, die ihre Jungen wochenlang nicht ausspucken können, weil sie durch andere Beckeninsassen stark beunruhigt werden, magern stark ab und brauchen lange Zeit, bis sie wieder laichbereit sind.

**Zuchtdaten beliebter Cichliden: Ovophile Maulbrüter**

**Ausschließlich im Malawi-See vorkommende Gattungen**
(Ei-Attrappen und Befruchtung nach »Eifleck-Methode«)
Wasserbedingungen: 25–28 °C, 10–15 °dGH (auch darüber), pH 7,5–8,5 (bis 9 möglich).

| Beispiel für eine Gattung | Art-becken | Besonderheiten ($\male$ = Männchen, $\female$ = Weibchen) |
|---|---|---|
| Feenbuntbarsch *Aulonocara jacobfreibergi* | 100 cm | Mutterfamilie. Relativ scheu, wühlt wenig. Eierflecken auf der Afterflosse der $\male$, manchmal auch der $\female$. |
| Spitzkopfmaulbrüter *Labidochromis vellicans* | 100 cm | Mutterfamilie. Wenig aggressiv, wühlt wenig. Eierflecken. Pickt mit der spitzen Schnauze Kleinkrebse und andere Kleinlebewesen aus Aufwuchsalgen heraus. |
| Boadzulu-Maulbrüter *»Haplochromis« boadzulu* | 100 cm | Mutterfamilie. Aggressiv, wühlt etwas. Eierflecken bei $\male$, manchmal auch bei $\female$. |
| Blauer Malawibuntbarsch *Pseudotropheus zebra* Viele Farbformen, zum Beispiel »Bright-Blue« | 100 cm | Mutterfamilie. Aggressiv, wühlt etwas. Eierflecken. Es gibt innerhalb der Art viele verschiedene Form- und Farbschläge. Ähnlich zu pflegen und zu züchten: *Labeotropheus*-Arten. |

**Ausschließlich im Tanganjika-See vorkommende Gattungen**
(Ei-Attrappen und Befruchtung nach »Eifleck-Methode«)
Wasserbedingungen: 25–28 °C, 12–18 °dGH (auch darüber), pH 7,5–8,5 (bis 9 möglich).

| | | |
|---|---|---|
| Tanganjika-Clown *Eretmodus cyanostictus* | 80 cm | Elternfamilie. Wenig aggressiv, wühlt wenig. Monogam, Befruchtung nach Eifleck-Methode, aber keine Ei-Attrappen auf der Afterflosse. Beim Ablaichen auf einem vorher geputzten Stein nimmt $\female$ Eier ins Maul. Nach etwa 1 Woche übergibt es Eier/Larven an $\male$, das noch etwa 1 Woche Maulbrutpflege betreibt. Beide führen die Jungen. Gute Durchlüftung und Filterung, sehr sauberes Wasser, häufiger Teilwasserwechsel (bis ⅓ pro Woche)! |
| *Petrochromis trewavasae* | 120 cm | Mutterfamilie. Aggressiv, wühlt wenig. Befruchtung nach Eifleck-Methode. Eierflecken können fehlen. |
| Brabantbuntbarsch *Tropheus moorii* Viele Farbformen, zum Beispiel »Kaiser-Moorei« | 120 cm | Mutterfamilie. Aggressiv, wühlt kaum. Eierflecken fehlen, Befruchtung nach Eifleck-Methode. Aufwuchs und Algenfresser, Pflanzenkost bieten! |
| Gelber Sandcichlide *Xenotilapia flavipinnis* | 100 cm | Elternfamilie. Nach dem Ablaichen nimmt $\male$ die Eier zuerst ins Maul und übergibt sie nach etwa 1 Woche an das $\female$. Nach dem Freischwimmen hüten beide Eltern die Jungen. Art kann sich gegen andere Cichliden nicht durchsetzen. |

# Zuchtanleitungen für Aquarienfische

## Andere ovophile Maulbrüter

| Name | Art-becken | Wasser-bedingungen | Besonderheiten (♂ = Männchen, ♀ = Weibchen) |
|---|---|---|---|
| Burtons Maulbrüter *Astatotilapia burtoni* | 100 cm | 26–28 °, 10–18 °dGH pH 7–8,5 | Mutterfamilie. Aggressiv, wühlt. Eierflecken. ♂ leben in Kolonien, bauen Laichgruben und balzen vorüberschwimmende ♀ an. |
| Finleys Prachtbuntbarsch *Chromidotilapia finleyi* | 100 cm | 24–28 °C, 1–7 °dGH/ pH 5–7 | Elternfamilie. Aggressiv, wühlt. Gelege auf Steinen, Holz oder großen Blättern. Nach Ablaichen nimmt ♀ Eier ins Maul, ♂ verteidigt Revier. Nach etwa 1 Tag Austausch von Eiern und Aufgaben zwischen den Partnern. Bis zum Freischwimmen wechseln Eltern einander täglich ab. Unterschiede im Brutverhalten zwischen den verschiedenen Farbformen. |
| Günthers Prachtbarsch *Chromidotilapia guentheri* | 100 cm | 25–28 °C, 5–10 °dGH/ pH um 7 | Elternfamilie/Vater-Mutter-Familie. Aggressiv, wühlt. Gelege auf Steinen oder anderem Substrat, nach dem Ablaichen nimmt ♂ Eier ins Maul. Nach dem Freischwimmen betreuen beide Eltern die Jungen, auch ♀ nimmt sie bei Gefahr ins Maul. |
| Rotbuckel-Buntbarsch »Geophagus« *steindachneri* → Foto, Seite 56 | 120 cm | 26–29 °C, 5–15 °dGH/ pH 6,5–7 | Mutterfamilie. Aggressiv, wühlt. ♂ mit gelben Flecken am Mundwinkel. Wirkt offenbar ähnlich wie Eifleck. Gelege auf Steinen. ♀ nimmt nach dem Ablaichen Eier ins Maul und verläßt ♂. Nach 3 Wochen werden die Jungen aus dem Maul entlassen. |
| Viktoriasee-Maulbrüter *Haplochromis elegans* | 100 cm | um 26 °C, 10–18 °dGH/ pH 7–8,5 | Mutterfamilie. Aggressiv, wühlt etwas. Eiflecken! |
| Natal-Buntbarsch *Oreochromis mossambicus* | 150 cm | 25–27 °C, 8–20 °dGH/ pH 7–7,5 | Mutterfamilie. Sehr aggressiv, wühlt stark. ♂ balzen in Kolonien. Beim Ablaichen nimmt ♀ die Eier ins Maul und verläßt ♂. |
| Schwarzkinn-Maulbrüter *Sarotherodon melanotheron* | 120 cm | 24–28 °C, 6–25 °dGH/ pH 6,5–8 | Vaterfamilie. Geschlechtsunterschiede äußerlich nicht zu erkennen. Bei einigen Populationen nimmt ♀ manchmal auch einige Eier ins Maul. |

## Zuchtbeispiel für larvophile Maulbrüter:

### Paraguay-Maulbrüter

(*Gymnogeophagus balzanii*) – 20 cm
Verbreitung: Südamerika, Paraguay. Lebensraum:
Ruhige, versteckreiche Gewässer. Geschlechtsunterschiede: Beim Männchen Flossen länger ausgezogen
als beim Weibchen, ältere Männchen mit riesigem
Stirnbuckel. Beim Weibchen hinterer Teil des Kiemendeckels orangerot.
Haltungsbecken: Artbecken mit jeweils 1 Paar.
Größe: 100 cm Kantenlänge und mehr. Bodengrund
feiner Sand; Verstecke, Höhlen aus Steinen und
Wurzeln, harte Pflanzen in Töpfen an Reviergrenzen.
Wasser: Temperatur: 22 bis 26 °C. Wasserqualität:
8 bis 13 °dGH, pH-Wert um 7.
Futter: Lebend- und Trockenfutter aller Art.

### Fortpflanzung und Aufzucht
Die Zucht erfolgt im Artbecken.
Zuchtbecken: Nicht nötig.
Wasser: Temperatur auf 25 bis 28 °C erhöhen. Wasserqualität: Wie Haltungsbecken (→ oben).

Fortpflanzungsverhalten: Larvophiler Maulbrüter
mit Mutter-Familie. Paarbildend, in sehr großen
Aquarien mit verschiedenen Artgenossen vielleicht
auch polygam. Friedlich, aber manche Tiere wühlen.
Ein Stein wird ausgewählt und mehr oder weniger
intensiv geputzt. Anschließend laichen die Tiere wie
Offenbrüter (→ Seite 115). Das Weibchen bewacht
und pflegt das Gelege, steht aber oft nicht genau darüber, sondern in etwa 20 cm Entfernung. Ab und zu
spuckt es Sand oder kleine Kiesel auf die Eier (möglicherweise zur Tarnung). Wenn die Jungen zu schlüpfen beginnen, entfernt das Weibchen den Sand und
nimmt die geschlüpften Larven ins Maul. Es hilft ihnen auch beim Schlupf, indem es sie aus den Eihüllen
lutscht. Etwa 7 Tage später werden die Jungen dann
aus dem Maul entlassen, das Weibchen führt den
Jungfischschwarm aber noch mehrere Wochen lang.
Gelege: Umfaßt bis zu 500 Eier.
Schlüpfen der Jungen: Bei 26 bis 28 °C nach etwa 24
bis 36 Stunden. 1 Woche nach dem Schlüpfen verlassen sie das mütterliche Maul.
Aufzucht: Erstfutter: Mikroorganismen, die sich im
Becken befinden, *Artemia*-Nauplien, *Cyclops*-
Nauplien, feines künstliches Aufzuchtfutter.

## Zuchtdaten beliebter Cichliden: Larvophile Maulbrüter

| Name | Artbecken | Wasserbedingungen | Besonderheiten ($\male$ = Männchen, $\female$ = Weibchen) |
|---|---|---|---|
| Gebänderter Buntbarsch *Bujurquina vittata* | 100 cm | 24–28 °C, 5–15 °dGH/ pH um 7 | Elternfamilie. Wenig aggressiv, wühlt kaum. Gelege auf Steinen oder anderem Substrat. Nach etwa 1½ Tagen nehmen beide Eltern die schlüpfenden Larven ins Maul. Während der Brutpflege tauschen Partner Larven untereinander aus. |
| Bates' Prachtbuntbarsch *Chromidotilapia batesii* | 120 cm | 25–27 °C, 1–5 °dGH/ pH 6,5 | Vater-Mutter-Familie. Aggressiv, wühlt. Gelege in Höhlen, am Höhlendach. $\female$ pflegt das Gelege, $\male$ verteidigt Revier. Nach dem Schlüpfen nimmt $\female$ Eier ins Maul, nach dem Freischwimmen führen beide Eltern den Schwarm. |
| Erdfresser, Teufelsangel *Satanoperca leucosticta* | 120 cm | 27–30 °C, 4–18 °dGH/ pH 6,5–7 | Elternfamilie. Aggressiv, wühlt. Gelege auf Steinen. 1½ Tage nach dem Ablaichen nehmen beide Eltern Eier ins Maul. Nach dem Freischwimmen führen beide Eltern den Schwarm. |

# *Zuchtanleitungen für Aquarienfische*

## Labyrinthfische
### (*Anabantoidei*)

Diese Fische besitzen ein zusätzliches Atmungsorgan, das Labyrinth, das ihnen ermöglicht, an der Wasseroberfläche Luft zu holen. Junge Labyrinthfische atmen zunächst nur durch die Kiemen. Ihr Atemlabyrinth entwickelt sich im Laufe der ersten Lebenswochen. Die Fähigkeit zur Luftatmung erhöht die Überlebenschancen der Fische in sauerstoffarmen, stark erwärmten Gewässern.

### Wissenswertes zur Fortpflanzungsbiologie

Labyrinthfische haben verschiedene Formen der Brutpflege entwickelt. Es gibt schaumnestbauende, maulbrütende und höhlenbrütende Arten, bei denen sich meist das Männchen allein um Nestbau und Brutpflege kümmert (Vater-Familie). Außerdem gibt es Arten, die ihre Eier nach dem Ablaichen nicht weiter beachten oder sogar fressen.
Auch nach dem Eityp lassen sich Labyrinthfische unterscheiden. Es gibt Arten mit Schwimmeiern und Arten mit Sinkeiern.
Schwimmeier enthalten eine Ölkugel, daher ist das Ei leichter als Wasser und steigt nach dem Ablaichen an die Wasseroberfläche. Auch der Dottersack der geschlüpften Embryonen enthält noch die Ölkugel, so daß die frisch geschlüpften Tiere bauchoben an der Wasseroberfläche schwimmen. Labyrinthfische mit Schwimmeiern sind Freilaicher oder Schaumnestbauer.
Sinkeier enthalten keine Ölkugel und sind schwerer als Wasser. Nach dem Ablaichen sinken sie nach unten. Labyrinthfische mit Sinkeiern sind Schaumnestbauer, Maul- oder Höhlenbrüter. Die Eier werden aufgesammelt und in das Maul genommen beziehungsweise in das Schaumnest getragen. Die Embryonen sind ebenfalls schwerer als Wasser. Bei schaumnestbauenden Arten haften sie mittels der Klebdrüsen an ihrem Kopf an den Schaumblasen im Nest. Herunterfallende Junge werden immer wieder vom Vater aufgesammelt und in das Nest zurückgespuckt.

## Asiatische Labyrinthfische mit Schaumnest und Schwimmeiern

Ein sehr bekannter Vertreter dieser Gruppe ist der Makropode (*Macropodus opercularis*). Wie er werden auch andere asiatische Labyrinthfische (→ Tabelle, unten) gehalten und gezüchtet.

---

### Asiatische Labyrinthfische mit Schaumnest und Schwimmeiern

Honiggurami (*Colisa sota*) – 5 cm
Gestreifter Fadenfisch (*Colisa fasciata*) – 10 cm
Dicklippiger Fadenfisch (*Colisa labiosa*) – 9 cm
Zwergfadenfisch (*Colisa lalia*) – 5 cm
→ Fotos, Seite 9 und 101
Rundschwanz-Makropode
(*Macropodus chinensis*) – 8 cm
Schwarzer Makropode
(*Macropodus concolor*) – 12 cm
Makropode (*Macropodus opercularis*) – 11 cm
Mosaikfadenfisch (*Trichogaster leeri*) – 12 cm
→ Zeichnung, Seite 41
Mondschein-Fadenfisch (*Trichogaster microlepis*)
15 cm
Blauer Gurami (*Trichogaster trichopterus*) –
10 cm

---

### Makropode (*Macropodus opercularis*) – 11 cm

Verbreitung: Ostasien. Lebensraum: Flache, meist stehende Gewässer (oft Reisfelder). Geschlechtsunterschiede: Männchen größer und prächtiger als Weibchen, Flossenspitzen länger ausgezogen.
Haltungsbecken: Art- oder Gesellschaftsaquarium. Geschlechtsreife Männchen sind untereinander sehr aggressiv; nicht mehrere gemeinsam in ein Becken setzen! Größe: 70 cm Kantenlänge und mehr. Einrichtung: Bodengrund beliebig. Wurzelholz, einige Steine, dichte Rand- und Hintergrundbepflanzung mit robusten Arten als Verstecke für das/die Weibchen, Schwimmpflanzen. Becken gut abdecken, Fische springen!
Wasser: Temperatur: 16 bis 26 °C (Fische können im Sommer in den Gartenteich). Wasserqualität: Weitgehend gleichgültig, Härten bis zu 30 °dGH werden vertragen, pH-Wert 6 bis 8.
Futter: Lebend- und Trockenfutter aller Art, nicht zu klein!

# Zuchtanleitungen für Aquarienfische

**Fortpflanzung und Aufzucht**

Die Fische laichen regelmäßig im Art- oder Gesellschaftsaquarium. Nach dem Ablaichen Weibchen herausfangen und in ein Einzel- oder Gesellschaftsbecken mit gleicher Wasserqualität setzen. Nach Beendigung der Brutpflege auch das Männchen herausfangen und die Jungen im Artbecken aufziehen. Alternative: Zuchtpaar zum Ablaichen in Zuchtbecken setzen. Nach dem Ablaichen Weibchen in Haltungsbecken zurückbringen, es wird im Zuchtbecken vom Männchen meist vertrieben. Männchen pflegt das Gelege und repariert das Nest bis zum Freischwimmen der Jungen. Dann wird auch es ins Haltungsbecken zurückgebracht.

Zuchtbecken: Wie Haltungsbecken (→ Seite 131), Filter und Belüftung nach Möglichkeit abstellen, starke Wasserströmung würde das Schaumnest zerstören.

Wasser: Temperatur: 25 bis 30 °C, Wasserqualität: Wie Haltungsbecken (→ Seite 131).

Fortpflanzungsverhalten: Schaumnestbauender Labyrinthfisch mit Schwimmeiern. Das Männchen baut das Nest allein. Es holt Luft von der Wasseroberfläche, umhüllt diese im Maul mit einem speichelähnlichen Sekret und spuckt die entstandene Blase gegen die Wasseroberfläche. Mit der Zeit bildet sich ein Haufen Schaum, die Blasen kleben aneinander. Makropoden befestigen ihr Schaumnest zwischen oder unter Schwimmpflanzen oder verankern es an Pflanzenstengeln. Das Männchen balzt mit gespreizten Flossen vor dem Weibchen und lockt es mit schlängelnden Bewegungen zum Nest. Ist das Weibchen laichbereit, folgt es ihm unter das Nest. Das Männchen umschlingt es und dreht es dabei auf den Rücken. Das Männchen gibt Spermien ab, das Weibchen legt einige Eier, die durch die Spermawolke nach oben ins Nest steigen und dabei befruchtet werden. Dann läßt das Männchen das Weibchen los, die Balz beginnt von neuem, und die Fische laichen wieder.

Gelege: Kann bis zu 500 Eier umfassen.

Schlüpfen der Jungen: Nach etwa 35 Stunden. 3 bis 4 Tage später verlassen sie das Nest und schwimmen frei.

Aufzucht: Erstfutter: Pantoffel- und Rädertierchen, nach etwa 5 bis 6 Tagen *Artemia*- oder *Cyclops*-Nauplien, feingesiebtes Tümpelfutter und feinzerriebenes Trockenfutter. Die Aufzucht mit zerriebenem Trockenfutter ist möglich, aber die Fische entwickeln sich dann nicht so gut.

**Zuchttip:** Wenn die Fische im Gesellschaftsaquarium abgelaicht haben, fischen Sie die Jungen nach dem Freischwimmen ab und setzen Sie sie in ein kleineres Aufzuchtbecken (Wasser wie bei Zuchtbecken, → linke Spalte). Alternative: Man läßt kurz vor dem Freischwimmen das ganze Schaumnest vorsichtig in eine Schüssel gleiten und bringt das Nest in ein Aufzuchtbecken (Wasser wie bei Zuchtbecken).

## Asiatische Labyrinthfische mit Schaumnest und Sinkeiern

So wie der Schleierkampffisch (häufigste Nachzucht!) werden auch andere Kampffische gehalten und gezüchtet (→ Tabelle, unten). Die Gelege dieser Arten umfassen meist weniger als 150 Eier.

---

**Asiatische Labyrinthfische mit Schaumnest und Sinkeiern**

Streifenkampffisch (*Betta fasciata*) – 11 cm
Kleiner Kampffisch (*Betta imbellis*) – 4,8 cm
Schleierkampffisch (*Betta splendens*) – 7 cm

---

### Schleierkampffisch

(*Betta splendens*) – 7 cm

Verbreitung: Südliches Hinterindien (Wildform). Im Handel fast nur Zuchtform, rot, grün, weiß, schwarz, blau und verschiedene Farbmischungen. Lebensraum: Stehende und langsam fließende Gewässer.

Geschlechtsunterschiede: Männchen größer und farbenprächtiger, mit viel größeren Flossen als Weibchen.

Haltungsbecken: Art- oder Gesellschaftsbecken.

Achtung: Erwachsene Männchen bekämpfen einander meist bis zum Tod, daher niemals zwei erwachsene Männchen in ein Becken setzen! Größe: 30 cm Kantenlänge und mehr. Einrichtung: Bodengrund beliebig. Bepflanzung mit feinfiedrigen Arten, Wurzeln und Pflanzen als Verstecke für Weibchen.

Wasser: Temperatur: 25 bis 28 °C, Wasserqualität: Weitgehend beliebig, Wasserhärte bis 25 °dGH, pH-Wert 6 bis 8. Wasserstand von 20 cm genügt.

Futter: Kleineres Lebend- und Trockenfutter aller Art.

# Zuchtanleitungen für Aquarienfische

**Fortpflanzung und Aufzucht**

Die Fische laichen regelmäßig im Haltungsbecken. Nach dem Ablaichen Weibchen herausfangen und in ein Einzel- oder Gesellschaftsbecken mit gleicher Wasserqualität setzen. Nach Beendigung der Brutpflege auch das Männchen herausfangen und die Jungen im Artbecken aufziehen. Oder: Junge abfischen und in ein Aufzuchtbecken (ab 20 l Volumen, gleiche Wasserqualität wie Haltungsbecken) überführen. Alternative: Zuchtpaar zum Ablaichen in Zuchtbecken setzen. Weiteres Verfahren wie oben.

Zuchtbecken: Größe und Einrichtung wie Haltungsbecken (→ Seite 132), zur Not genügt ein Becken von 5 bis 10 l Inhalt.

Wasser: Temperatur: 28 bis 30 °C, Wasserqualität: Wie Haltungsbecken (→ Seite 132).

Fortpflanzungsverhalten: Balz und Ablaichen verlaufen wie bei Makropoden (→ Seite 132). Die Eier steigen aber nicht nach oben ins Nest, sondern fallen auf die Afterflosse des Männchens. Nach jedem Laichakt läßt das Männchen das Weibchen los und sammelt die absinkenden Eier auf, bevor sie den Boden erreichen. Es trägt sie zum Schaumnest und spuckt sie hinein. Bis zum Freischwimmen der Jungen baut das Männchen am Nest weiter, ersetzt die Schaumblasen und transportiert herausfallende Eier und Larven ins Nest zurück.

Gelege: Umfaßt 150 bis 300 Eier, selten mehr.

Schlüpfen der Jungen: Nach etwa 36 Stunden. 3 Tage später verlassen sie das Nest und schwimmen frei.

Aufzucht: Wie Makropode (→ Seite 132).

## Asiatische Labyrinthfische: Maulbrütende Kampffische

Der bekannteste Maulbrüter unter den Kampffischen ist der Maulbrütende Kampffisch (*Betta pugnax*). Die anderen Arten (→ Tabelle) werden in gleicher Weise gezüchtet.

**Maulbrütende Kampffische**

Javakampffisch (*Betta picta*) – 5,5 cm
Maulbrütender Kampffisch (*Betta pugnax*) – 10 cm
Gebänderter Kampffisch (*Betta taeniata*) – 8 cm

**Maulbrütender Kampffisch**

(*Betta pugnax*) – 10 cm

Verbreitung: Südostasien. Lebensraum: Fließende und schnellströmende Gewässer. Geschlechtsunterschiede: Männchen kräftiger gefärbt, längere Flossen als Weibchen.

Haltungsbecken: Artbecken (die Maulbrüter sind nicht so aggressiv wie die schaumnestbauenden Kampffische, man kann mehrere Männchen zusammen in einem Aquarium halten) oder Gesellschaftsaquarium mit sehr ruhigen Fischen. Größe: 60 cm Kantenlänge und mehr. Einrichtung: Bodengrund beliebig. Bepflanzung mit feinfiedrigen Arten. Wurzeln und Steine als Verstecke für Weibchen. Wasserströmung (alle maulbrütenden *Betta*-Arten stammen aus Fließgewässern).

Wasser: Temperatur: 22 bis 28 °C. Wasserqualität: Wasserhärte 6 bis 12 °dGH, pH-Wert 6 bis 7,2.

Futter: Lebendfutter aller Art, passend zur Größe der Fische, besonders gerne Schwarze Mückenlarven.

**Fortpflanzung und Aufzucht**

Die Zucht erfolgt im Artbecken. Größe, Einrichtung und Wasser → Haltungsbecken. Das Männchen, das Maulbrutpflege betreibt, nach dem Ablaichen nicht herausfangen! Es würde zu stark beunruhigt werden und die Eier beziehungsweise die Jungen fressen. Sollte es von anderen Beckeninsassen gejagt werden, müssen die anderen Fische vorsichtig herausgefangen werden.

Fortpflanzungsverhalten: Die Maulbrutpflege ist eine Anpassung an das Leben in schnellfließenden Gewässern, in denen der Bau von Schaumnestern nicht möglich ist. Der Kopf der Maulbrüter ist größer als der der schaumnestbauenden Arten. Sie sind nur während des Ablaichens territorial. Die Balz verläuft unter Flossenspreizen, ähnlich wie die der schaumnestbauenden Arten, das Weibchen ist hier allerdings meist der aktivere Partner. Gelaicht wird in Bodennähe. Das Männchen umschlingt das Weibchen ebenso wie bei den schaumnestbauenden Arten, dreht es aber nicht auf den Rücken. Sobald das Weibchen einen Schub Eier abgegeben hat, gleitet es aus der Umschlingung heraus, dreht sich um und sammelt die Eier von der Afterflosse des Männchens auf, auf die sie gelandet sind. Anschließend richtet sich auch das Männchen auf, und das Weibchen spuckt die Eier vor dem Männchen aus. Beide nehmen nun die Eier auf, das Weibchen spuckt seinen Teil aber immer wieder dem Männchen vor die Nase, bis dieses alle ins Maul genommen hat. Erst dann kommt es zur

133

erneuten Umschlingung und wieder zum Ablaichen. Andere Fische, die sich nähern, werden hauptsächlich vom Weibchen vertrieben. Das Männchen zieht sich währenddessen unter die Wasseroberfläche zurück. Nach dem Ablaichen braucht das Weibchen nicht aus dem Becken herausgefangen zu werden.

Gelege: Kann über 100 Eier umfassen, meist jedoch weniger.

Schlüpfen der Jungen: Nach etwa 4 Tagen, weitere 4 bis 5 Tage später haben sie den Dottersack aufgezehrt und verlassen das Maul ihres Vaters.

Aufzucht: Das Männchen nimmt die Jungen nicht wieder ins Maul, nachdem es sie entlassen hat, es kann nun aus dem Becken entfernt werden. Erstfutter: *Artemia*- oder *Cyclops*-Nauplien.

Hinweis: Leider gelingt die Aufzucht der maulbrütenden *Betta*-Arten im Aquarium nur selten; meist fressen die Männchen die Eier beziehungsweise die geschlüpften Jungen am 3. oder 4. Tag.

**Zuchttip:** Sobald die Jungen das Maul ihres Vaters verlassen haben, kann man sie herausfangen und in ein gesondertes Aufzuchtbecken (20 l Volumen) mit gleicher Wasserqualität umsetzen.

## Asiatische Labyrinthfische: Freilaicher

Der einzige, seine Eier frei ins Wasser verteilende (»Freilaicher«) asiatische Labyrinthfisch, der regelmäßig im Aquarium nachgezogen wird, ist der Küssende Gurami.

### Küssender Gurami

(*Helostoma temmincki*) – über 15 cm

→ Fotos, Seite 73

Das »Küssen«, wobei die Fische ihre dicken, mit Raspelzähnen (zum Abraspeln der Algen) besetzten Lippen aneinanderpressen, dient bei aggressiven Auseinandersetzungen zum Kräftemessen und bei der Balz zur Abstimmung der Partner aufeinander.

Verbreitung: Thailand, Java. Als Speisefisch im gesamten indomalayischen Raum verbreitet. Lebensraum: Langsam fließende und stehende Gewässer.

Geschlechtsunterschiede: Unsicher.

Haltungsbecken: Art- oder Gesellschaftsaquarium. Größe: 120 cm Kantenlänge für erwachsene Fische.

Einrichtung: Bodengrund beliebig. Viele, harte Pflanzen (zum Beispiel Javafarn, *Anubias*), auch Schwimmpflanzen (Fische wühlen etwas).

Wasser: Temperatur: 20 bis 30 °C. Wasserqualität: Wenig bedeutsam, 5 bis 30 °dGH, pH-Wert 6,8 bis 8,5.

Futter: Lebend- und Trockenfutter aller Art, Pflanzen, Algen, überbrühter Salat, Spinat nach Gewöhnung. Zarte Pflanzen werden gefressen.

#### Fortpflanzung und Aufzucht

Die Fische laichen regelmäßig im Haltungsbecken (Artbecken). Nach dem Ablaichen Eltern entfernen (Laichräuber!) oder Eier abfischen und in Aufzuchtbecken überführen.

Alternative: Zuchtpaar in Zuchtbecken umsetzen, nach dem Ablaichen beide wieder zurück ins Haltungsbecken geben.

Zuchtbecken: Größe und Einrichtung: Wie Haltungsbecken (→ links).

Wasser: Temperatur: 25 bis 30 °C. Wasserqualität: 5 bis 10 °dGH, pH-Wert 6,5 bis 7,5.

Fortpflanzungsverhalten: Balz ähnlich wie bei anderen Labyrinthfischen: Weibchen ist der aktivere Partner. Die Fische küssen sich auf das Maul und die Körperseiten. Beim Ablaichen umschlingt das Männchen das Weibchen, dreht es aber nicht herum, sondern liegt unter ihm. Abgelaicht wird meist in der Abenddämmerung oder nachts.

Gelege: Große Weibchen können bis zu 10 000 Schwimmeier ablegen. Die Eier steigen nach oben und bleiben meist an Pflanzen kleben.

Schlüpfen der Jungen: Bei 26 bis 28 °C nach etwa 20 Stunden. 3 Tage später schwimmen sie frei.

Aufzucht: Erstfutter: Pantoffeltierchen, nach einigen Tagen auch feines Trockenfutter, *Artemia*-Nauplien und fein gesiebtes Tümpelfutter.

## Afrikanische Labyrinthfische: Brutpfleger und Freilaicher

Labyrinthfische aus Afrika werden weit seltener im Aquarium gepflegt als die asiatischen Arten. Sie gehören vorwiegend der Gattung *Ctenopoma* an, zu der Freilaicher und schaumnestbauende Arten gehören. Alle haben Schwimmeier. Die in den Tabellen genannten Arten stellen an Haltung und Zucht gleiche Ansprüche.

### Brutpflegende afrikanische Labyrinthfische

Orange-Buschfisch (*Ctenopoma ansorgii*)
8 cm – aus Westafrika
Zwerg-Buschfisch (*Ctenopoma nanum*)
7,5 cm – aus Westafrika

Verbreitung: → Tabellen. Lebensraum: Langsam fließende und stehende Gewässer. Geschlechtsunterschiede: Männchen größer, Rücken-, Schwanz- und Afterflossen länger ausgezogen als bei Weibchen. Die Männchen der Freilaicher haben »Dornenfelder« hinter dem Auge und an der Schwanzwurzel, mit denen die Weibchen bei der Paarung festgehalten werden.
Haltungsbecken: Artbecken. Größe: Für kleine Arten ab 60 cm, für größere Arten ab 100 cm Kantenlänge. Einrichtung: Bodengrund beliebig. Wurzeln als Verstecke. Dichte Bepflanzung, aber auch großer Schwimmraum. Schwimmpflanzen zur Dämpfung des Lichts. Für große Arten kräftige Filterung, aber keine zu starke Strömung.
Wasser: Temperatur: 23 bis 28 °C. Wasserqualität: 3 bis 15 °dGH, pH-Wert um 7.
Futter: Lebend- und Trockenfutter. Lebendfutter passend zur Größe der Fische: Für kleine Arten Insektenlarven und kleine Tiere, für große Arten Regenwürmer und größere Fische; nach Gewöhnung aufgetautes Frostfutter, Futtertabletten.

### Fortpflanzung und Aufzucht

• Freilaicher: Zucht im Artbecken (Fische paarweise halten, in sehr großen Aquarien auch mehrere Paare oder ein Männchen mit mehreren Weibchen). Nach dem Ablaichen Eier abschöpfen und in ein Aufzuchtbecken überführen.
• Brutpfleger: Zucht im Artbecken (Fische paarweise halten). Nach dem Ablaichen Weibchen herausfangen, nach Beendigung der Brutpflege auch das Männchen entfernen. Alternative 1: Junge nach dem Freischwimmen abfischen, in ein Aufzuchtbecken bringen. Alternative 2: Das ganze Schaumnest kurz vor dem Freischwimmen der Jungen ins Aufzuchtbecken bringen.
Aufzuchtbecken: Größe: 20 l Volumen und mehr.
Einrichtung: Kein Bodengrund oder dünne Sandschicht, feinfiedrige Pflanzen.
Wasser: Temperatur: 25 bis 30 °C. Wasserqualität: 3 bis 8 °dGH, pH-Wert um 6,5.
Fortpflanzungsverhalten: Die Freilaicher sind nicht territorial und verträglicher als die schaumnestbauenden Arten.
• Freilaicher: Das Männchen umschlingt bei der Paarung das Weibchen mehr oder weniger flüchtig. Die Paarungen finden blitzschnell zwischen den Balzphasen statt, bei denen das Männchen das Weibchen heftig treibt.
• Brutpfleger: Das Männchen baut Schaumnester unter und zwischen Schwimmpflanzen. Balz und Ablaichen: Wie asiatische Labyrinthfische (→ Seite 132). Das Weibchen wird jedoch fast nie auf den Rücken gedreht.
Gelege: Je nach Art verschieden. Kleinere Arten: 50 bis mehrere hundert, große Freilaicher bis über 20 000 Eier.
Schlüpfen der Jungen: Bei 28 bis 30 °C nach etwa 24 Stunden. 2 bis 3 Tage später schwimmen sie frei.
Aufzucht: Erstfutter: Infusorien (Pantoffeltierchen, *Euglena*). Nach etwa 1 Woche: *Artemia*-Nauplien.

### Freilaichende, nichtbrutpflegende afrikanische Labyrinthfische

Schwanzfleck-Buschfisch (*Ctenopoma kingsleyae*)
19 cm – aus Westafrika
Gefleckter Buschfisch (*Ctenopoma maculatum*)
20 cm – aus West- und Zentralafrika
Nilbuschfisch (*Ctenopoma muriei*)
10 cm – Nilgebiet
Pfauenaugen-Buschfisch
(*Ctenopoma oxyrhynchus*) – 10 cm – Zaïre

## Reizvolle Außenseiter für Anfänger und Fortgeschrittene

Außenseiter sind auch in der Fischwelt mit dem Hauch des Besonderen umgeben. Warum sie nicht einmal kennenlernen? Hier eine Reihe von Fischen, die in Aquarien nicht so häufig gepflegt werden, wegen ihres bizarren Aussehens oder speziellen Verhaltens jedoch besonders reizvoll sind. Alle genannten Fische lassen sich ohne größeren Aufwand im Aquarium züchten. Im folgenden finden Sie Zuchttips und Literaturhinweise auf Zuchtbeschreibungen. An dieser Stelle ist nur Autor und Jahr der Beschreibung angegeben. Interessierte können die genauen Angaben der Rubrik Literatur (→ Seite 144) entnehmen.

## Schmetterlingsfisch
### (*Pantodon buchholzi*)
### Familie *Pantodontidae*

Schmetterlingsfische gehören zum Standardangebot der Zoofachgeschäfte wohl deshalb, weil sie so bizarr aussehen. Die Männchen können Sie vom Weibchen gut unterscheiden, denn sie sind schlanker und ihre Afterflosse ist stark eingebuchtet. Die Schwierigkeit bei der Zucht besteht nicht in der Aufbereitung eines besonderen Zuchtwassers, sondern in der Beschaffung kleinsten Lebendfutters für die Jungfische.
(Literatur: Richter 1984)

## Halbschnabelhechte
### (Gattungen *Dermogenys*, *Hemirhamphodon* und *Nomorhamphus*)
### Familie *Hemirhamphidae*

Oberflächenfische, die je nach Größe allein von Insektennahrung oder von kleineren Fischen leben. Die lebendgeborenen Jungen brauchen als erstes Futter bei den kleineren Arten feinstes Staubfutter, die größeren nehmen schon feingesiebte Wasserflöhe nach der Geburt. Wichtig für eine Langzeitzucht ohne Degenerationserscheinungen scheint vitaminiertes Insektenfutter zu sein. Besonders wichtig ist Vitamin E. *Dermogenys* lassen sich allein mit Trockenfutter über Generationen hinweg problemlos züchten, wenn das Futter mit Vitamin-E-haltigem Pflanzenöl getränkt wird.
(Literatur: Zum Beispiel Ripsberger 1981 und Stallknecht 1987)

## Süßwassernadeln
### (zum Beispiel Kleine Süßwassernadel, *Syngnathus pulchellus*)
### Familie *Syngnathidae*

Diese nicht für das Gesellschaftsbecken geeigneten Pfleglinge benötigen (um Laich anzusetzen) genügend kleines Lebendfutter, das vor allem aus Kleinkrebsen besteht (zum Beispiel Japanischer Wasserfloh). Interessante Brutpflege: Die Eier werden vom Weibchen in die Bruttasche des Männchens übertragen, aus der nach drei Wochen die 2 cm langen, fadendünnen Jungfische »geboren« werden. Ernährung der Jungfische mit Rädertierchen und eventuell kleinsten *Artemia*-Nauplien.
(Literatur: Böhm 1979)

## Grundeln
### (zum Beispiel Australische Wüstengrundel, *Chlamydogobius eremius*)
### Familie *Gobiidae*

Grundeln werden immer beliebter und bleiben sicher keine Außenseiter. Die Arten, die relativ große Eier legen, lassen sich leicht züchten. Die Männchen der Wüstengrundel sind farbenprächtiger als die Weibchen und besetzen kleine Reviere mit einer Höhle im Zentrum, in der abgelaicht wird. Man kann die Fische paarweise zur Zucht ansetzen; dafür genügt schon ein Becken mit 30 l. Da das Männchen lediglich die Brutpflege der Eier übernimmt, müssen die geschlüpften Jungen in ein gesondertes Aufzuchtbecken gegeben werden. Sie erhalten *Artemia*-Nauplien und Aufzuchttrockenfutter. Nach 3 Monaten sind sie etwa 3 cm groß und geschlechtsreif.
(Literatur: Horsthemke, 1989)

## Kammkugelfisch
### (*Tetraodon lorteti*/*Carinotetraodon somphongsi*)
### Familie *Tetraodontidae*

Sehr hübsche, kleinbleibende Art (6 cm) mit schöner Balzfärbung (roter Bauchkamm) der Männchen. Die bis zu 1500 Eier werden vom Männchen bewacht, bis die etwa 2 cm langen Jungfische schlüpfen. Aufzucht bisher nur mit *Cyclops*-Nauplien erfolgreich.
(Literatur: Richter 1983)

# *Zuchtanleitungen für Aquarienfische*

## Stachelaale
### (zum Beispiel *Mastacembelus armatus*)
### Familie *Mastacembelidae*

Nach heftigem Treiben laicht das Männchen der etwa 25 cm groß werdenden Art mit dem fülligeren Weibchen ab. Dabei dringen sie teilweise in den Bodengrund ein. Die Eier sollten abgesammelt und in Aufzuchtbecken überführt werden. Nach 3 bis 5 Tagen schlüpfen die Jungen und können nach Aufzehren des Dottersacks gleich mit *Artemia*-Nauplien gefüttert werden.
(Literatur: Dittmar 1979)

## Flösselhechte
### (zum Beispiel *Polypterus palmas* und *Polypterus ornatipinnis*)
### Familie *Polypteridae*

→ Zeichnungen Seite 14 und rechts.
Sehr urtümliche und alt werdende Fische, die große Aquarien benötigen. Die Geschlechter unterscheiden sich an der Größe und Flossenstrahlenzahl der Afterflossen: Nach stürmischem Treiben kommt es zum Ablaichen. Dabei bildet das Männchen mit seiner größeren Afterflosse eine Auffangschale für die aus der Genitalöffnung der Weibchen ausgestoßenen Eier. Diese müssen abgesammelt und in ein Aufzuchtbecken überführt werden. Die Larven und Jungfische besitzen noch Außenkiemen, so daß sie wie Molchlarven aussehen.
(Literatur: Hartl 1981)

## Schlangenkopffische
### (zum Beispiel Kleiner Schlangenkopf, *Channa orientalis*)
### Familie *Channidae*

Interessante, kleinbleibende Art (etwa 15 cm), von der es zwei Formen gibt, die ein unterschiedliches Brutpflegeverhalten zeigen: Die eine Form mit Bauchflossen brütet relativ viele Eier im Maul aus und führt die Jungfische zum Futter. Die andere Form ohne Bauchflossen hat weniger Jungfische (die aber nach der Brutzeit im Maul besser entwickelt sind) und füttert diese mit unbefruchteten Eiern! Raubfische, die kräftiges Lebendfutter brauchen.
(Literatur: Ettrich 1986)

## Südamerikanische Messerfische
### (zum Beispiel Grüne Messerfische, *Eigenmannia*-Arten)
### Ordnung *Gymnotiformes*

Die häufig angebotenen Grünen Messerfische lassen sich in einem größeren Becken (etwa 300 Liter) in einer kleinen Brutkolonie halten. Das größere Männchen kontrolliert die jeweils eine Schwimmpflanze besetzenden Weibchen und balzt mit schwach elektrischen Signalen, die auch zur Orientierung dienen. Zur Laichreife müssen die Fische durch »Regenzeit-Imitation« nach der Kirschbaum-Methode (→ Seite 70) gebracht werden. Die Aufzucht der Jungfische dieser Art (wie auch der ähnlich zu züchtenden Art *Apteronotus leptorhynchus*) erfolgt mit *Artemia*-Nauplien.
(Literatur: Kirschbaum 1982)

Junge Flösselhechte sehen wie Molchlarven aus. Sie besitzen bäumchenartige Außenkiemen.

## Kleiner Rundnasennilhecht
### (*Pollimyrus isidori*)
### Ordnung *Mormyriformes*

Nach der »Kirschbaum-Methode« (→ Seite 70) zur Laichreife anzuregen. Männchen bilden Reviere, die sie äußerst aggressiv verteidigen. Im Revierzentrum bauen sie aus feinfiedrigem Pflanzenmaterial ein kugelförmiges Nest, in das die Eier abgelegt werden. Wie die Eltern sind auch die Larven schwach elektrisch.
(Literatur: Kirschbaum 1982)

# Arten- und Sachregister

Die **halbfett** gesetzten Seitenzahlen verweisen auf Farbfotos und Zeichnungen. U = Umschlagseite.

# Arten- und Sachregister

# Arten- und Sachregister

# Arten- und Sachregister

# Arten- und Sachregister

# *Mehr Freude an Aquarium und Terrarium*

## *mit den kompetenten, informativen GU Ratgebern*

**Aquarienfische züchten**
Einrichten von Zucht-
becken. Zuchtanleitungen
für Buntbarsche, Salmler,
Welse und andere beliebte
Fische.

**Das Aquarium einrichten
und pflegen – leicht
gemacht**
Experten-Rat für den
Aquarien-Neuling.

**Schlangen**
Riesenschlangen und
Nattern im Terrarium.
Anschaffung, Pfege,
Ernährung, Krankheiten.
Sonderteil: Schlangen
verstehen lernen.

**Echsen als Terrarientiere**
Anschaffung, Pflege,
Ernährung, Krankheiten
und Terrarientechnik.
Sonderteil: Einrichten von
Wüsten-, Regenwald- und
Aquaterrarium.

**Killifische/Eierlegende
Zahnkarpfen**
Anschaffung, Pflege,
Fütterung, Krankheiten,
Verhalten, Zucht.

**Goldfische und Kois**
in Aquarium und
Gartenteich.
Anschaffung, Pflege,
Fütterung, Gesund-
erhaltung, Zucht.

**Buntbarsche/Cichliden**
Anschaffung, Pflege,
Fütterung, Krankheiten,
Verhalten, Zucht.

**Wasserpflanzen
im Aquarium**
Auswahl, Pflanzung,
Pflege, Vermehrung und
Technik.

**Schildkröten richtig pflegen
und verstehen**
Artgerechte Pflege von Land-,
Wasser- und Sumpfschildkröten.

**GU Kompaß Aquarienfische**
Die beliebtesten Süßwasserfische.

**GU Kompaß Aquarienflanzen**
Die schönsten Pflanzen für das
Süßwasser-Aquarium.

GU *Gräfe
und
Unzer*

# Bücher und Adressen

## Bücher und Aufsätze, die weiterhelfen

Böhm, O.: *Die kleine Süßwassernadel, Syngnathus pulchellus Boulenger, 1915*. DATZ 32, 1979, S. 192–194.

Dittmar, H.J.: *Meine Erfahrungen und Zuchterfolge mit Mastacembelus armatus*. DATZ 32, 1979, S. 217–218.

Ettrich, G.: *Fische voller Überraschungen*. DATZ 39, 1986, S. 289–293.

Fahrig, K. P.: *Polycentrus schomburgki*. DATZ 20, 1967, S. 328–329.

Hartl, A.: *Polypterus palmas – ein Fossil im Aquarium*. DATZ 34, 1981, S. 334–337.

Horsthemke, H.: *Die Australische Wüstengrundel Chlamydogobius eremius (Zietz 1896)*. DATZ 42, 1989, S. 101–107.

Kirschbaum, F.: *Laicht nur zur Regenzeit: Der Grüne Messerfisch*. AM 16, 1982, S. 738–742.

Pinter, H.: *Handbuch der Aquarienfischzucht*. Stuttgart 1966.

Richter, H.: *Extravagante Pfleglinge – Kammkugelfische*. AM 17, 1983, S. 109–112.

Richter, H.: *Der Schmetterlingsfisch – ein Pendler zwischen Schlaraffenland und Gefahrenzone*. AM 18, 1984, S. 6–9.

Ripberger, R.: *Meine Erfahrungen bei Zucht und Haltung von Nomorhamphus liemi snijdersi Vogt 1978*. DATZ 34, 1981, S. 217–220.

## Aquarienzeitschriften

*Aquarien Magazin (AM)*. Seit 1988 vereinigt mit DATZ. *Die Deutsche Aquarien- und Terrarienzeitschrift (DATZ)*. Ulmer Verlag, Stuttgart.

*Aquarium heute*. Aquadocumenta, Schloß Holte.

*TI Tetra-Informationen*. Tetra Verlag, Melle.

## Adressen, die weiterhelfen

Verband Deutscher Vereine für Aquarien- und Terrarienkunde (VDA) e.V. Geschäftsstelle: Hans Stiller, Luxemburger Str. 16, 4630 Bochum.

VDA-Arbeitskreis Barben, Salmler, Schmerlen, Welse. Geschäftsführung: Gerhard Ott, Holzkrugweg 16 e, 2390 Flensburg 9. Spartenleiter Barben und Salmler: Fred Rosenau, Grünberger Straße 91, 6300 Gießen. Spartenleiter Schmerlen: Gerhard Ott, Holzkrugweg 16 e, 2390 Flensburg 9. Spartenleiter Welse: Harro Hieronimus, Merscheider Straße 228, 5650 Solingen 11.

Deutsche Cichliden Gesellschaft e.V. Präsident: Professor Dr. Wolfgang Heyser, Goseriede 41, 2833 Harpstedt.

Deutsche Killifisch Gemeinschaft e.V. 1. Geschäftsführer: Dr. Vollrad Etzel, Hamburg-Amerika-Str. 6, 2190 Cuxhaven.

Internationale Gemeinschaft für Labyrinthfische. Präsident: Otto Roth, Gartenstr. 11, 6104 Seeheim-Jugendheim.

Internationale Gesellschaft für Regenbogenfische (IRG) Geschäftsführer: Andreas Deutrich, Rather Str. 53, 5160 Düren.

Deutsche Gesellschaft für Lebendgebärende Zahnkarpfen e.V. Geschäftsführer: Günter Rickling, Marktstr. 2, 4460 Nordhorn.

Anfragen an Verbände und Gesellschaften bitte nur schriftlich mit frankiertem Rückumschlag.

**Fragen zur Aquaristik beantworten auch:**
Ihr örtlicher Zoofachhändler.

Zentralverband Zoologischer Fachbetriebe Deutschlands e.V. Rheinstraße 35, 6070 Langen

▷

Cichliden-Weibchen mit Jungen im Maul. Der Kehlsack der maulbrütenden Cichliden ist besonders dehnbar. Maulbrütende Weibchen (wie hier das orangefarbene von *Pseudotropheus spec.* »Bright Blue«) erkennt man daher sofort an den ausgebeulten Mundbacken. Ein vorwitziges »Baby« schaut aus dem halbgeöffneten Maul der Mutter heraus.